本书得到宁夏哲学社会规划项目（21NXBGL03）、
北方民族大学中央高校基本科研业务费专项资金（2022ZLGTTYS12）
资助出版

THE RESEARCH OF RURAL LABOR MIGRATION AND RURAL LAND TRANSFER IN CHINA

中国农村人口迁移与土地流转研究

马瑞 著

人民出版社

目　录

序　言

2013年深秋的某一天，我在哈佛大学经济学院一间明亮的教室里，聆听来自世界各国的学者们眉飞色舞、抑扬顿挫地报告他们关于我国农村的最新研究成果。学者们带来的研究问题很引人入胜，研究方法也很前沿，但更令人记忆深刻的是他们如痴如醉地分享自己研究内容时的表情，黄头发、蓝眼睛的他们仿佛是过海的八仙，都在尽可能地施展自己的研究才能，最大限度地展现自己的研究成果。在他们看来，中国的农村就是阿里巴巴的藏宝洞，蕴藏着丰富的研究资源，有太多的未知需要探索，亦有太多的困惑需要解释，只要揭开了中国农村的神秘面纱仿佛就找到了中国经济增长奇迹的答案。在他们眼里，我国广阔的农村大地像是被加上了密码，迫切需要有个密码本才能看懂，此时此刻他们正孜孜不倦地破译着密码。回过头来看，当时的我就像守在阿里巴巴藏宝洞口的“局外人”，面对眼前纷至沓来、络绎不绝的“寻宝者”我却熟视无睹，想想真为自己的迟钝与木讷感到羞愧。

我出生于中国大西北的农村，父母都是地地道道的庄稼人，祖祖辈辈面朝黄土背朝天。儿时，父母的首要任务就是如何从家里的三亩六分地里多收获一些粮食好供养我和弟弟的一切开支。父亲给我最深刻的印象不仅有他“足蒸暑土气，背灼炎天光”在田间地头整日忙碌的身影，还有他一直黑黝黝、严肃的脸庞，尤其是收成不好的时候，那张脸变得更黑更严肃了。那时的我几乎很少和父亲交流，甚至有些害怕父亲，尤其是要交学费的时候，他冷峻而深沉的面孔让我觉得自己上学有一种罪恶感。值得庆幸的是我有一位善良乐观、寡言体勤的母亲，她省吃俭用、勤俭持家扮演了我儿时的“哆啦A梦”，总会给我一些意外惊喜，让我平淡无奇的儿童时光泛起阵阵涟漪。后来，弟弟出生了，成为父母关注的焦点，“复有贫妇人，抱子在背傍，右手秉遗穗，左臂悬敝筐”便成为母亲的真实写照。时光荏苒，转眼间我已经上初中了，母亲一如既往地忙前忙后张罗着我和弟弟的伙食，和往常不同，午饭时候唯独少了父亲，她告诉我和弟弟，父亲离开我们去了遥远的南方打工。从此以后，我们每隔一年才会见到父亲，父亲的印象渐渐变得模糊，但从那以后我们的生活状况日益好转，家里发生了翻天覆地的变化。父亲经常会给母亲汇钱，我们告别了天气不好造成收成损失的担忧，告别了借用别家孩子学习资料的日子，也告别了只有灰黑两色的母亲。可没想到的是，尽管家里的日子渐渐好了起来，但由于父亲常年在外，父亲陪伴的缺失使得我和弟弟经常被班里的同学开玩笑说父亲和母亲离婚了，不要我们了。我和弟弟每每向母亲谈起学校这些烦心琐事，沉默寡言的母亲只会对我们说：“你们要好好学习，这样将来才有条件去见你们的父亲。”好在弟弟和我学习都很努力，从来不需要母亲操心，大大小小的奖状贴满了家里的墙壁，算是对母亲付出的一种肯定。后来，我如愿考上了大学，想想马上要离开落后的家乡第一次坐火车去繁华的北京念书，那段日子我夜夜难眠，兴奋不已，对未来充满无限遐想。但谈起相对高昂的学费，看到母亲忧郁苦涩的脸庞，我刹那间明白了我的大学之路需要父亲更多的汗水与离别铺垫，那时我强烈地感受到了自己的自私和父母的无私。往后在北京读书的日子，为了减轻父亲的经济压力，为了实现我们全家的早日团聚，我身兼数份家教，不是在上课的路上就是在做家教的路上奔波着。没过几年，弟弟也如愿考到了北京，也开始了自食其力的大学生活。每当想起周末我们各自做完家教相聚牛街美餐一顿的日子，我就发自肺腑地感谢曾经经历过的挫折，这些困难并没有打倒我们，反而让我们成长得更快、更坚强。之所以贫困没有折断我们飞翔的翅膀，很大程度上得益于祖国的强大和政策支持，我和弟弟都如愿保送了硕士研究生，读了博士，选择了自己喜欢的工作。自从我和弟弟都到北京读书后，父亲也回到了母亲身边，继续扛起锄头，下到田头，他黑黝黝脸上绽放出了灿烂的笑容。不过，在岁月的雕刻下父母渐渐老去，身体大不如从前，而我和弟弟由于都忙于学习，忙于兼职，却疏忽了对千里之外的父母的照顾。博士阶段的一天，我正参加导师的项目调研，母亲的电话响起，电话那端母亲严肃而又慌张的声音让我惴惴不安，母亲说要和我商量一件事情，原来村里要土地调整，我和弟弟的户口已经迁出，以前分给我和弟弟的土地要被村里收回，问我怎么办？我说反正家里也没人操心，就让收回去吧，母亲说那倒也是。后来，最不想发生的事情还是发生了，母亲告诉我父亲生病了，心肌梗塞，父亲昂贵的医药费需要我和弟弟想办法凑。还好，这么多年我和弟弟都继承了母亲“爱攒钱”的习惯，父亲也就没有因为缺钱而耽误治疗。由于父亲身体缘故，家里父母的土地，最终母亲也流转给了村里的亲戚。也正因为父母年事已高，我和弟弟都放弃了更好的工作机会，来到了父母身边，只想照顾他们，就像他们当年照顾我们一样，村里的人都羡慕父母，常说他们虽然没有养老保险，但儿女争气就是最大的保险。

“一花独放不是春，百花齐放春满园”，我的家庭是千千万万的普通农村家庭的缩影。兴许，正是因为这样的成长环境和经历，使我对农村有很深的情结，农村对我而言永远是朴实、温暖、家园的象征。我从小喜欢和父母在田间地头一起劳作，喜欢去村里的七大姑八大姨家串门聊天，喜欢儿时家里的那个浓烟滚滚的大土炕和火洞里的烤土豆，更喜欢每到收获的季节全村人都在收割、打场、入仓那种不亦乐乎的纯粹忙碌，儿时“日晒野田红稻香，四郊人静闻打场”的情景总是让我怀念不已。现如今，回到阔别十年的村庄，我发现梦中的村庄早已远去，留下的是寂静的老宅。村里几乎没有了年轻人的身影，偶尔几处敞开大门的老宅围坐着几位白发苍苍的老人，他们一边闲聊一边吆喝着自己乱跑的小孙子。儿时熟悉的“田间地头”有的变成马路，有的杂草丛生，有的已经和旁边的田地连为一片，轰隆隆的机器在上面忙碌着。不得不承认，我生于斯、长于斯的村庄发生了巨大的变化。这些变化引发了我对研究农村人口和土地感兴趣,而且强烈地感觉到自己有责任和义务去揭示这些变化背后的机理:我想知道村庄里的年轻人都到哪儿去了?到底是什么因素让他们离开了村庄?他们是以什么方式离开的?离开村庄的这些人有什么特征?我想搞清楚,这些人到了城里,他们过得好不好?他们的工作怎么样?工资收入能满足城里的消费需求吗?他们会频繁地换工作、换城市吗?他们将来会留在城里生活吗?现有的城市政策会不会助力他们的"城市梦"?因为每到过年的时候,总会听到回村的年轻人比较自己就业城市的待遇,有的甚至会相约一起去"勇闯天下"。我还特别想弄明白,村里的年轻人都离开了,留下的老人和小孩怎么办?他们为什么不带家人一起去繁华的城市见见世面?据他们所说,带家属会很不方便,到底会有哪些不方便呢?所以,我的研究就从农村的流动人口开始。不过,过了一段时间,我逐渐意识到:研究这些离开农村的父老乡亲还不够,我需要去思考他们究竟还有哪些资源可以盘活,除了只知道用自己辛勤的劳动外,经营权长期不变的土地在多大程度上能改善他们的收入状况。遗憾的是,你总会听到"指望种地那点收入,现在早就喝西北风去了"。既然"一年种地的收入都没有进城务工一个月的工资收入高","一斤水稻不如一瓶矿泉水贵",为何他们还有深深的土地情结,不愿意种地但又不轻易放弃土地?是城里就业、生活没有保障?还是对未来生活不确定性的各种担心?我仔细想了想,他们这样纠结的行为,是不是由于实践中没有摸索出更好的他们容易接纳的土地生产方式?于是,近几年来,我将自己的研究方向凝聚到农村土地经营方式上,发现土地流转是他们握紧土地经营权的普遍做法。随着研究的深入,我的困惑也越来越多。各地的土地流转行为都有什么特点?不同地区的农户似乎对土地政策、土地制度有不同的认知,产生这些认知差异的原因是什么?各地的土地流转市场发育如何?农户是如何进入或退出土地流转市场的?常见的土地流转行为有哪些?哪些因素会影响到农户的土地流转决策?农户参与土地流转交易后,交易又效果如何?如果进一步观察,你会发现农户的土地流转行为实质上是一种经济交易行为。既然是交易,农户如何获取土地流转信息,他们会挑选交易对象吗?随着法律意识逐渐深入人心,他们会签订流转合同吗?我了解这些问题目的是想进一步了解土地流转过程中的交易成本。因为我理解的交易成本就如同热传递中损失的热量,总希望效率高点消耗小点。怎样将土地流转中抽象模糊的交易成本量化是我研究中遇到的难题,好在,实践是最好的老师,我通过参与式观察,得到了衡量土地流转交易成本的关键指标。这些关键问题的解答,让我能够继续进一步了解哪些因素会对土地流转交易成本产生影响?这些因素中,我更想知道制度因素会发挥多大作用?因为一个好的制度就如同阿基米德“撬动地球的支点”,可以让农村土地流转市场迸发出巨大的活力,让农村土地真正成为农民的财富源泉。

在这几年参与式观察时期我还掌握了一些对我有很多启发的信息。村集体作为基层政权,近几年在农村公共事务和基层管理中发挥越来越重要的作用。国家统一的政策方针在村集体执行层面各有各的不同。在研究农村土地流转问题中,我发现即使国家一再强调农户土地承包经营权长期保持不变,但村集体按照一些“村规民约”对土地进行调整。有证据表明,农村时常发生的土地调整只是村集体一厢情愿的做法,大部分农民的意愿并非如此。故此,理解农户的土地调整意愿是怎么一回事,为什么会这样,有哪些因素会影响他们的土地调整意愿,对当前农村土地制度改革日益重要。

“凡事都应当尽可能地简单,而不是较为简单”,我想这大概就是一种做事的纯粹。为了简单,我采用参与式观察①,这使我在解决旧的问题时许多新的问题又接踵而至。如果时间和精力允许,我想弄明白就业、土地的代际传递效应是什么,也就是农户中早先出去的一代他们的人力资本、社会资本会对新生代在就业、土地流转决策方面产生何种影响。我还想搞清楚新生代对先前

① 参与式观察(participant observation)是一种由研究人员充当各种角色的调研方法,调查员利用一个伪装的身份,带着特定的意图,渗入感兴趣的环境,成为所调查群体的地道成员。

出去的一代在养老、医疗等需要关爱地方的“反哺”能力如何？另外，空寂的村庄来了很多提供农业生产环节外包服务的“外乡人”，他们是不是未来从事农业生产的主力军？这些“职业农民”有什么特点？他们的生产行为存在哪些风险？总之，广阔的农村大地就是“一个大课堂，一名好老师”，有太多太多的学问需要去学习、去钻研。

德国哲学家费希特曾说，“学者的使命主要是为社会服务，因为他是学者，所以他比任何一个阶层都更能真正通过社会而存在，为社会而存在。因此，学者特别担负着这样一个职责：优先地、充分地发展他本身的社会才能、敏感性和传授技能。如果学者已经理所当然地获得了必要的经验知识，那他就会具有特别发达的敏感性。他应当熟悉他自己的学科中那些在他之前已经有的知识。要学到这方面的知识，他只能通过传授——不管是口头传授，还是书面传授；但只凭纯粹理性根据去思考，他就不可能发展这些知识。传授技能总是学者所必须具备的，因为他掌握知识不是为了自己，而是为了社会”①。

付梓之际，我想感谢人民出版社的鼎力支持，感谢为本书顺利出版默默奉献的各位朋友。感谢南京农业大学的徐志刚教授、中国人民大学的仇焕广教授、天津市委党校的栾江教授在百忙之中对本书撰写给予指导和帮助。感谢帮助我在山东、陕西、浙江、吉林收集数据的调查队员和各地参与调查的农户。感谢为本书提出宝贵修改意见的同事孙建中先生、王艳女士。我还想感谢我的家人马建国、余桂萍、马力刚、马尉宁，谢谢你们陪伴我一起成长。最后，由衷地感谢伟大的祖国为我远赴他国求学创造了优越条件。

① 参见[德]费希特：《论学者的使命》，梁志学、沈真译，商务印书馆1984年版，第43—45页。

导　论

在世界经济发展形势充满各种不确定性的外部环境下，我国改革开放和社会主义现代化建设取得了历史性成就，但与此同时我国经济发展也面临十分严峻的考验。人民日益增长的美好生活需要同不平衡不充分的发展之间的矛盾日益突出，成为制约我国经济发展瓶颈。其中，最为突出的表现是城乡发展不平衡、不协调，尤其是农村发展的不充分。正确判断和处理社会主要矛盾是辩证唯物主义和历史唯物主义的基本要求，也是指导发展实践的必然选择。“得时无怠，时不再来”，从我国农村发展的实践来看，只有立足实际、实事求是，准确判断社会主要矛盾，才能制定正确政策，采取正确行动，推动党和国家事业沿着正确轨道向前发展。

发展不平衡、不充分的深刻矛盾正促使我国农村发生一系列深刻变革。“人往高处走，水往低处流”，农村人口为满足日益增长的物质文化需求，不断从农业向工业、从农村向城市、从经济欠发达地区向发达地区大规模流动，农村人口流动的本质是追求更高的收入、更美好的生活、更丰富的公共产品和服务。劳动力作为经济中最为活跃的要素，劳动力的充分自由流动不仅有助于提高资源配置效率，促进经济增长，而且非常有利于城乡，区域尤其是农村地区之间收入差异的缩小。我国农村劳动力资源丰富，有效地转移农村剩余劳动力，实现农村人口的合理迁移，使劳动力资源配置更有效，进而创造更大的经济价值和社会价值，是经济增长和社会发展的内在要求，也是探索促进农村劳动力转移和人口迁移的有效途径，是推动中国特色工业化、城镇化和农业现代化进程的必然要求。快速发展的城镇化从根本上成为缩小城乡差距、改善农村居民收入、促进城乡协调发展的重要途径。20世纪90年代以来,我国流动人口,特别是农村到城镇的流动人口规模不断壮大,不仅支撑了城市经济社会的快速发展,也为促进农村经济社会发展发挥了重要作用。统计数据表明,2019年我国农村从事非农就业的劳动力接近3亿人,非农就业比例超过了40%,其中外出务工劳动力达到了1.7亿人;1978—2019年,按可比价格计算,我国农民的收入增长了近100倍,城乡居民收入差距持续缩小,由2015年的2.73∶1缩小到2019年的2.64∶1,非农收入在农民收入中比例持续攀升,已经代替农业收入成为农民收入的主要来源①。由于农村人口大量进入城市就业,城镇人口快速增长,已由1978年的18%上升到了2020年的64%。2000年第五次全国人口普查表明,全国迁移人口约1.25亿,其中约7300多万为农村劳动力转移到城市务工,几乎占到城镇全部就业人数的1/3;另外有3000多万从欠发达农村地区到发达经济农村地区的人口流动(蔡昉,2007)。第七次全国人口普查数据显示:我国人户分离人口为49276万人,其中,市辖区内流动人口为37582万人,与2010年相比,人户分离人口增长88.52%,流动人口增长69.73%。随着我国经济社会的持续发展,人口迁移流动将会迎来更有利的流动条件,人口流动趋势会更加明显,流动规模也将进一步扩大。然而,不同于发达国家和其他很多发展中国家人口流动多表现为家庭整体并且是永久性的迁移,我国农村人口向城市的转移大多表现为单身、短期流动,农村流动人口难以永久迁移到城市,农村流动人口在农村与城镇之间的非永久性、往返式、单身流动已影响到城乡协调发展和“三农”问题的根本解决,造成一系列城乡经济社会问题。

首先,在现行户籍制度下,由于农村流动人口缺乏当地城市户口就意味着无法获取城镇居民享有的社会救助、住房补贴以及教育等方面的福利保障,因

---

① 国家统计局:国家数据,见 http://data.stats.gov.cn/easyquery.htm? cn=col。

此，尽管多数农村进城务工人口已经在城市工作生活了下来，却无法举家迁入城市定居下来，大多数人在漂泊多年后都只能选择返回农村，这导致的城乡经济社会问题是：(1)城市集聚效应难以真正发挥，影响城市就业吸纳能力和城市发展。虽然2019年我国城市化率已达到64%，但农村进城务工人口家庭和主要消费都还在农村。低城市化水平抑制了第三产业的发展，影响城市吸纳就业能力和城市经济的持续发展。(2)农村劳动力的单身、短期流动致使其家庭分居，并产生留守儿童①、留守妇女等社会问题。2013年全国妇联根据中国2010年第六次人口普查数据推算，我国大约有6000多万农村留守儿童，这将成为未来社会发展的潜忧；农村外出就业人口夫妻分居则导致农村离婚率大幅上升直接影响到农村社会稳定。(3)大量农村进城务工人口在城市遭受不同程度的歧视和不公平待遇也给城市的和谐发展留下隐患。从发达国家的经验来看，在流动初始阶段农村人口因主要考虑经济因素，多能平和接受在城市遭遇的“二等公民”待遇，但随着工作和居住时间的延长，他们将会抵制遭遇的不公平待遇和各种歧视，外来移民和本地居民的矛盾将逐步显现。(4)由于农村人口流动大多不是举家迁移，这种“候鸟式”的迁徙和流动给城市交通和社会治安造成了季节性压力，提高了社会管理成本。其次，农村流动人口无法永久迁移造成农村人口无法完成实质意义的城市化，而实质性减少从事农业生产劳动力的数量，培育新型农业生产主体，不仅有助于提高农业劳动生产率和竞争力，而且对乡村振兴战略的顺利实施意义重大。由于无法形成农村人口向城市完全迁移的良性机制，农村流动人口总会维持与土地千丝万缕的联系，这不但影响到土地流转市场交易效率，也影响到农村农业现代化实现。

与此同时，农村深刻变革的另一个突出表现是农村土地资源的重新配置。随着农村人口流动规模的进一步扩大，农村人地矛盾日益凸显。改革开放初

---

① 留守儿童是指父母双方外出务工或一方外出务工另一方无监护能力、不满十六周岁的未成年人。

期，家庭联产承包责任制改革通过均分土地、包干到户的制度安排极大地促进了农村经济转型和增长，提高了土地资源利用效率。随着家庭联产承包责任制的不断深化，受人多地少的现实约束，中国农村按照农户人口均分土地，造成农村大部分地区的土户农地经营规模较小，农户地块较为分散。在第一轮承包制前期，相关调查表明，农户家庭经营土地面积平均为 0.56 公顷，包含 9.7 块土地，块均土地面积仅为 0.06 公顷（黄贤金等，2001）。伴随第二轮承包期的延长，人多地少的现实约束将继续加剧土地细碎化的局面。而且，随着非农就业比例的不断提高以及外出非农就业人数不断增加，日益变动的农村劳动力分配格局正不断冲击现有土地分配方式。“按人均分”和“生不增，死不减”的土地分配方式，由于无法对农业人口变动作出相应调整，出现了一些农户农业劳动力不足而土地较多，而另一些农户农业劳动力充裕而土地不足的土地资源分配不公平问题。如果对土地初始分配不做任何调整，人口因素的变化和外出务工机会的差别将导致土地经营的更低效率，农户土地权利和劳动力禀赋的搭配也将处于次优状态，土地稀缺农户将在每单位土地上投入更多的劳动，从而造成劳动力和土地资源配置的低效率［洛伦·勃兰特（Loren Brandt）等，2004］。面对低效率，农户的自发调节方式是土地转包、出租、转让、土地互换、土地入股等土地流转形式。劳动力少的农户把土地租赁给劳动力多的农户，从而实现土地资源的帕累托改进，前者获得土地的租金，后者劳动的边际产出得到提高（张海洋、平新乔，2012）。我国农村的土地流转主要形式是土地转入、土地转出，土地流转面积呈不断上升趋势，但是整体上土地流转比例不高，土地流转相对滞缓，发展速度空间不均。从 20 世纪 80 年代中期农村农户转出的耕地面积只占总耕地面积的 0.7%，到 2003 年年底，全国农村耕地流转和集中的面积占全国耕地总面积的 7%—10%，流转规模有所上升，是 1992 年土地流转水平的 2—3 倍（陈和午、聂斌，2006）。对此，政府自 20 世纪 90 年代中后期开始反复强调农村土地承包关系长期不变，并积极鼓励农村开展多种形式的土地使用权流转。改革开放 40 多年来，中国政府对土地家庭承包责任制的政策，一直沿着稳定地权、增强农民信心的方向前进。1984年中央首次提出了“土地承包经营权15年不变”。1993年又提出“土地承包经营权30年不变”，而且将稳定的30年土地权利作为强制性规定分别被写进了1998年修订后的《中华人民共和国土地管理法》和2003年的《中华人民共和国农村土地承包法》。尤其是2003年开始实施的《中华人民共和国农村土地承包法》从法律上为土地流转市场扫清了障碍，并要求给农民发放正式的权利证明文件《土地承包合同和土地承包经营权证书》。在2007年颁布的《中华人民共和国物权法》中，也进一步将农民的土地承包经营权确认为“用益物权”。2008年10月中共十七届三中全会也明确提出，“赋予农民更加充分而有保障的土地承包经营权，现有土地承包关系要保持稳定并长久不变”。2014年中央一号文件《关于全面深化农村改革加快推进农业现代化的若干意见》要求“进一步深化农村土地制度改革，构建新型农业经营体系，发展多种形式规模经营，鼓励有条件的农户流转承包土地的经营权，加快健全土地经营权流转市场，探索建立工商企业流转农业用地风险保障金制度，严禁农用地非农化，有条件的地方，可对流转土地给予奖补。土地流转和适度规模经营要尊重农民意愿，不能强制推动”。2019年中央一号文件《中共中央　国务院关于坚持农业农村优先发展做好“三农”工作的若干意见》再次明确“健全土地流转规范管理制度，发展多种形式农业适度规模经营，允许承包土地的经营权担保融资”。同时政府则希望通过出台《农地承包法》建立健全农村土地流转机制，促进土地流转发展以此来缓解人地矛盾冲突，同时也希望通过农户间自愿互利的自发土地流转行为实现农地的二次调配，促进农地集中规模化经营。但从近年情况来看，截至2016年年底，全国承包耕地流转面积达到4.6亿亩，超过承包耕地总面积的1/3，但相对于2016年的2.8亿农民工，土地流转规模仍然较低（农业部等，2016）。而且，从空间维度来看，东、中、西地区之间存在着很大的差异，东部地区土地流转相对活跃，西部地区交易较少且极不规范；从大量农村实地调查结果来看，尽管近几年土地使用权流转速度加快,但土地流转状态依旧滞缓,农户参与比例仍然很低(温铁军,2001;叶剑平等,2008),而且由于缺乏规范化的土地流转机制,大部分农民宁愿土地长草,也不肯放弃占有土地,结果在土地稀缺的前提下出现了一方面土地资源更加稀缺,一方面土地经营粗放和撂荒的奇特现象(张红宇,2002),这不仅造成农地资源浪费,而且也不利于农业生产效率的提高。

面对农村人口迁移和土地流转出现的一系列问题,我们亟须明白农村迁移人口的流动逻辑和土地流转的内在机理,这不仅有助于我们给予上述问题充分解释,还有助于我们回答在乡村背景下,如何适应时代要求解决农村人口与土地资源配置矛盾,如何优化我国农村人口和土地资源配置,提高资源配置效率。(1)农村流动人口方面,要实现农村到城镇流动人口的永久性迁移,除了要开展政策设计和制度改革等相关政策研究外,更为重要的是我们要全面了解农村流动人口在城市的就业生活境况如何?他们的流动特征近年来有何变化?他们在城市之间流动的频率和次序怎样,职业转换频率和提升情况如何?主要影响因素有哪些?家属随同情况如何?农村流动人口向城镇永久性迁移的意愿和需求怎样,对他们的需求和态度起关键影响的因素是什么?回答上述问题,需要以系统的实证研究为基础,实证研究不仅有助于我们深入分析农村迁移人口流动的原因、迁移模式、流动变化,也有利于我们深刻理解农村外出流动人口在流动过程中子女教育、社会保障和定居意愿等方面的需求,从而为相关政策和改革提供决策依据。(2)土地流转方面,要释放土地制度改革的红利,除了需要深入了解农户土地流转(转入、转出)行为及面临的制度激励与约束,还需要对土地流转交易成本、交易效率、交易意愿等问题深入研究。土地产权制度安排将如何激励农户土地流转行为(土地转入、土地转出)?农户社会信任程度如何影响土地流转的交易成本与交易时间?土地流转交易行为的规模化经营绩效如何?土地行政调整手段对土地流转交易市场手段的干预将受到土地产权制度安排激励还是约束?具体而言,本书包括以下核心内容:

(1)分析农村流动人口的城市就业生活境况。全面分析了农村流动人口工作状况及变化,包括农村流动人口地域分布状况,行业分布和工作状况,农村流动人口工作流动状况及原因;农村流动人口城市生活状态及存在问题。(2)研究农村流动人口的职业流动和城市流动及家属随同影响因素。描述农村流动人口流动状况与特征及配偶、小孩随同情况,应用计量模型定量分析农村流动人口职业和城市变换、家属随同状况及主要影响因素。(3)研究农村流动人口留城意愿的主要影响因素及社会保障需求。应用计量经济模型分析农村流动人口的留城意愿、社会保障需求及影响因素。(4)分析农户土地流转交易行为现状和区域差异。采用定性分析方法,描述分析农户土地流转现状和区域差异,主要从对农用土地相关政策的认知,土地流转原因及土地流转交易行为现状,包括:土地流转程度、流转合同、流转对象、流转期限、补偿方式等方面考察土地流转现实状况和存在的潜在问题。(5)研究农户土地流转行为(土地转入和转出行为)的制度激励与约束。建立农户农地转入、转出行为理论分析框架;应用计量经济模型,采用工具变量(IV)和两阶段最小二乘法(2SLS),从农地产权制度安排角度定量分析农户土地流转行为(土地转入和转出行为)的制度激励与约束。(6)研究农户土地流转的交易行为(交易成本和交易效率)的制度激励与约束。基于农户土地流转交易成本分析框架,主要对农户土地流转交易行为,利用有序逻辑模型(Ordered Logit)分析农户土地流转的交易行为(交易成本和交易效率)的制度激励与约束。(7)评价土地流转交易行为的规模化经营绩效,揭示存在的制度激励与约束。构建农户土地流转交易绩效的理论分析框架,并采用最小二乘法(OLS)评估农户的土地流转交易行为绩效;在评价农地流转交易行为绩效基础上,通过考察农户的农地调整意愿,解释土地流转效果原因,并利用多元逻辑回归(Mlogit)模型,实证检验农户的土地社会保障偏好,揭示土地流转交易行为背后的制度瓶颈。

研究中,我们对农村资源重新配置深层逻辑的挖掘将主要依据两条主线展开,整体框架和思路如图 1 所示。

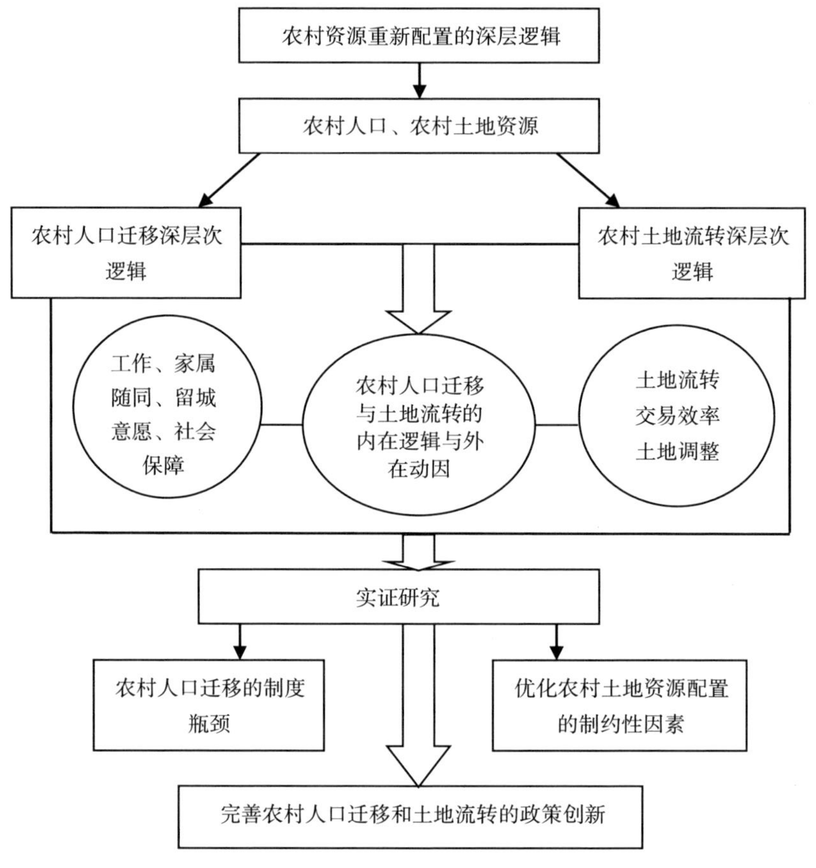

图1　整体框架和思路

主线1:人口资源配置方面,将在梳理相关制度和政策基础之上,对农村流动人口的城市就业生活境况、流动特征和规律,以及留城意愿及社会保障等一系列基础性问题进行系统分析。

主线2:农村土地资源配置方面,在描述我国农用土地流转交易行为现状及区域差异基础上,从农村土地产权制度安排角度出发,分析农户的农用土地流转行为及交易行为存在的制度激励与约束,通过对农用土地流转交易行为绩效评价,从农户土地调整意愿与农地社会保障偏好角度,解释土地流转交易绩效产生的原因,并揭示与农用土地流转交易行为绩效相关的制度瓶颈。

通过上述两条主线，揭示走好新时代乡村改革之路，顺应迈向高质量发展变局，践行农村新时代发展理念，就应要处理好农民和土地的关系，巩固和完善农村基本经营制度，赋予双层经营体制新的内涵，推动人才、土地、资本等要素在城乡间双向流动和平等交换，激活乡村振兴内生活力。也只有在明确上述变局中的深层逻辑后，才能真正理解和把握新时代我国农村改革的方向和道路。

书中使用的数据主要来自我们 2008 年 10—11 月及 2017 年 1 月对中国四省农户的实地调查。考虑到地域分布和经济发展水平，我们选取了山东、陕西、吉林和浙江四省作为样本省，然后按照农民人均纯收入采用分层抽样法在陕西、吉林、浙江分别抽取了 3 个样本县（县级市），在山东抽取了 4 个样本县（县级市）；在每个样本县（县级市）内按照类似的方法抽取了 2 个乡镇，每个乡镇再抽取 2 个样本村，共 26 个乡镇和 52 个村；最后，在每个村随机抽取 12 户农户调查。需要说明的是，在 2013 年年初的实地调查中，由于现实困难，最后只追踪到山东省的 3 个样本县（县级市），致使追踪调查样本为 48 个村，比原有样本村少了 4 个。实地调查采用三套问卷，分为《乡（镇）级基本情况调查问卷》《村级基本情况调查问卷》《农户人口及土地特征调查问卷》。乡镇级和村级问卷中涉及了一些农户级问卷中的关键问题，用于匹配检验农户调查问卷质量。具体分析时，主要采用《农户人口及土地特征调查问卷》（以下简称“农户问卷”）。农户问卷主要包括五个部分，分别为家庭人口基本特征、家庭人口非农就业情况、家庭土地基本特征、家庭土地产权变动情况，以及家庭资产收入和社会资本情况。家庭人口基本特征部分包括家庭人口总数，各个家庭成员的年龄、教育程度、健康状况、政治身份、婚姻状况等。家庭人口非农就业情况，主要包括最近三次的非农就业历史，进城务工人员的工作地点、工资收入、职业种类、社会保险状况、家属随同情况等关键问题。家庭土地基本特征部分主要涉及农户经营土地数量、经营产权、土地质量、经营地上的权利情况等。家庭土地产权变动情况主要包括：经营地的产权，是否为流转土地，相关手续等问题。[①] 在非农就业史部分，我们面临的困难是在实地调查时一些家庭成员外出非农就业无法当面采访，对此，我们采取被访者代理回答客观问题，而部分关键问题和主观问题我们与外出就业者约定访谈时间进行电话访问。山东调查的四个县（县级市）分别为烟台的栖霞市、潍坊的诸城市、济南的平阴县、菏泽的曹县。栖霞（县级市）调查了翠屏镇（现翠屏街道）的黄家庄和慕先庄、庙后镇的五林庄和后许家；诸城调查了皇华镇的宋家庄子和龙湾头、相州镇的沙河套和中城阳；平阴调查了孔村镇的王小屯和北毛峪、玫瑰镇的江庄和赵台；曹县调查了闫店楼镇的尹黄庄和吕庄、青岗集镇的燕城集和张大王庙。陕西分别调查了宝鸡千阳、渭南白水和延安宜川三个县。千阳调查了崔家头镇的王家坳和赵家塬、张家塬镇的晖川和尚家堡；白水调查了西固镇的西固和梁家、收水乡的五泉和奚家河；宜川的交里乡的太泉和乔庄、新市河乡的北从和长命。吉林调查了辽源的东丰县、长春的榆树市、白城的大安市。东丰调查了杨木林镇的太平和四合村、猴石镇的增和和保安；榆树市调查了土桥镇的光明村和卫国村、八号镇的十八号村和万发村；大安市调查了四棵树乡的治安村和德昌村、叉干镇的光明村和庆发村。浙江调查了杭州的桐庐县、宁波的慈溪市和衢州的开化县。桐庐调查了凤川镇（现凤川街道）的大源村和翙岗村、分水镇的盛村和三合村；慈溪市调查了横河镇的梅园和石堰、庵东镇的江南村和宏兴村；开化县调查了杨林镇的青峰村和号岭村、何田乡的柴家村和皂底村。最后调查共收集到 4 省 13 个县（县级市）26 个乡（镇）52 个村 617 户农户的 2781 块地块有效样本数据。

---

① 本次调查的抽样方法尽管是随机抽样，但却是非等概率抽样，为此，后面的统计分析将根据农户的入样概率进行权重调整以推断总体。

第一章　农村人口流动模式及特点

20 世纪 70 年代末，党的第十一届三中全会提出“我国农业基础还十分薄弱，只有大力恢复和加快发展农业生产，才能提高全国人民的生活水平”。会议对农村发展政策作了一系列调整，认为其中最重要的农村改革内容是在农村推行家庭联产承包责任制，农业生产包产到户、包干到户，该制度明确表示在土地所有权集体所有的前提下，农民可自行安排各项农业生产活动，产品除向国家交纳农业税、向集体交纳积累和其他提留后完全归承包者所有，保障农民充分享有土地经营管理权。随着这一改革的逐步推进，农村大量富余劳动力从土地上解放出来，急需建立剩余劳动力的“蓄水池”。在这一背景下，1984 年中央一号文件《关于一九八四年农村工作的通知》明确指出“集体和农民在自愿互利的原则下，鼓励他们将资金集中起来，联合兴办各种企业”。在政策引领下，我国农村乡镇企业异军突起，吸纳了大量农村剩余劳动力，并成为农村劳动力转向非农行业的主要渠道，形成了“离土不离乡，就地进工厂”的流动特点。1988 年在城市工作的农村劳动力已经达到 2500 万［孟和张（Meng and Zhang），2001］。不过，总体来看，由于城市对农村劳动力的需求较少，加上各种制度性因素的制约仍然存在，80 年代农村向城市流动的劳动力还是比较少的，人口流动依然主要是由于乡镇企业发展导致的乡村地区内部由农业向非农产业的流动，同时政府推动的也主要是“离土不离乡”、非集中式的乡村城镇化和中小城镇优先的发展战略。

20 世纪 90 年代，随着中国经济体制改革深入城市部门，城市私有部门不断扩张，城市就业政策逐步宽松，城市地区对劳动力的需求也开始不断增加，出现农村劳动力和人口向城市较大规模的流动。尤其是东部沿海地区和大城市在积极推行国家工业化政策的过程中对劳动力需求日益旺盛，大量农村剩余劳动力开始流向城市，务工经商，表现出“离土又离乡，进城进工厂”的流动特点。由于受私营、外资以及改革后的国有企业竞争加剧，乡镇企业对农村剩余劳动力的吸纳能力下降，甚至出现停滞的趋势，乡镇企业就业在1996年达到1.35亿的顶点之后开始下降。在此情况下，中央和地方政府也开始明确鼓励流动人口向城市迁移，农村劳动力开始到城市寻找工作，农村劳动力迁移开始转为大规模向城市制造业、服务业部门流动的模式。与此同时，城市政府也开始意识到充分利用农村廉价劳动力发展城市经济的重要性，并开始逐渐清除乡村迁移人口进入城市低端劳动力市场的各种政策限制，城市迁移人口迅速增加，1994年达到6400万，1998年进一步增加到8000万，此时，农村迁移劳动力已经占到农村劳动力的18%，占城市劳动力的34%。

进入21世纪，面对势如破竹的经济全球化世界性大趋势，我国加入世界贸易组织，随之带来了工业化、城镇化的加速发展，农村流动人口规模也进一步扩大，呈现出“哪里增收去哪里”的流动特点。党的十八大以来，为从根本上实现农村迁移人口的市民化，国务院发布了一系列农村人口迁移政策，以户籍制度改革为抓手，从而实现农村流动人口“提升技能、融入城市”的阶段目标。到2017年年底，全国8000多万农业转移人口成为城镇居民，50%以上的农村劳动力实现了转移就业。总体上来看，改革前建立的户籍制度虽然已经在很大程度上松动，但在农村人口向城市进行永久迁移的问题上，依然没有取得根本性的突破。结合实地调查数据，本章主要回答以下问题：我国农村人口流动的原因是？农村流动人口的主体特征是什么？农村人口流动规模及特点是什么？农村人口流动的模式是什么？农村人口流动的阶段是什么？

第一节　农村人口流动的原因

20 世纪 60 年代,美国学者埃弗拉德·李(Everatt S.Lee)提出的较系统的推拉理论(push-pull theory)一直被认为是人口迁移原因的经典解释,该理论认为"迁移行为的发生是由于迁出地的推力和迁入地的拉力的互相作用产生的"。有些迁移人口迁出原住地可能由于迁出地的推力(排斥力)作用,而有些迁移人口则可能由于迁入地的拉力(吸引力)作用,绝大多数迁移人口则受推力和拉力共同作用。推拉理论有一个重要的前提,那就是迁移人口对迁出地和迁入地与自己相关的信息方面是信息对称的。可见,能否获得有效的信息是迁移决策成功与否的一个关键。如果说对原居地的了解是靠自己切身和心理感受,那么对目的地的了解则在相当程度上需要依靠亲朋好友或大众媒介的帮助。另外,推拉理论还隐含着一个重要的假设:这就是人的迁移行为也是一种经济行为,是经过理性选择的结果,即"经济人"假设。该理论中的"推力"(push factors)被认为是"负"的因素,因为这些因素促使迁移人口离开原住地;"拉力"(pull factors)被认为是"正"的因素,因为这些因素引吸着为改善生活状况而迁入目的地流动人口。迁移力不平衡时,即推力>拉力或推力<拉力,则迁移人口必须达到能克服客观存在的迁移惰性,即一个人或潜在移民在某地居住期限越长,迁移的可能性就越小这种力量,迁移想法才可能转变为实际的迁移运动。

上述理论给出了人口迁移的普适性解释,无论是"推力"还是"拉力",根本上都是收入的作用力,西汉著名的史学家司马迁早已在《史记》中就人口流动的本质给出了自己的判断,"天下熙熙,皆为利来;天下攘攘,皆为利往"。现阶段,从我国农村人口迁移实践来看,农村人口流动的根本原因是摆脱相对贫困的状态,追求更高的收入和改善生活条件。2012 年我国拉开了新时代脱贫攻坚的序幕,到 2020 年,依托中国共产党的统筹与动员、全体人民的不懈努力,实现了现行标准下 9899 万农村贫困人口全部脱贫,彻底消除了现有贫困标准下的绝对贫困①，取得了脱贫攻坚战的全面胜利。我国历史性地解决了农村绝对贫困问题，这不仅是人类反贫困历史上的伟大实践，也是我们践行以人民为中心发展思想的体现。2021 年中央一号文件《中共中央　国务院关于全面推进乡村振兴加快农业农村现代化的意见》明确指出："实现巩固拓展脱贫攻坚成果同乡村振兴有效衔接"，"设立衔接过渡期。脱贫攻坚目标任务完成后，对摆脱贫困的县，从脱贫之日起设立 5 年过渡期，做到扶上马送一程"。全面实施乡村振兴工作，就是要实现农业现代化，做好农村耕地和土地保护政策；就是要减少农村和城市的差距化，继续做好对低收入农村群众的实行动态化的监测；就是要让低收入人口的生活有保障，让他们树立起生活的信心，依靠自己的能力和勤劳自己致富。党的十九届四中全会也明确指出，"建立解决相对贫困的长效机制"。在全面建成小康社会之后，促进农村低收入群体增收、缓解相对贫困将是下一个阶段扶贫工作的核心任务。"相对贫困"是指："当某些群体没有足够的资源去获取他们那个社会公认的一般人都能享受到的饮食、生活条件或机会，就是一种相对贫困的状态。"（世界银行，1982）本章将结合实地调研数据，综合评价目前农村相对贫困状况，并使用再中心化影响函数回归方法，实证检验农村居民相对贫困问题的影响因素有哪些？这为我们理解农村人口迁移背后深层次原因提供了一种全新的思路。

一、相对贫困测度

目前我国还没有统一的相对贫困认定标准，有的省（自治区、直辖市）根据当地的经济发展和收入水平制定了相对贫困标准（例如广东省 2019 年以 4000 元作为相对贫困线）。此外，收入差距和低收入群体收入占比也是重要的衡量指标。为了全面衡量农村居民相对贫困状况，我们选择了以下三个指

① 绝对贫困主要反映的是基本经济物质的匮乏，相对贫困则更多反映的是收入无法满足除了生存之外的更高层次需要的贫困。

标:收入差距、低收入群体的收入占比、相对贫困程度来进行测度。样本农户人均收入为 12941.362 元,中位数为 7476.250 元,最小值为 1142.916 元,最大值为 47476.25 元,人均收入的核密度分布和洛伦兹曲线如图 1-1 所示。农户人均收入的基尼系数为 0.459,略低于国家统计局公布的当年全国居民收入基尼系数 0.467,高于 0.400 的基尼系数警戒线。其中,收入最低 10%的农户收入占比为 4.32%,而收入最高 10%农户的收入占比达到 26.78%;收入最低 25%的农户收入占比为 15.03%;而收入最高 25%农户的收入占比为 49.05%。说明农村内部收入差距较大,存在收入分化的问题。

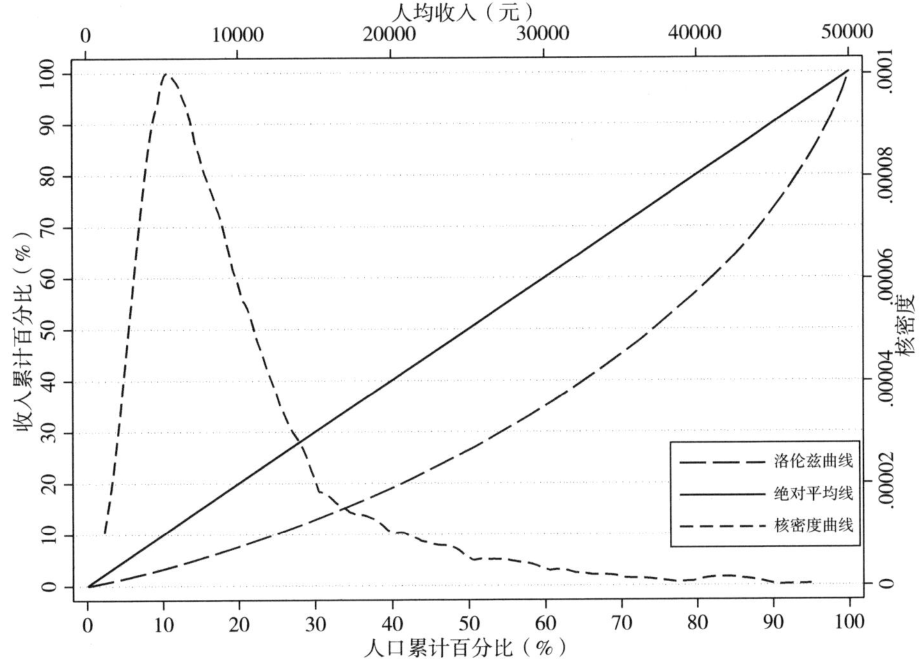

图 1-1　人均收入洛伦兹曲线与核密度曲线图

FGT 贫困指数(Foster-Greer-Thorbecke poverty indices)是用来衡量相对贫困程度。贫困广度指标,表示贫困发生率①;贫困深度指标,表示距离贫困

① 贫困发生率是考核是否脱贫的重要指标之一,指低于贫困线的人口占全部人口的比例。

人口收入与贫困线的相对距离,也就是贫困者距离脱贫线距离的加总,收入离脱贫线差值与脱贫线比值的期望值;贫困强度指标是通过赋予贫困人口更大的权重来刻画内部收入差距情况,具体公式详见下文模型部分的公式。人均收入在4000元以下的相对贫困农户占总农户样本的12.97%,相对贫困深度和强度分别为0.776和0.261,相对贫困发生率也较高。FGT贫困指数涉及的相对贫困指标如表1-1所示。

表1-1 相对贫困指标

相对贫困指标	指标内涵	平均数	标准差
人均收入	农户家庭人均收入(千元)	12.941	7.221
基尼系数	农户家庭人均收入基尼系数	0.459	0.264
Lor10	收入最低10%农户的收入占比	0.043	0.189
Lor25	收入最低25%农户的收入占比	0.150	0.069
相对贫困广度	FGT相对贫困发生率(%, $\alpha=0$)	12.973	0.046
相对贫困深度	FGT相对贫困强度($\alpha=1$)	0.776	0.142
相对贫困强度	FGT相对贫困强度($\alpha=2$)	0.261	0.060

数据来源:作者整理而得。

二、相对贫困程度影响因素分析

(一)模型构建

为了全面衡量农村居民相对贫困状况,我们选择了以下三个指标:收入差距、低收入群体的收入占比、相对贫困程度来进行测度。我们使用再中心化影响函数回归(Recentered Influence Function Regress,以下简称"RIF回归"),以上述三个指标作为解释变量,估计各被解释变量对农村居民相对贫困的边际影响。进行RIF回归需要先使用再中心化影响函数对上述三个指标进行估计,再进行回归分析,具体的分析方法如下。

1. 收入差距

我们使用基尼系数来衡量农村居民收入差距，基尼系数的计算公式如下：

$$Gini(F_Y) = 1 - \frac{2}{\mu_Y}R(F_Y) \tag{1-1}$$

其中，

$$R(F_Y) = \int_0^1 GL(p; F_Y)\,dp$$

$$GL_Y(p) = \int_{-\infty}^{F^{-1}(p)} zd(F_Y(z))$$

$$p(y) = F_Y(y)$$

GL 为广义洛伦兹曲线纵坐标（Generalized Lorenz ordinate）。进一步定义基尼系数的影响函数为

$$IF(y; Gini) = A_2(F_Y) + B_2(F_Y)\,y + C_2(y; F_Y) \tag{1-2}$$

并满足：

$$A_2(F_Y) = \frac{2}{\mu_Y}R(F_Y)$$

$$B_2(F_Y) = \frac{2}{\mu_Y^2}R(F_Y)$$

$$C_2(y; F_Y) = GL(p; F_Y) - \frac{2}{\mu_Y}(y(1-p))$$

在上述公式的基础上可以得到基尼系数的再中心化影响函数：

$$RIF(y; Gini; F_Y) = 1 + B_2(F_Y)\,y + C_2(y; F_Y) \tag{1-3}$$

可以进一步表述为

$$RIF(y; Gini; F_Y) = 2\frac{y}{\mu_Y}\left[F_Y(y) - \frac{(1+Gini)}{2}\right] + 2\left[\frac{(1-Gini)}{2} - GL(p; F_Y)\right] + Gini \tag{1-4}$$

其中，$\frac{(1+Gini)}{2}$ 和 $\frac{(1-Gini)}{2}$ 分别代表洛伦兹曲线上方和下方区域的面

积。等号右侧第一项随着 $\frac{y}{\mu_Y}$ 的增长递增,因而没有上边界,等号右侧第二项取值在 $Gini-1$ 和 $Gini+1$ 之间。因此, $RIF(y;Gini;F_Y)$ 对 y 取一阶导数等于 $\frac{2}{\mu_Y}\left[F_Y(y)-\frac{(1+Gini)}{2}\right]$,该项式在 $F_Y(y)=\frac{(1+Gini)}{2}$ 时取值最小;在理论上向上没有边界,但实际上可以根据数据分布上限来确定其上边界[菲尔波等(Firpo,et al.),2009]。

2. 低收入群体收入占比

低收入群体收入占比可以用洛伦兹曲线纵坐标来进行衡量,其表达式为

$$L_Y(p)=\frac{GL_Y(p)}{\mu_Y} \tag{1-5}$$

根据埃萨马—恩萨赫、兰伯特(Essama and Lambert,2012)和戴维斯等(Davies,et al.,2017)的研究,其再中心化影响函数表达式为

$$RIF(y;L_Y(p))=L_Y(p)\left(1-\frac{y}{\mu_Y}\right)+\frac{p\,q_Y(p)}{\mu_Y}+\frac{y-q_Y(p)}{\mu_Y} \tag{1-6}$$

并满足:

$$y<q_Y(p)$$

其中,p 为收入分位数,我们将选择收入最低的25%和10%的农村居民样本作为相对贫困群体进行分析。

3. 相对贫困程度

我们使用FGT贫困指数来衡量相对贫困程度,其表达式为

$$FGT_Y(p;Z)=\int_{-\infty}^{Z}\left(\frac{Z-y}{Z}\right)^{\alpha}d(F_Y) \tag{1-7}$$

基于公式(1-7)可以得到FGT贫困指数的再中心化影响函数:

$$RIF(y;FGT_Y(p;Z))=\left(\frac{Z-y}{Z}\right)^{\alpha} \tag{1-8}$$

其中,$\alpha\geqslant 0$,且当 $\alpha=0$ 时为贫困广度指标,表示贫困发生率;当 $\alpha=1$ 时为贫

困深度指标，表示距离贫困人口收入与贫困线的相对距离；当 $\alpha = 2$ 时为贫困强度指标，通过赋予贫困人口更大的权重来刻画内部收入差距情况。$y < Z$（Z 为相对贫困线），我们选择 2019 年广东省 4000 元相对贫困线为基准线来进行测算。

（二）计量模型设定

我们将上述衡量农村居民相对贫困的指标作为被解释变量，将农户家庭人力资本、社会资本、家庭财产等作为解释变量进行回归，估算出各影响因素对收入差距的影响。我们构建的农户收入差距模型为

$$poverty_i = \alpha + \beta_1 HC + \beta_2 SC + \beta_3 PR + \beta X + \vartheta \tag{1-9}$$

其中，HC 为人力资本变量，SC 为社会资本变量，PR 为家庭经营性资产和资源性资产，农户可通过自主经营和转让使用权获得经营性和财产性收入，包括土地、生产设备等，ϑ 为残差项，β 为待估计参数。

参照已有文献研究，我们在模型中控制了农户人力资本变量、社会资本变量、家庭资产变量和区域变量，各变量含义及统计指标如表 1-2 所示。在人力资本变量方面，除了劳动力数量外，还包括劳动力年龄、教育年限、家庭人口健康状况等与人力资本质量相关的变量，此外还控制了抚养人口数量。社会资本变量方面，我们借鉴帕特南（Putnam，1993）对于社会资本的定义，从社会网络关系、社会信任和互惠关系三个层面考察农户的社会资本。并使用主成分分析法提取一个主成分变量，经检验六个社会资本变量的 KMO 值为 0.724，适合进行主成分分析。

表 1-2　各变量的含义和描述统计

变量名称	变量含义	均值	标准差
人力资本变量			
劳动力数量	家庭中劳动力数量	3.339	1.435
农业劳动力	农业劳动力数量	2.119	1.143
非农劳动力	外出务工劳动力数量	1.494	1.727

续表

变量名称	变量含义	均值	标准差
劳动力年龄	劳动力平均年龄	44.813	10.329
教育年限	劳动力平均受教育年限	6.985	3.522
家庭人口健康状况	家庭中成年人平均健康状况(1—5分自评健康状况,分数越高越健康)	3.094	0.890
抚养人口	家中老人和小孩数量	1.312	1.223
社会资本变量			
社会网络关系1	家中是否有村干部(1=是,0=否)	0.213	0.121
社会网络关系2	是否有亲戚在乡镇以上政府部门工作(1=是,0=否)	0.129	0.097
社会信任1	村里的大多数人都值得信任(1=是,0=否)	0.448	0.154
社会信任2	外出时会放心把房子交给邻居照看(1=是,0=否)	0.392	0.206
互惠关系1	是否经常与其他村民家互相换帮工(1=是,0=否)	0.092	0.289
互惠关系2	是否经常把钱借给亲戚和朋友(1=是,0=否)	0.080	0.272
社会资本主成分	使用主成分分析法从社会资本变量中提取一个主成分	0.212	0.187
家庭资产变量			
耕地面积	农户经营的耕地面积(亩)	9.928	5.364
农业机械	家里是否有大型农业机械设备(1=是,0=否)	0.264	0.198
灌溉地比例	村内有效灌溉耕地占比(%)	57.490	37.923
平原比例	村内平原占耕地比例(%)	44.770	37.020
区域变量			
城市距离	村委会与最近的县级以上城市的距离(千米)	13.786	9.888

(三)实证结果分析

我们使用stata15.0软件作为分析工具,选择了基尼系数、收入最低25%和10%群体的收入占比、FGT相对贫困强度作为被解释变量,分别构建RIF回归模型。为了更加直观地反映各因素对农村居民相对贫困的影响效果,模型中的相对贫困指标都乘以 1000 再进行回归，得到的回归结果如表 1-3—表 1-6 所示。从模型的 F 检验结果来看，每个 RIF 回归模型整体上都在 1%的水平上显著，模型的变量选择较为合理。

1. 收入差距影响因素分析

从农村居民收入差距影响因素的 RIF 回归结果（表 1-3）可以看到：

首先，人力资本变量均在 10%以内的水平上显著影响了收入差距。农户家庭平均拥有的劳动力数量对收入差距产生了负向影响，其中非农劳动力数量的影响更加显著。同时，劳动力年龄越小，收入差距也会随之减少。相反，家庭抚养人口数量越高时，人均收入差距越大。这说明农村人口结构对于收入差距具有显著影响。随着未来农村人口年龄结构调整，老龄化不断加深，农村居民收入差距可能进一步扩大。20 世纪 90 年代以来，我国的老龄化趋势日益凸显。据国家统计局数据测算，我国 65 岁及以上老龄人口从 1990 年的 6299 万增加到 2000 年的 8811 万，占总人口的比例由 5.57%上升到 6.96%，目前我国人口结构已经呈现出老年型，从性别来看，女性老年人占老年人口的绝大多数，预计到 2040 年，老年人口高龄化趋势会更加明显，80 岁及以上高龄老人到 2040 年将增加到 7400 多万人，每年以 5%的速度快速增加，老龄化趋势将不断加深。面临这样的人口发展格局，我国的收入差距趋势也将日益明显，政府决策部门亟须加大二次分配或转移支付力度向农村老年人口倾斜。当然，这也对我国的财政压力产生直接影响，所以从根本上还是要依托我国经济持续、稳定的发展。人口老龄化是世界各国面临的难题，我们在借鉴其他国家政策经验的同时，更需要总结发展教训。比如人口超老龄的韩国经济发展中的“卡脖子”问题，在劳动力资源配置方面，一方面老年人“退而不休”，另一方面年轻人就业“难上加难”的就业结构性矛盾，这种矛盾背后的根源是实体经济发展资源逐渐向大企业的集聚而造成的垄断。所以这对我国经济发展的重要启示在于我们在重点支持和发展一些重大战略企业的同时，要给予一些“小微”企业更多的成长空间，更多的发展机会，因为它们的存在是解决就业尤其是农村流动人口就业的基石，解决了农村年轻劳动力的就业问题，农村老龄人口的“老有所养”的根本问题才能解决，农村人口结构变化带来的收入差距效应才能实现“消转”。

教育在1%的水平上显著扩大了农村居民收入差距，农村居民受教育年限每提高1年，基尼系数将提高0.047。根据张车伟(2006)的研究，收入较高的农村居民能够享受到更好的教育，从教育投资中获得的回报率也要高于低收入居民，因此教育的普及可能扩大收入差距。农村居民健康状况的改善能够显著缩小收入差距，影响效果是所有因素中最大的，对于低收入群体而言，因病致贫和因病返贫是造成贫困的重要原因，健康水平的提升能够较大程度上缓解低收入群体的困境，缩小收入差距。关于农村教育和健康问题带来的返贫问题，学者们普遍认为需要关注教育结构中的不合理问题，强调要调整教育财政支出结构，推进教育体制改革，加大教育相关公共产品和服务的供给。而医疗是相对贫困问题存在的深层原因，必须增加为贫困人口提供的医疗服务。

其次，社会资本变量没有对收入差距产生显著影响。可能的解释是，由于社会网络关系、社会信任和互惠关系在整个农村具有溢出效应，形成了“共享”资源，不会成为农户家庭的“特质”资源，因而无法引致收入差距。收入差距的产生往往是由于一些农户家庭具备一些“垄断”性的资源禀赋，而另一些农户缺失这类资源，最后表现为收入差异。

最后，农户的家庭资产中，耕地面积提高能够显著降低收入差距，而农业机械拥有量对于收入差距没有显著影响。这或许由于近年来国家对农业生产的重视和各种补贴政策，以及耕地面积的扩大可以形成规模化经营效益，进而提高了农户的收入。政府政策引导和种植业的经济激励双向促进农户扩大耕地面积，提高规模化经营意愿。可能的结果是兼业农户向“职业”农户收敛，新型农业生产主体产生。

表 1-3　农村居民收入差距影响因素 RIF 回归结果

被解释变量 / 解释变量	人均收入基尼系数×1000		人均收入对数基尼系数×1000	
	系数	标准差	系数	标准差
农业劳动力	-28.741*	15.031	-3.333*	1.810
非农劳动力	-73.628***	7.476	-9.421***	2.792
劳动力年龄	-65.437***	7.205	-9.009***	1.287
教育年限	47.122**	44.119	11.996***	2.003
家庭人口健康状况	-173.029***	23.184	54.467***	11.261
抚养人口	11.742***	1.840	2.633***	0.158
社会资本	-39.243	146.336	-2.158	13.214
耕地面积	-1.641**	0.706	-0.209*	0.121
农业机械	11.742	31.022	1.208	2.515
灌溉地比例	3.473	2.854	0.267*	0.159
平原比例	13.192	18.267	2.033	4.285
城市距离	44.216***	10.321	7.354***	0.211
省级虚拟变量	控制	控制	控制	控制
常数项	25.948***	3.561	2.063***	0.325
F 统计量	177.774***		215.546***	
R-squared	0.046		0.057	

注：*、**、***分别代表该系数在 10%、5%和 1%的水平上显著。

另外，在区域变量中，自然条件和农业生产条件对于农村居民收入差距的影响不显著，而经济区位条件（与城市的距离）对收入差距具有显著的正向影响。这说明推动新型城镇化和城乡统筹发展，能够在带动周边农村地区发展的同时，缩小农村内部收入差距。

2. 低收入群体收入占比影响因素分析

表 1-4 和表 1-5 中各因素符号基本上与表 1-3 中的结果相反，这与我们的预期一致，那些对收入差距产生负向影响的因素，能够提高低收入群体的收入占比。具体来看，人力资本变量对较低收入群体的收入占比具有显

著影响。其中,农业劳动力数量和非农劳动力数量能够显著提高其收入占比,且劳动力平均年龄越低其收入占比越高。而抚养人口数量越多,越不利于低收入群体收入占比的提升。教育能够降低低收入群体的收入占比。家庭人口健康状况的改善能够有效提升低收入群体的收入占比。此外,社会资本、家庭资产、区域条件等变量的符号也进一步验证了表 1-3 中结果的稳健性。

表 1-4　最低 25%农村居民收入占比的影响因素 RIF 回归结果

被解释变量 / 解释变量	最低 25%收入占比×1000（以人均收入绝对值计算）		最低 25%收入占比×1000（以人均收入对数计算）	
	系数	标准差	系数	标准差
农业劳动力	1.597***	0.567	0.630***	0.028
非农劳动力	8.961***	1.047	2.868***	0.345
劳动力年龄	3.861**	1.782	0.432**	0.192
教育年限	-6.116***	0.760	-0.963***	0.055
家庭人口健康状况	15.745***	0.093	4.415***	0.019
抚养人口	-4.300***	1.665	-0.936***	0.336
社会资本	3.599*	1.885	0.241	0.386
耕地面积	2.596**	1.119	0.657*	0.351
农业机械	7.999**	3.231	1.647*	0.914
灌溉地比例	1.216	5.357	0.837	1.180
平原比例	0.912	4.480	0.072	0.919
城市距离	1.835***	0.421	0.643***	0.027
省级虚拟变量	控制	控制	控制	控制
常数项	1.314***	0.099	0.026***	0.002
F 统计量	88.355***		72.380***	
R-squared	0.160		0.162	

注:*、**、***分别代表该系数在 10%、5%和 1%的水平上显著。

值得关注的是,各变量对于不同低收入群体影响效果的差异,这有利于明确针对缓解不同程度相对贫困的政策重点。首先，农业劳动力数量和劳动力平均年龄对于收入最低10%群体的正向影响效果更强，而非农劳动力数量对于收入最低25%群体的影响效果更大，这意味着随着未来农村劳动力转移就业和人口老龄化不断加剧，将对收入最低10%群体增收带来更大挑战。教育年限对于收入最低10%群体的收入占比具有更加不利的影响，而家庭人口健康状况的改善对于提高最低收入10%的群体收入占比的意义更为重大。此外，社会资本对于收入最低10%的群体收入占比具有更加显著的正向影响效果。这意味着通过农村社会组织建设、提升社会信任和互惠关系能够更好地让最低收入群体分享发展带来的收入增长的红利。增加耕地面积、改善农业灌溉条件能够更加有效地提高收入最低10%群体的收入占比。而农业机械占有量的提高和城市距离缩短则更有利于提升收入最低25%群体的收入占比。

表1-5　最低10%农村居民收入占比的影响因素RIF回归结果

被解释变量 / 解释变量	最低10%收入占比×1000（以人均收入绝对值计算）		最低10%收入占比×1000（以人均收入对数计算）	
	系数	标准差	系数	标准差
农业劳动力	4.048***	1.098	0.923***	0.228
非农劳动力	8.003***	2.060	1.958***	0.183
劳动力年龄	5.367***	1.717	0.845***	0.115
教育年限	-9.621*	5.082	-2.459***	0.847
家庭人口健康状况	22.364***	4.546	7.176***	0.745
抚养人口	-5.412***	0.596	-0.426***	0.069
社会资本	5.785***	1.490	1.245***	0.165
耕地面积	8.607***	2.166	1.100***	0.263
农业机械	-4.029	3.501	-0.561	0.422
灌溉地比例	-5.997**	2.767	-0.417*	0.228
平原比例	0.003	0.320	0.001	0.045

续表

被解释变量 / 解释变量	最低 10%收入占比×1000（以人均收入绝对值计算）		最低 10%收入占比×1000（以人均收入对数计算）	
	系数	标准差	系数	标准差
城市距离	0.751***	0.033	0.147***	0.003
省级虚拟变量	控制	控制	控制	控制
常数项	2.479***	0.576	0.319***	0.061
F 统计量	126.359***		142.254***	
R-squared	0.151		0.162	

注：*、**、***分别代表该系数在 10%、5%和 1%的水平上显著。

3. 相对贫困强度影响因素分析

表 1-6 为各因素对农村居民相对贫困强度的影响效果。农业劳动力和非农劳动力数量都能够降低相对贫困强度，其中非农劳动力数量的影响效果更大。在农村劳动力增速放缓的背景下，加速劳动力转移就业是重要的缓解相对贫困的路径。农村非农劳动力主要是在制造业和服务业发展，而制造业和服务业的发展及增长，反映出我国企业的生产能力和消费者的消费力。当经济较快增长时，消费自然随之增加，消费性以及服务性行业的职位也就增多。因而非农业就业数据一定程度上反映出经济的健康状况，成为经济发展的重要晴雨表。当前我国农村劳动力和土地资源配置结构正发生前所未有的变革，农村劳动力很大程度上依靠非农就业实现“发家致富”。在数字经济时代，我们不但需要探讨数字经济如何引领农村非农就业的发展，更需要构建数字赋能农村非农就业高质量发展机制。

家庭劳动力平均年龄的增长和抚养人口数量的提升会显著提升相对贫困强度。而教育和健康作为改善人力资本质量的重要路径，对于缓解农村居民相对贫困强度的作用十分显著。改善农村居民的社会资本、增加耕地面积、缩短与城市的距离也能够促进农民增收，缓解相对贫困强度。

表 1-6　相对贫困强度影响因素 RIF 回归结果

被解释变量 / 解释变量	FGT 贫困强度系数×1000（以人均收入绝对值计算）		FGT 贫困强度系数×1000（以人均收入对数计算）	
	系数	标准差	系数	标准差
农业劳动力	-1.002***	0.628	-0.078*	0.105
非农劳动力	-2.375***	0.437	-0.208***	0.057
劳动力年龄	1.871*	1.007	0.137**	0.063
教育年限	-1.259***	0.321	-0.092***	0.027
家庭人口健康状况	-7.216***	1.374	-0.743***	0.088
抚养人口	2.846***	0.259	0.455***	0.017
社会资本	0.512*	0.283	0.092***	0.029
耕地面积	0.074*	0.040	0.006**	0.003
农业机械	-0.148	0.066	-0.009	0.007
灌溉地比例	-0.083	0.035	-0.008	0.005
平原比例	-0.037	0.070	-0.007	0.011
城市距离	-0.466***	0.021	-0.043***	0.007
省级虚拟变量	控制	控制	控制	控制
常数项	0.575***	0.034	0.031***	0.006
F 统计量	58.245***		43.336***	
R-squared	0.240		0.232	

注:①选择当 $\alpha = 2$ 时的贫困强度指标来衡量相对贫困程度。②*、**、***分别代表该系数在 10%、5% 和 1%的水平上显著。

（四）回归结果稳健性和内生性问题的讨论

为了验证回归结果的稳健性,我们另外使用人均收入对数测度了相对贫困指标,并进行 RIF 回归分析,结果列示在表 1-3—表 1-6 的第 4、5 列中。从结果对比来看,以人均收入绝对值测算的相对贫困指标为被解释变量的回归方程结果,与以人均收入对数测算的相对贫困指标为解释变量的回归方程结果在显著性上和符号方向上基本相同,也进一步验证了回归模型结果的稳健性。

所谓内生性问题,就是模型中的一个或多个解释变量与随机扰动项相关。以往关于居民收入影响因素的实证研究十分重视遗漏变量可能带来的内生性问题。例如农村居民个人能力,一方面与居民收入相关,另一方面又与居民受教育程度相关,遗漏该变量可能导致教育年限系数估计偏误。因此,研究者们一般采用工具变量法来解决这一问题,但是工具变量的选择和有效性方面仍然存在争议。为了避免上述问题,我们选择的 RIF 回归方法能够很好地解决遗漏变量导致的内生性偏差,得到一致性估计结果。

三、实证结果

根据上述实证分析结果可知,样本中农村居民人均收入基尼系数为 0.459,相对贫困发生率为 12.7%,相对贫困问题需要长期关注。使用再中心化影响函数回归模型对农村居民相对贫困影响因素进行分析后得到以下主要结论:

(1)随着农村人口结构老龄化程度不断加深,农村收入差距可能进一步扩大,不利于缓解相对贫困问题。因而,农村老年人口尤其是留守老人群体,需要给予更多的政策关注和社会关爱,不仅仅是关注他们的物质生活改善,更要丰富留守老人的精神文化生活,从而减少由于老龄化对农村收入差距的冲击,造成相对贫困的广度和深度的扩展。老龄化是任何国家都必然面临的重要挑战,我国应对这一挑战的重要前提是实事求是地依据当前我国农村发展的村情,而当前最大的村情就是人口资源和土地资源的重新配置,人口与土地格局正发生深刻的变革。

(2)教育和健康是提升农村居民人力资本的重要途径,其中家庭人口健康状况的改善能够显著提升低收入群体收入占比,而且能够极大缓解相对贫困强度;教育虽然能够缓解相对贫困强度,但却起到了扩大农村内部收入差距的作用。著名经济学家舒尔茨曾说,“人口质量和知识投资在很大程度上决定了人类未来的前景”。未来,可以说影响我国经济发展尤其是农村发展的诸多因素中,人的因素始终是最关键的因素,农村人力资本的提升是“卡脖子”的关键问题，解决这一难题的重要途径之一就是加大农村人力资本的投资，包括健康、教育、职业培训，以及为适应就业机会变化而进行的人口迁移政策等。从长期来讲，这些投资会产生循环累积因果效应对经济增长作出巨大贡献。

(3)增进农村社会网络关系、社会信任和互惠关系能够有效提升最低收入农户的收入占比，并缓解相对贫困强度，这一研究结果与我们的预期结果相一致。早在18世纪，德国著名的社会学家马克斯·韦伯就曾探讨过宗教对经济和社会发展的影响作用，而且同时期德国社会学家齐美尔则开启了社会学信任研究的先河，他认为“信任是重要的社会综合理论，正是因为人与人之间的互动才形成了复杂的社会，整个社会的运行离不开信任”。农村社会信任可以改善农户间的互动机制，减少农户互动摩擦，维持农村社会稳定。如果进一步从经济交易角度来看，社会信任可以为农户经济交易减少不必要的损耗，提高经济交易的效率。

(4)土地是低收入农户最主要的资产和收入保障，应优化土地资源配置，适度向低收入农户倾斜，尤其是保护低收入农户土地的合法权益。低收入农户的主要资产禀赋就是土地，土地成为其收入的主要来源，如果职业农民政策引导明确，可以进一步在提高农民种植收入的同时确保我国粮食安全。当前，我国基本的农业实情是粮食结构性短缺矛盾，粮食丰收增产并没有改变我国粮食供需长期供求不平衡的基本态势，我国要抓好粮食生产绷紧粮食安全这根弦离不开新型农业生产经营主体的培养，尤其是“职业农民”的栽培。低收入农户向“职业农民”的过渡需要更多的政策关注和引导。

(5)城市与农村的距离是影响农村收入差距和相对贫困的重要指标，坚持城乡统筹发展是解决相对贫困问题的重要路径。乡村振兴离不开便捷相通的城乡道路，通过乡村资源路、产业路以及旅游路的建设，能够进一步促进城乡融合发展。高效便捷的城乡交通，不仅能扩大城市辐射范围，提高城市基础设施的资源共享力，而且还能扩大农产品的销售范围，一定程度上缓解农产品滞销问题。

第二节　农村人口流动规模及特点

总结我国农村人口流动的规模和特点能够更好地把握未来我国农村流动人口的发展趋势和方向,也能够更好地理解我国城镇化的特点和模式。从近几年的数据来看,我国农村人口流动主要表现出流动规模持续扩大、从农村向城镇流动、从不发达或欠发达地区向发达地区流动、流动主体近距离流动较多,但长距离流动的比例呈现上升的趋势以及非正式流动等特点。具体来看:

首先,我国农村流动人口流动规模持续扩大,大迁移自由流动态势基本形成。2009—2018 年我国流动人口总量呈现先增后降的变化趋势。调查数据显示,1998 年以来,我国农村从事非农就业人口中,农村流动人口所占比例呈现比较明显的增长趋势,如图 1-2 所示。20 世纪末,农村从事非农就业人口中,外出农村流动人口占近 40%,到 2008 年,外出农村流动人口所占比例已达 50%左右,年均上升 1 个百分点左右。截至 2008 年,我国农村从事非农就业人口有 2.3 亿人,根据这一比例推断,目前农村流动人口大约有 1.2 亿多人,约占全国人口的 9%。换而言之,2008 年我国 45.7%的城镇化率中大概有 9 个百分点是农村外出进城就业临时人口贡献的。另外,通过对流动人口动态监测数据的分析,2009—2018 年我国流动人口总量呈现先增后降的变化趋势。2009—2015 年连续七年流动人口总量持续增长,由 2009 年的 2.11 亿增长至 2015 年的 2.47 亿。随后,流动人口规模进入数量调整期,2018 年降至 2.41 亿。第七次全国人口普查数据显示,2020 年流动人口规模达 3.76 亿,流动人口占总人口的比例高达 26.64%。①

---

① 国家统计局、国务院第七次全国人口普查领导小组办公室:《第七次人口普查公报(第七号)——城乡人口和流动人口情况》,2021 年 5 月 11 日,见 http://www.stats.gov.cn/tjsj/tjgb/rkpcgb/qgrkpcgb/202106/t20210628_1818826.html。

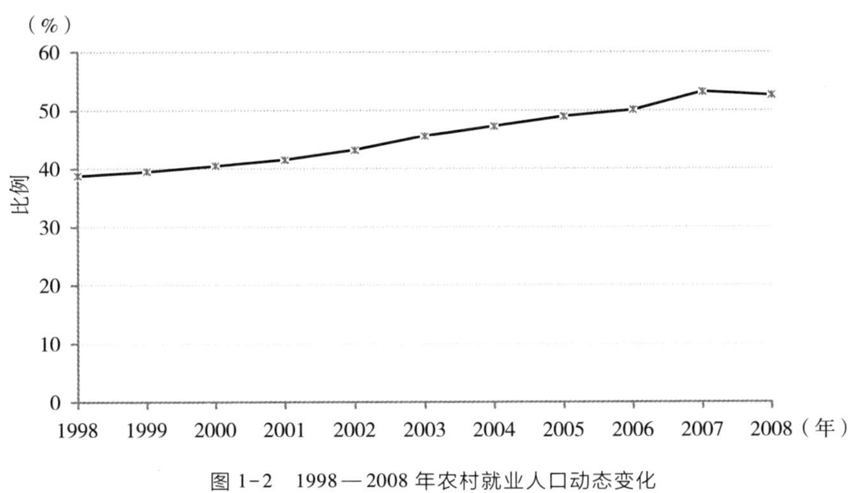

图 1-2　1998—2008 年农村就业人口动态变化

其次，我国人口流动和迁移主要表现为农村人口向城镇的流动。第五次全国人口普查统计资料表明，我国 2000 年城镇人口为 45594 万人，占总人口的 36.09%，比 1990 年增长了 9.86 个百分点。在迁移人口中既有少数城市居民流向农村，也有农村人迁入城镇，但后者占绝大多数。2000 年，全国现住地与户口登记地不一致的有 14439 万人，其中跨省的有 4242 万人，省内的有 10197 万人。在省内不一致的人口中有 2332 万人是市区内人户分离的。全国 12107 万流动人口中，从城镇流出 3267 万，占 26.98%，从农村流出 8840 万，占 73.02%；流入城镇的 9012 万，占 74.44%，流入农村的 3095 万，占 25.56%，如图 1-3 所示。2020 年流动人口规模达 3.76 亿，流动人口占总人口的比例高达 26.64%。其中，跨省流动人口为 1.25 亿，省内流动人口为 2.51 亿，就地、就近城市化和短线迁移成为其明显特征。

然后，农村迁移人口的流动主要呈现出人口由经济不发达或不太发达地区向经济发达地区流动的特点。四川、湖南、安徽、江西等地是农村迁移人口流出的主要省份，而广东、浙江、江苏等发达省份是主要流入地（杜鹰，2002）。根据第五次全国人口普查的数据，大部分人口迁移到珠江三角洲、长江三角洲和环渤海的东部。从 1982 年到 2000 年，东部沿海地区迁移人口比例从

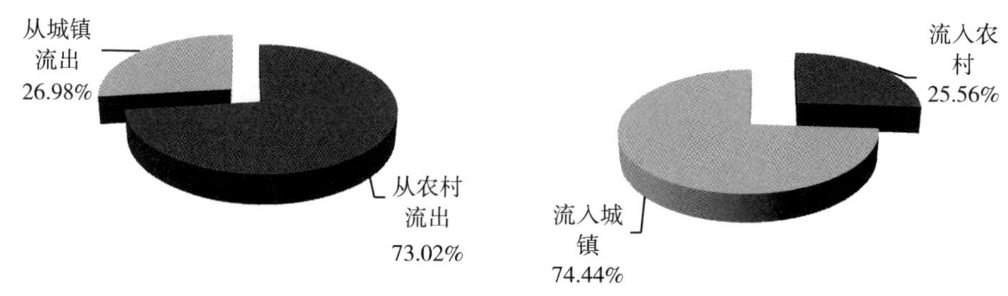

图 1-3　我国迁移人口来源地和流入地结构图

资料来源:第五次全国人口普查统计资料,见 http://www.stats.gov.cn/tjsj/pcsj/rkpc/5rp/index.html。

38.4%增加到45%。仅广东一个省,1982年只有全国5%的迁移人口,到1990年增加到15%,到2000年进一步增加到27%(李若建、闫志刚,2007)。另据国家统计局对全国31个省(自治区、直辖市)6.8万个农村住户和近7100个行政村的抽样调查,2006年农村外出务工劳动力13212万人,其中,农村常住户中外出务工劳动力10568万人,举家外出务工劳动力2644万人。从流出地来看,东部地区、中部地区和西部地区外出务工劳动力分别为3484万人、4251万人和2833万人。从务工目的地来看,在东部地区务工的劳动力7404万人,占外出务工劳动力的比重为70.1%。从具体就业地点来看,2006年在地级以上大中城市务工的劳动力所占比重为64.7%,其中,在直辖市务工的劳动力占9.4%,在省会城市务工的劳动力占18.6%,在地级市务工的劳动力占36.8%,在县级市务工的劳动力所占比重为20.2%。

还有,农村人口的流动还呈现出以近距离流动为主,但长距离流动的比例呈现上升的趋势(王西玉,2000;范小玉,2002)。20世纪80年代初,农村外出就业劳动力基本上就在本县内部流动。随着国家对人口流动管制的逐渐放松,流入县外和省外就业的人口比例不断上升,到90年代初期,农村流动人口中到县外省内和省外就业的人口比例已经各占到30%,不过总体上,农村迁移人口还是以近距离流动为主,如图1-4所示,省内就业人口比例仍然占到2/3。此后,到乡外县内和县外省内就业的人口比例稳中略有下降,而到省外就业人口比例继续略有上升。

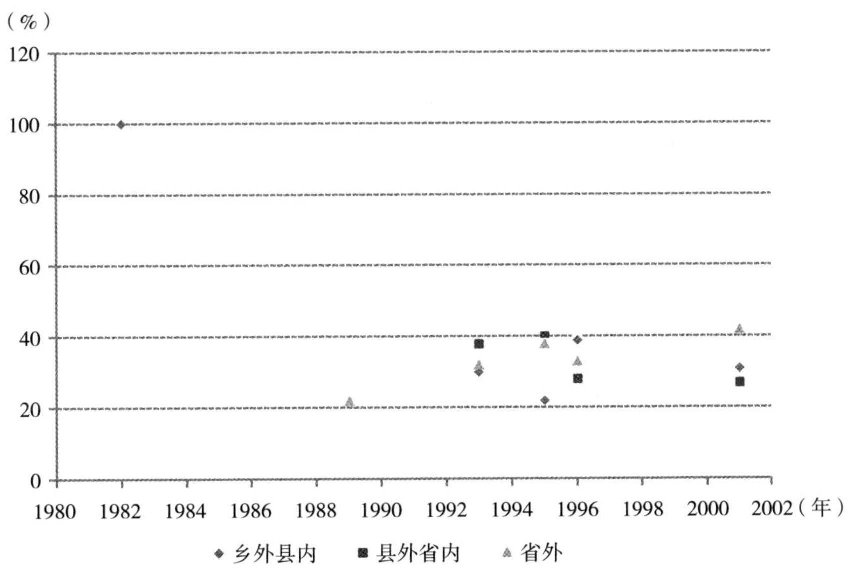

图 1-4　1980—2002 年乡村劳动力跨地区流动就业地情况

数据来源:王西玉:《中国二元结构下农村劳动力流动及政策选择》,《管理世界》2000 年第 5 期;范小玉:《我国农村劳动力转移状况分析》,《统计研究参考资料》2002 年第 37 期。

另外,根据中国科学院农业政策研究中心在 2001 年按随机原则抽取的具有全国代表性的中国 6 省 60 个村 1199 个农户的调查数据,被调查的 3445 个农村劳动力中有 1581 个劳动力有非农就业。其中 29%(459 人)在县外工作,平均年工作 8.6 个月,264 人在省外从事非农就业,平均年工作达到 8.9 个月。此外,在所有从事非农就业的劳动力中,有 22%(348 人)属于长途、长期迁移(过去一年在本县外工作超过 6 个月),其在外工作时间平均达到 10.3 个月/年,长途、长期迁移人口中有一半多(209 人)跨省。由于该样本是在中国 6 省 60 个村随机抽取,具有较强的全国代表性,根据样本数据的比例,大致可以推定 2000 年全国大约有 7684 万和 4419 万农村劳动力分别在本县外和本省外从事非农工作,其中在本县外和本省外工作 6 个月以上的农村劳动力分别达到 5825 万和 3499 万人。

最后,我国农村人口流动具有以非正式迁移为主的明显特点。农村劳动力流动是我国城市化独特的方式,由于受到就业、生活、交往等多个层面的社会排斥,大多数农村流动劳动力未能实现稳定定居,处于“半城市化”阶段(白南生、李靖,2008)。在农村迁移人口流动过程中值得注意的一个现象是:迁居、尤其是迁户口的迁居,是非常少的。这种不迁户口的实际迁移被称为非正式迁移,对总迁移的贡献越来越大,1993 年非正式迁移人口的规模超过户籍迁移,1999 年占到总迁移人口的 2/3,2000 年达到了 70%(杨云彦等,2005)。这说明我国农村迁移人口以非正式迁移为主,这些迁移人口流动相对不稳定,不仅有大规模的“候鸟式”的在城乡之间的流动,而且伴随着城市开放度的提高,农村迁移人口城市间的流动也将会不断提高。

第三节　农村人口流动阶段

根据人口流动不同阶段的特点,我们将农村流动人口的流动归纳为三个阶段,即从农村流出的“起步阶段”,留在城市工作和在城市之间流动的“续流阶段”和从城里到农村“回流阶段”。不同的流动阶段农村流动人口都有不同的考虑和目的,亦有不同困难和希望,以下我们分别从三个阶段综述国内外现有研究成果。

一、农村流动人口流动的起步阶段

农村流动人口拥有从农村流向城市的最初想法引起社会各界的广泛讨论,他们之所以会选择离开农村,有学者认为是由于农村流动人口作为我国当今社会一个跨越城乡界限、与城乡都有着密切联系的人口类型,其流动的原因和迁移意愿越来越受到社会各界的关注。对于中国劳动力流动的状况,学者们虽然认识有所分歧,但最终的结论还是相似的:中国劳动力并没有出现总量上的短缺,而是当前的一些制度因素阻碍了尚未转移劳动力的流动。同时应当意识到,要把剩下的劳动力转移出来,可能面临着较高的边际成本,也会有更大的制度挑战(蔡昉,2007)。著名的发展经济学家舒尔茨(T. Schultz)从人力资本投资的角度研究人口迁移,认为迁移的发生是因为个体期望从迁移中得到大于迁移成本的收益(Schultz,1968)。关于农村迁移人口职业流动过程中的人力资本问题主要是从受教育水平来考量的,教育作为一种重要的人力资本,其回报率将不断提高(Nee,1989)。但也有学者认为教育的回报率并没有随着经济的增长而增长,在经济增长快的城市教育回报率反而比经济增长慢的城市低[谢宇、埃米莉·汉纳姆(Xie Yu,Emily Hannum,1996]。由于大量剩余劳力从农村转移出来,那些市场能力较强(年纪轻、受教育水平相对较高)的劳动者与市场能力较弱的劳动者一同被抛在技术水平普遍要求不高的就业岗位面前,共同参与竞争,而为了获得就业,前者就只能接受与后者相同的工资水平。这样,以体力和教育程度为测量标准的人力资本要素在市场上的比较差异就不能在农民工群体中明显反映出来(刘精明、朱美静,2020)。

国外其他文献还研究了教育等许多其他因素对劳动力外出决策的影响。比如正规教育对迁移概率没有显著的影响[黑尔(Hare),1999]。人力资本的差异是农村地区之间、农户之间和个人之间的收入差距迅速提高的最持久源泉[德韦恩·本杰明、洛伦·勃兰特(Dwayne Benjamin,Loren Brandt),2000]。蔡昉、都阳(2002)发展了以托达罗绝对收入差距假设作为解释迁移动因的理论依据,针对国外经济学界出现的建立在相对贫困假说基础上解释迁移动因的理论,他们利用贫困农村的调查数据,直接检验了相对贫困假说,发现绝对收入差距与相对贫困同时构成农村劳动力迁移的动因。不难看出他们主要是从收入差距角度来解释农村的迁移人口从农村走向城市的原因,而对于农村劳动力迁移到城里后的流动原因没有说明。大量研究表明,“关系”和网络这样的非正式制度对于农民在当代社会变迁与转型过程中实现人口与劳动力的流动与迁移起到了非常关键的作用[胡必亮,2004;赵耀辉、文贯中(Zhao Yaohui,Wen Guanzhong),1998]。关系因素对农民是否流动和迁移到城市里的影响是很大的,甚至发挥着决定性的作用,并且发现主要是由婚姻关系和区域性的工商业发展带来人口与劳动力迁移和流动的。内尔森(Nelson,2012)把迁移信息定义为两种类型:一般信息和特殊信息。前者告诉迁移者关于迁移目的地的基本信息,后者告诉迁移者适合每个不同的人的特定信息。家庭劳动力数量与其采用劳动力流动方式分散风险或增加收入的可能性成正比[芬德利(Findley),1987;陈等(Chen,et al.),2003]。盛来运(2007)利用迁移理论从个体、家庭、社区和制度等多个层面对中国农村劳动力外出的影响因素进行了系统分析,提出了相关因素影响劳动力外出可能性的16个假说,并在此基础上建立了劳动力外出决策模型,回答了农村劳动力为什么外出,在相同的制度环境下,为什么有的劳动力外出而有的劳动力仍在家乡从业,是什么因素影响农村劳动力外出决策等相关问题。

可见,国内外关于农村迁移人口从农村流向城里的原因进行了大量深入而广泛的研究,但是关于农村迁移人口流动到城里以后的流动,即"流动后的流动"的研究相对而言还比较缺乏,以及关于这些农村迁移人口的迁移意愿,即"留城意愿"还存在很大的研究空间。形象地说,如果将农村迁移人口的流动过程分为"起步、续流、回流",即"农村—城市—农村",他们重点研究了迁移人口"农村—城市"行为的原因。我们将在他们的基础上,进一步探讨农村迁移人口"城市—城市"流动的原因,以及留在城市的意愿。

二、农村流动人口的续流阶段及留城意愿

面对农村迁移人口这支"大部队",我们很想知道而且应该知道他们到底愿不愿留在城里?如果愿意都有哪些顾虑和困难,反之,不愿意的原因是什么?影响他们留城的决策的内因有哪些,外因是什么?目前学术界关于农村迁移人口的相关问题论述确实很多,但就农村迁移人口到了城里到底想不想留下来的研究却相对较少。赵忠(2004)探讨了农村迁移人口从农村到城市

的相关问题，综述了中国农村到城镇迁移过程中城乡分割和移民的演化，农村到城镇迁移的原因，迁移与劳动力市场演变的互动关系，特别是劳动力市场的分割、劳动力市场的柔性和工资差距。这使我们对农村迁移人口的留城意愿背景有个整体认识。他提到在农村过剩劳动力和城乡收入差距的推动下，农村迁移人口的永久移民和暂时移民经济行为和社会行为具有很强的政策意义。我们只有明白了农村迁移人口的留城意愿，才能进一步判断他们是想永久移民还是想暂时移民，进而对他们经济行为和社会行为才会有更深刻的理解和认识。

对于农村迁移人口选择留还是不留，暂住还是长住的内外部原因，许多研究进行了深入分析。有学者指出，目前大多数农村迁移人口仍然只是城市“暂住者”，主要是受到就业、生活、交往等多个层面的社会排斥，所以不能实现稳定定居，只能处于“半城市化”状态（白南生、李靖，2008）。他们认为，农村迁移人口的“不稳定”状态可以归为三种排斥作用的结果，即：就业排斥造成的农村迁移人口在城市里职业选择方面受到限制，工资低、福利差；没有固定住所，子女教育没有保障的生活排斥；社会认同，社区排斥，人际交往网络有限的交往排斥。不过，这些只是给出了农村迁移人口“其实不想走，其实留也难”无奈的部分答案。白南生等（2007）从城市“应该做什么但没做什么”，缺乏怎样的“外部政策”环境的角度讨论了农村流动人口“暂住”的外因。白南生在文中提到“城市没有给他们制度化的稳定的预期，他们在城里看不到自己的前景，对自己的未来感到迷茫，缺少安全感。即使那些孩子已在城里上中学的家长，当问到他们的未来打算时，只有不到三成选择‘如果可能就安家住下去’，2/3 选择‘能待多久待多久’。而在欧盟的一些国家对境外的打工者有明确的规定，只要有人雇用，你就会享受一些起码的保障。经过 7 年（或若干年）的努力，可以享受几乎所有公民待遇，甚至可以申请加入该国国籍。与之相比，在我们城市制度安排中，并没有为进城农民工描绘出任何稳定的前景”（人民论坛，2009）。

当然,也有一些学者注意到了影响农村迁移人口迁移意愿的部分外因,如王春光(2001)提出了建立在户籍制度基础上的城市就业制度仍然在阻碍着农村流动人口在城市社会的生存和发展,阻碍着他们与城市社会的融合。农村迁移人口在城市的职业流动机会不平等,农村流动人口与城市居民和其他本地居民还没有在同一个市场上实现就业均等,这不单单是政策因素作用的结果,也与农村迁移人口还没有自觉的公民意识,而只有“外地人”等观念有关。所以,将农村流动人口在城市不能享受与城市居民同等的就业机会看作是正常的现象。由于他只是单从就业制度入手来探讨农村迁移人口的迁移意愿,使得内因分析仅局限于就业机会方面。关于农村迁移人口流动性和迁移意愿的内外因分析,正确对待农民流动,改善农民流动的社会心理环境和保护流动农民的权益,是政府有关部门亟待研究和解决的两个重要问题(赵树凯,1994)。

近年来,学术界就城市外来人口的留城意愿及影响因素开展了许多研究。在微观层面,许多文献基于不同区域(如江苏、浙江、四川、武汉等)调查数据从个人特征、家庭关系、经济收益、社会经济因素、社会心理因素等各方面对其留城意愿进行了研究。一些研究认为农民工愿意向城市迁移人口比例高达70%(侯红娅等,2004),而另一些研究则认为我国进城务工农民的城市定居意愿并非十分强烈,年老之后返回农村还是大多数人的选择(蔡玲、徐楚桥,2009)。农户的迁移决策受到个人基本特征、户主年龄、受教育程度和职业类型、家庭状况和决策、人均耕地面积、打工城市和输出地经济水平、对城市的认同和对土地的态度、社会支持等众多因素的影响(王雅莉,2002;黄祖辉、陈欣欣,2002;卫宝成等,2003;吴秀敏等,2005;周霞,2005;熊波、石人炳,2007;曾旭辉、秦伟,2003;尉建文、张网成,2008;张晖、许琳,2004;吴磊、朱冠楠,2007;蔡玲、徐楚桥,2009)。不同经济发展阶段和不同地区农户进城意愿不同,主要影响因素也存在差别(蒋乃华、封进,2002),不同农村劳动力群体,如郊区农民、女性劳动力和流动儿童的迁移意愿也各有特点(王华,2009;刘华、苏群,2005;王毅杰、刘海健,2008)。

还有不少文献则从制度层面探讨农民工永久迁移的障碍因素。一方面,来自城市以户籍制度为核心的系列制度推力构成了对我国农民工向就业城市定居转移的阻力(熊彩云,2007)。现行社会保障制度中针对进城就业农民工的养老保险、失业保险、医疗保险和工伤保险的制度设计缺陷和执行不够进一步阻碍了农民工的迁移决策和行为(吴红宇,2008)。建立在户籍制度基础上的城市就业和社会保障等制度仍然阻碍着农村流动人口在城市社会的生存和发展,以及与城市社会的融合(王春光,2006)。另一方面,农村均分化的土地制度安排也使得我国劳动力迁移决策采用的是将进入工资经济作为农地经营的一种额外补充,导致了劳动力迁移的不完全,强化了农村家庭结构的城乡分割(唐茂华、黄少安,2009)。

农村迁移人口的流动性还表现为城市之间、职业之间的继续流动,这种形式空间上表现为工作地点从一个城市到另一个城市的流动,即工作地点流动,在工种上表现为从一种职业到另一种职业的流动,即职业流动。职业流动更多关注的是农村迁移人口的职业经历,职业流动所带来的社会地位的变化,从而判断是水平流动还是垂直流动。

许多中外文献都把农民当作一个弱势的阶层或群体,他们的社会经济地位、生活境遇在现代化过程中稳定地处于劣势状态,因而农民一旦发生了职业或地位的流动,那么不管流动以什么方式进行,绝大多数都将是向上的流动。农民的流动首先是一种身份的流动,然后才是职业的流动(李强,2002)。此外,许多学者从城乡收入差距,人力资源禀赋等角度来解释农村迁移人口的“工作地点流动”以及“职业流动”。中国地区收入差距进一步扩大,吸引了中西部地区劳动力向东部地区流动。同时,要素市场发育及资源配置市场化程度对地区经济增长越来越起着主导性的作用。东部地区不仅对外开放时间早,而且市场发育迅速,较高的市场化水平不断消除了劳动力等要素跨地区间流动的制度性障碍,以至成为劳动力流动的主要吸纳地区。而劳动力向东部地区流动反过来也推动了该地区的经济增长,改善了劳动力资源配置效率(蔡昉、王德文,2005)。

三、农村流动人口的回流阶段

我国大多数农村流动人口在城乡间“候鸟式”的往复流动,引起了不少学者的广泛关注。白南生、何宇鹏(2002)采用个案调查和抽样调查相结合的方法,系统研究了回流人口的数量形态、基本特征、回流趋势、原因及影响。数据显示,1999 年,在安徽和四川,外出和曾经外出的劳动力超过农村劳动力的22.0%。回流劳动力占农村劳动力总数的 6.3%,占外出或曾外出劳动力的28.5%,占仍外出劳动力的 39.9%。回流原因中,就业困难占 56.6%,照料家人占 51.2%,生育和抚养占 23.7%,结婚占 21.8%,年龄大占 14.6%,伤病占6.8%,以回乡投资为目的的回流占 2.5%。并且还提到了在决定是否回流时的考虑往往不是单因素的,而是多重原因的共同作用。在他们的调研中,80%的回流劳动力提到两个或两个以上的原因,50%以上的回流劳动力受到三个因素的影响。另外,根据回流的原因不同,他们将因就业困难产生的回流称为被动回流,并且发现在当时的宏观经济条件下,这类回流的趋势在不断上升,相对而言,由于家庭原因或者个人原因造成的“主动回流”呈现下降的趋势。

不过,随着时间的变化,回流的特征和原因都有所变化。据第五次全国人口普查数据,安徽、四川是我国农村迁移人口的流出大省,其迁往沿海地区的比例分别为 91.9%、72.0%,这说明两省农村迁移人口主要以远程流动为主,所以基于这两省抽样调查的结果更多地解释了远距离回流的原因,而对于近距离回流的解释力度难免不足。所以在新的宏观经济环境下,我们需要对回流原因进一步探讨。尤其是在全球经济危机的大环境下,我们需要对回流原因进行新的注解,从而增强解决有关农村迁移人口回流问题政策的目的性,提高政策实施的效率和效果。

第四节 农村人口流动模式

一、"就业和社会保障分割"模式流动

在城市劳动力市场分割条件下,农村流动人口大多以"就业与社会保障分割"模式流动为主。劳动力市场分割是指,由于社会制度性因素的作用,形成劳动力市场的部门差异,表现为不同人群在获得劳动力市场信息以及进入劳动力市场渠道的差别,从而导致不同人群在就业部门、职位以及收入上的明显差异。最早的劳动力市场分割理论认为劳动力市场具有非竞争性(Miu,1885;Caines,1874)。随后,有学者运用历史和制度分析法提出激进理论和双元结构论。双元结构论成为劳动力市场分割理论的代表,该理论将劳动力市场划分为具有工资高、工作条件好、就业稳定、安全性好、管理过程规范、升迁机会多等特征的一级市场,以及工资低、工作条件较差、就业不稳定、管理粗暴、没有升迁机会的二级市场(Piore,1970)。我国的城乡劳动力市场分割是计划经济体制的产物,在计划经济时代,中国重化工业优先的发展战略伴随着以城市为主导的工业资本积累。由于这种发展战略与中国的劳动力丰富、资本稀缺的禀赋结构不相一致,城市和工业部门无法创造足够的就业机会,所以只能通过户口制度等政策措施来人为地限制城乡人口流动,以保证城市的低失业率和有限城市人口对于食物配给、住房、医疗、养老保障等福利的占有(林毅夫等,1999),这构成了传统户籍制度产生的历史背景。1958 年政府颁布了《中华人民共和国户口登记条例》,确立了一套较完善的户口管理制度,以法律形式限制城市间人口流动,造成城乡劳动力市场分割。随着户籍制度改革的深化,城市落户条件的放宽以及户籍附加的社会保障功能的弱化,城乡劳动力市场一体化进程正逐步加快。

城乡劳动力市场的分割源于农村流动人口就业和社会保障体系的分割。城乡之间分割的劳动力市场,不仅限制了农村流动人口的增收途径,而且降低

了其获得可持续收入的能力。20 世纪 90 年代末,在“东亚劳动力流动与迁移”国际研讨会上有学者认为城乡劳动力市场分割矛盾的逐步克服,最终有赖于市场经济体制建设的深入推进,包括政府行为的调整,也包括市民行为的调整,最重要的是以就业和社会保障体制为核心的城乡二元社会结构的逐渐消除。如果改革的推进能够形成城乡统一的就业和社会保障体制,能够建立城乡统一、开放的劳动力市场体系,城市人不再有从旧体制因袭而来的种种就业和福利特权,农村人也不再无端地承受从旧体制因袭而来的种种就业福利方面的权利缺失,企业也不必为了减轻对城里人的福利等方面负担而刻意选择那些不需福利支付的农村劳动力,如果改革的推进使城市人和农村人的社会地位方面的等级差异不复存在,城乡两种劳动力均可以在城乡之间、地区之间自由地流动、平等地竞争,那么,许多由于体制问题所引发的就业领域的矛盾也将不再棘手。

农村迁移人口的社会保障问题历来备受学术界的广泛关注,杨翠迎(2004)对城乡社会保障项目、资金水平,以及社会保障制度对城乡收入差距的影响等方面进行了比较,认为我国社会保障制度改革势在必行,并提出应将农村迁移人口纳入城市社会保障体系,给那些长期居住在城里的农村迁移人口医疗和养老保险,增加他们在城市的稳定性,从而减少他们的流动性,进而降低由于流动而产生的一系列社会问题,加快建立和完善农村最低生活保障及救灾制度;尽快建立农村社会医疗保障制度,建立和完善农村社会养老保险制度,如表 1-7 所示。健全的农村流动人口社会保障机制是实现城乡融合的前提,也是完成农村流动人口市民化的必然要求。“城乡互补、协调发展、共同繁荣”的新型城乡关系是国内国际双循环新发展格局下实现全面实施乡村振兴战略的根本指导思想,完善农村流动人口社会保障机制是践行该原则的重要切入点,是城乡融合发展堵点,只有梳理和破解农村迁移人口的社会保障机制才能为全面推进乡村振兴扫清障碍。

表 1-7　中国城乡社会保障项目的比较

<table>
<tr><th colspan="2">社会保障项目</th><th>城市</th><th>农村</th></tr>
<tr><td rowspan="5">社会保险</td><td>养老保险</td><td>普遍建立</td><td>有条件地区建立</td></tr>
<tr><td>医疗保险</td><td>普遍建立</td><td>个别地区建立</td></tr>
<tr><td>失业保险</td><td>普遍建立</td><td>无</td></tr>
<tr><td>工伤保险</td><td>普遍建立</td><td>无</td></tr>
<tr><td>生育保险</td><td>普遍建立</td><td>个别地区建立</td></tr>
<tr><td rowspan="3">社会福利</td><td>职工福利</td><td>福利设施补贴</td><td rowspan="2">公办福利：五保户、养老院、农村社区服务等</td></tr>
<tr><td>公办福利</td><td>社区服务、福利院、敬老院、干休所</td></tr>
<tr><td>教育福利</td><td>九年义务教育</td><td>教育福利：九年义务教育</td></tr>
<tr><td>社会救助</td><td>最低生活保障</td><td>社会保障和城市扶贫</td><td>最低生活保障制度、救灾和扶贫</td></tr>
<tr><td>优抚安置</td><td>优待、抚恤</td><td>安置</td><td>优待、抚恤、安置</td></tr>
</table>

资料来源：杨翠迎：《中国社会保障制度的城乡差异及统筹改革思路》，《浙江大学学报（人文社会科学版）》2004 年第 3 期。

关于农村迁移人口的社会保障改革措施，学术界持不同观点。有些人认为，应该使从农村迁移人口与城里人一样参加各种社会保险和享受各种社会救助、社会福利待遇；另一些人认为农村迁移人口应该在当地农村办理养老保险和新型合作医疗；还有一些人认为应该建立一套符合农民工特点和需要的社会保险方案。对此，桂世勋（2008）认为考虑我国现有的经济发展水平和长期存在的城乡二元经济结构、社会保障结构，农村迁移人口的社会保障制度改革应该按照“先易后难”的原则逐步把农民工纳入城镇的各项社会保障制度。此外，应及早制定全国统一的农村迁移人口养老保险方案。还有，对现阶段农村迁移人口的医疗保险，除个别地区探索建立城镇农民工住院医疗保险外，在已实行新型农村合作医疗制度的地区，可引导流入城镇的农村迁移人口参加户籍所在地的新型农村合作医疗。当他们在城镇工作和生活需就近住院治疗时，应在医疗费用报销上给予方便。总之，要实现农村迁移人口的市民化，减少他们流动性，增加他们在城市里的稳定性，实现他们的“留城”意愿是一项系统而复杂的工程，不仅要捅户籍制度这个“马蜂窝”，疏通就业限制的管道，还要坚固生活、社会保障、子女教育等一系列围墙。实现不管是来自农村的“暂住者”还是城里的“常住者”都能公平合理地享受国民待遇的社会目标仍任重而道远。

二、“非正规就业”模式流动

非正规就业的概念最早由国际劳工组织在20世纪70年代初的“世界就业计划”中提出。我国人力资源和社会保障部将“未签订劳动合同，但已形成事实劳动关系的就业行为”称为非正规就业。农村流动人口无论是流向小微企业、自营企业、家族企业，还是一些正规部门临时岗位大体上都分布在一些劳动密集型的行业，如商业、服务业、建筑业或纺织、服装、玩具、电子等轻工业。农村流动人口不但与用人单位的劳动关系相对松散，而且受制于人力资本大部分为低技能劳动力，就业不稳定，经常处在就业和失业的边缘。此外，超过法定工作时间劳动、个人权益和人格尊严得不到维护等现象也时有发生。

我国农村流动人口就业非正规化是城市就业制度制约的结果。在解决农村迁移人口就业非正规化问题的过程中，西方发达国家靠的是两种机制：一是市场机制；二是政府政策机制。市场机制决定了劳动力就业的平等竞争，而政府政策机制旨在帮助市场主体提供更多的就业机会的同时，确保市场竞争的公平、公正。相比较而言，我国的这两种机制都存在明显的缺陷，从而极大地影响到农村流动人口在城市的生存和融合。稳定、体面和公正的就业条件是农村流动人口实现城市化的先决条件，是他们实现与城市融合的必要条件。就业如何在很大程度上反映出成本与机会、公正与效率的关系，将是一个社会的国民待遇、机会均等和社会公正的状况的明显体现（王春光，2006）。为提高农村流动人口城市融合能力，增加非正规化就业收入，王德文等（2008）由简单的Mincer工资方程回归结果得出，工资收入者比自我经营者的教育回报率高出2个百分点。简单培训、短期培训和正规培训对农村迁移劳动力再流动有显著作用,但简单培训对农村迁移劳动力的工资收入作用不显著,而短期培训和正规培训则对其工资收入有着重要的决定作用。需要进一步加强对人力资本投资,包括对农村劳动力的技能培训、基础教育和公共健康的投资,以适应农村劳动力向城市人口和非农就业稳步转变的需要(杨云彦,2005)。王德文等(2004)认为农村劳动力在非国有部门就业具有一定的竞争优势,但他们的低工资水平在一定程度上是与低劳动权益保障联系在一起的。鉴于此,提出了消除城市劳动力市场分割有助于促进和扩大就业。深化改革以户籍制度为核心(包括城市养老、医疗、住房、子女教育等)的一系列体制和政策,打破城市经济垄断部门和行业的进入限制,加速城市劳动力市场一体化,从而促进劳动力流动,有效地发挥劳动力市场配置资源的功能。同时,加强劳动力市场的法制建设和执法监督,保护劳动者的合法权益。相信,随着劳动力市场发育水平的提高,就业总量增长和结构多元化,以及城镇就业压力的缓解和农村剩余劳动力大幅度减少,农村流动人口城市就业压力会有所降低(蔡昉,2007)。

不同的思路提供不同的解决问题的方法。乡镇企业向小城镇集中,从就业的角度,农民就近转入小城镇就业,与土地的关系维持一段时间,既可降低农村剩余劳动力转移的成本和就业风险,又可有效避免农民大量涌入城市所产生的种种问题;从企业效益的角度,地理上的集中连片发展可以制造集聚效应,打破乡镇企业的社区封闭性,从而提高乡镇企业的经济效益,为农民提供更多的就业机会。宋林飞(2002)也认为大力发展小城镇,对加快农村人口向城镇的转移与促进农民就业意义重大。提出小城镇的建设应优先与重点建设包括县城在内的中心城镇,乡镇企业向中心城镇的集中所带来工业与人口的聚集,能为第三产业的发展创造条件,并能提供大批就业机会。总之,该观点认为,农村剩余劳动力的转移就业首先应发展乡镇企业,在此基础上实现农村工业化,进而大力发展小城镇,最后实现乡镇人口的城市化。有些学者认为,离土不离乡不利于农村工业的继续发展和农业现代化建设,也不利于农民素质的提高与劳动力的进一步转移，它只是解决剩余农村劳动力就业的一种过渡形式（唐传阳，1999）。还有学者认为，随着乡镇企业的产业升级与资本密集程度的提高，乡镇企业难以担当吸收绝大多数农村剩余劳动力的重任，而且乡镇企业的产品大部分是属于城市扩散型，所以乡镇企业和乡村城镇化只有经济发达的地区才有前途，才能充当吸纳农村剩余劳动力的主导地位，而在我国部分地区则行不通。他还指出就地转移模式使农民远离城市文化，不利于农民现代化观念的形成。因此，离土不离乡与乡村城镇化并不能取代农村劳动力从乡村向城市的迁移（谢晋宇、翁涛，1998）。刘光平（2002）通过对江苏省农村调查局对全省县、市、区进行的农村劳动力转移调查结果的分析，得出的主要结论是乡镇企业发展和小城镇建设步伐缓慢，农村劳动力转移缺乏有效载体，走出去，转移农村劳动力势在必行。在此基础上，部分学者认为，农村劳动力流动全是一种市场行为，他们是流向大城市还是小城镇是由其自身比较利益和机会成本决定的，而不是遵循计划者和政策决策者的计划和意愿。在这个问题上，政府能做的是如何顺应这样一种市场行为，解决市场自身不能解决的问题。随着经济改革的不断深化和发展，2020 年政府提出了《扩大返乡留乡农民工就地就近就业规模实施方案》，积极鼓励农村回流人口就地就近就业。方案要求各地在推动农民工有序返城返岗就业的同时，鼓励发展休闲旅游、创意农业等促进返乡留乡农民工就地就近就业创业。方案还要求各地要依托本地农村资源，发掘农业多种功能和乡村多重价值，催生休闲旅游、健康养生、农事体验、直播直销等新产业新业态，增加返乡留乡农民工就业。另外，实施返乡留乡农民工创业推进行动，强化政策引导，优化创业环境，引导返乡留乡农民工积极发展乡村车间、家庭工场、手工作坊、创意农业等，带动更多返乡留乡农民工就业。方案还明确表示，对首次创业、正常经营 1 年以上的返乡留乡创业农民工，给予一次性创业补贴。按照普惠金融发展专项资金管理办法，对符合条件的返乡留乡农民工创业担保贷款予以贴息。通过现代农业产业园、农业产业强镇、优势特色产业集群等农业项目的实施，优先安排返乡留乡农民工就业。跨界配置农业和现代产业要素，吸引返乡留乡农民工在休闲旅游、健康养生等新业态就业。同时，还将实施返乡留乡职业技能提升行动，运用“互联网+职业技能”培训模式，开发一批特色专业和示范线上培训课程资源。

三、“候鸟式”流动

我国农村流动人口随着城市就业状况的变动而往返于城乡之间，呈现跨区域“候鸟式”流动模式。“候鸟式”迁移是指农村流动人口季节性往返于工作地和农村宅基地，虽在城市就业但仍保留农民身份和农村仍保留宅基地的一种迁移方式。这种迁移方式的主要特点是：在城市以获取收入为准简化生活消费，消费主要集中在农村；在城市主要以临时性居住为准，获取收入后主要改善农村居住环境和条件；在就业旺季主要集中在城市，就业淡季大多返回乡村。《后汉书·列传·王充王符仲长统列传》中记载“安居乐业，长养子孙”。一般认为，只有在城里有固定的住所了，他们才能安下心来找工作，才能将农村的家属接到城里，慢慢实现由农民到市民的转变。但是，赵耀辉(1997)认为，根据现行的户籍制度，从农村来的务工者很难得到在城市永久居住的权利。这个制度无疑增加了外出收入的不确定性，它还大大增加了家属同行的成本。阻止家属孩子同行的因素是城市高昂的住房费用。比如在北京，非城郊的住房一个月的房租通常上万元，是一个建筑工人2、3个月的工资，而在城郊租一间农民的房子，也要2000元以上，由于昂贵的房租，雇主们一般都为民工安排简易的多人一间的宿舍或临时搭起的工棚，而这种居住方式是无法安排家属和孩子的。根据农业农村部农村经济研究中心(RCRE)的入户访谈资料，外出打工者多数都表示希望将来回到家乡(RCRE,1996)，他们认为出去务工是暂时的，他们愿意在短期内忍受在外面的辛苦，但是不愿意长期这样，这从某个侧面解释了为什么他们意识形态里就有“流动”的意念，而“留城”对他们而言是一种可想而不可求的事情。

对绝大部分农村迁移人口而言，他们在城市里没有自己的住房。他们主要集居于环境条件较差的“城中村”和“城市角落”。在不能与市民融合的条件下，慢慢被边缘化。居住地域与条件的差异，实际上造成了农村迁移人口与城市居民的分割线，这不但不利于农民与市民的相互交流和融合，也加剧了一些矛盾的产生。有些学者认为，随着经济体制改革的不断深化和城市化的加速发展，中国户籍制度、就业制度、社会保障制度等二元社会体制将会逐步弱化，越来越多的农村人口将迁移到城市工作谋生或举家迁移到城市“安家立业”，其滞留城市时间的延长，“常住化”以及婚姻状况的“家庭化”，将促进外来人口居住类型的“永住化”。中国城市各级政府也已经注意采取措施，改善外来人口的居住条件，构筑有利于外来人口与城市“土著”居民相互交流和融合“共生”的“公共空间”，促进外来人口越来越广泛、深入地融入城市社会。一旦使城市的农民工不再附有农民工的标签，能与城市居民一样享受同等的权利和义务，在形式和根本上都已转变为城市居民，他们也就真正融入了城市社会，这才是农村人口城市化的本质（王桂新等，2008）。

四、“非举家外迁”模式流动

受城市就业、居住等不确定性因素影响，农村流动人口大多以短期、单身“非举家外迁”模式流动。户籍制度改革的滞后成为农村流动人口短期、单身迁移的一个重要解释。与城市当地居民相比，由于户籍限制，农村迁移人口不仅无法享受由城市政府提供的医疗保险、社会保障以及住房补贴，而且也很难进入地方政府提供财政补贴的城市公立学校，即使可以“借读”农村迁移人口子女往往需要支付额外费用进入，或只能进入民办的进城务工者子弟学校。上述种种与户口相关的城市福利安排使得农村迁移劳动力往往无法实现举家迁移。当然，严格说来，大部分农村迁移人口无法享受的养老、失业和医疗保险等福利安排是由雇主（或工作单位）提供，但城市户口意味着农村迁移人口能否平等获取城市就业机会以及政府提供的社会救助（如最低生活保障），政府补贴住房（如经济适用房和廉租房）和子女在城市公立学校就学的机会。所以，落后的户籍制度改革不仅造成了福利制度安排的不均等，而且也造成了选择机会的不平等。

“非举家外迁”流动带来了一系列社会问题，其中最为突出的问题是：留守儿童问题、留守妇女及留守老人问题。（1）留守儿童通常指16周岁以下，因父母双方外出务工或者一方外出务工但另一方无监护能力而监护不足或缺失的群体。由于父母城市生活艰苦，没有稳定的住所以及各种各样的限制和歧视，使得农村迁移人口的子女大多数都被留在农村，出现留守儿童监护人的角色缺位问题、留守儿童教育问题、留守儿童的身体发育问题、心理问题、品格问题等一系列亟须解决的问题。宋洪远等（2002）认为输入地能否为外来务工者的子女提供义务教育的机会是影响农村劳动力外出就业稳定性的一个重要因素。调查显示，虽然大量外出务工人口有学龄子女，有些甚至夫妻同在一个单位，但由于输入地教育制度规定上的一些歧视，其子女并不能就近上学。尽管正如段成荣等（2008）讲道，“流动”儿童在城市里的生存和发展状况得到了较大幅度的改善，一些比较突出和尖锐的问题（比如流动儿童的义务教育问题）逐渐得到了解决。但是，摆脱了“留守”身份的“流动”儿童仍然面临不少问题和困难，需要得到更多的关注和重视。例如，流动儿童的卫生保健问题、流动儿童的学前教育问题、学龄流动儿童的适时入学问题、“大龄”流动儿童的出路问题。（2）留守妇女是在农村劳动力向城市转移的过程中，由于外出劳动力的主体是男性，妇女留在户籍地，于是农村出现了留守妇女群体。由于丈夫长期外出务工，留守妇成为“保家卫业”的主力，她们不仅要看守农村的宅基地，从事农业生产，还要承担赡养老人、照顾小孩的责任，不仅如此，由于常年夫妻分离，她们承受着身体和心理上的双重压力。留守妇女问题是我国快速城镇化发展的阶段性问题，也同样是城乡市场劳动力分割，相关社会保障制度不完善等问题的必然结果。目前尚无有关农村留守妇女数据的统计，近年来，留守妇女问题越来越引起政府和学术界的广泛关注，从留守妇女生存状态、心理健康、婚姻稳定、社会支持、互助组织等方面展开广泛讨论。党的十八届三中全会提出要“健全农村留守妇女关爱服务体系”，调查数据显示，近年来农村流动人口配偶随同有一定程度的改善，尤其是近距离就业的农村流动人口，配偶随同率明显较高（详见第二章讨论）。截止到 2021 年 8 月，中国知网关于“留守妇女”这一主题的讨论共有 1947 篇，其中学术期刊论文 734 篇，学位论文 266 篇，报纸报道 652 篇，其他类型文献 295 篇。（3）留守老人主要是那些由于子女长期进城务工、经商或从事其他生产经营而在家留守的父母。目前，对留守老人的关注主要集中在对留守老人的关爱及养老保障。据民政部 2016 年的调查显示，目前我国有 1600 多万农村留守老年人。① 通过建立健全社会支持体系和农村留守老年人关爱服务体系，为留守老年人提供生活照料、紧急援助、康复护理等专业服务，整体目标是让广大农村留守老年人在全面建成小康社会中都能够老有所养、老有所依、老有所安、老有所乐。

第五节　农村人口流动主体特征

一、流动主体大多表现为“双重身份”

农村流动人口的特殊身份决定了农村外出就业人口流动的复杂性。2007 年我国农村外出就业劳动力达 1.26 亿人，构成了城镇劳动力的重要组成部分，为流入地的经济繁荣和发展作出了重要贡献。然而，值得注意的是，流动主体中除少数外，绝大多数没有成为城市定居的居民，这不单单是人们所熟知的户籍制度造成的，与城市的其他制度安排也有很大关系。由于大部分农村流动人口在收入、居住、社会保障等各个方面都与城市的当地居民间有着显著

① 《民政部关于做好农村留守老人关爱服务工作的提案答复的函》，2018 年 9 月 27 日，见 http://www.mca.gov.cn/article/gk/jytabljggk/zxwyta/201811/20181100013102.shtml。

的差异,如果有子女随迁的还将面临着子女教育等问题,这不得不使农村迁移人口与其迁出地仍有着千丝万缕的联系,因而也就决定了他们的双重身份:既是农民而实际上又不是农民。从户籍身份上来看他们是农民,主要社会关系和家庭成员仍在农村,他们真正的"家"仍在农村,事实上,他们中的相当部分在长期流动后最终还将以其来源地的城镇或乡村为归宿。从他们的流动性和所从事的职业来看,他们又不是真正意义上的农民。农村迁移人口城乡之间、城市之间的双向流动和流入地、流出地的双重归属,使得他们成为我国当今社会一个跨越城乡界限、与城乡都有着密切联系的人口类型。其在人口分类中既有别于其迁出地的乡村人口,也难以归入其迁入地的城市人口,这样的特殊身份决定了农村迁移人口流动的必然性和复杂性。

二、流动主体年轻化和受教育水平高

农村迁移人口的年龄高度集中在 15—29 岁年龄段上(杨云彦,2005)。根据中国科学院农业政策研究中心 2001 年 6 省 60 个村 1199 个农户的调查数据,相当部分农村迁移人口具有年纪轻、教育水平较高的特点。348 位离开本县从事非农工作、且每年在外工作 6 个月以上的农村劳动力平均年龄只有 25.2 岁,平均教育水平达到 8 年(其中 62.1%为单身,63.2%为男性)(陶然、徐志刚,2005)。德·布劳等(De Brauw, et al., 2002)使用了同样的数据,并结合更早年的数据,发现外出务工者越来越年轻化。1981 年所有不同年龄段劳动人口非农就业参与率都在 18%到 19%之间,1990 年该范围扩大到 20.5%到 33.6%,但到了 2000 年,16—20 岁人口非农就业参与率达到了 75.8%,比 1990 年(23.7%)增加了两倍。21—25 岁年龄段人口和 26—30 岁年龄段非农就业参与率也比 1990 年增加了一倍,30 岁以上年龄段人口的参与率虽然也上升了 17 个百分点,达到了 37.6%,但都不及 16—20 岁人口参与率的一半。此外,据国家统计局对全国 31 个省(自治区、直辖市)6.8 万个农村住户和近 7100 个行政村的抽样调查,2006 年农村外出务工劳动力 13212 万人中高中及高中以上文化程度的外出务工劳动力合计占 16.9%，比 2005 年提高 0.7 个百分点；外出务工劳动力中接受过专业技能培训的占 35.2%，比 2005 年提高 0.8 个百分点，说明农村迁移人口的教育水平在不断提高。有些学者还提出了“新生代流动人口”的概念，他们是介于第一代与第二代之间过渡性的农村流动人口（王春光，2001）。农村流动人口的年轻化和教育水平提高趋势意味着迁移者不仅缺乏农业生产技能，也缺乏务农兴趣，已经日益成为城市化的主力军。大专及以上学历农民工占比继续提高。根据国家统计局发布的《2018 年农民工监测调查报告》显示，在全部农民工中，未上过学的占 1.2%，小学文化程度占 15.5%，初中文化程度占 55.8%，高中文化程度占 16.6%，大专及以上文化程度占 10.9%。大专及以上文化程度农民工所占比重比上年提高 0.6 个百分点。在外出农民工中，大专及以上文化程度占 13.8%，比 2017 年提高 0.3 个百分点；在本地农民工中，大专及以上文化程度占 8.1%，比 2017 年提高 0.7 个百分点。

我们调查到的 619 户农户中，从业人员比例为 59.2%，其中，39.6%纯务农人员，46.3%现正从事非农就业人员，14.1%为曾从事非农工作现只务农人员。在现正从事非农就业的人员中，47.3%（337 户）为现住家从事非农就业（每天或每周回家居住），52.7%（376 户）为现非住家从事非农就业，即从事中长距离工作人员。我们分析主体“农村进城就业人员”即指上述 52.7%这一群体，对他们的电话访问率达到了 82%（访问收集到了 312 户人员的相关信息）。调查系统收集了外出就业人员的工作经历、生活状况、职业流动情况及社会保障需求等有效信息。调查表明，现非住家从事非农就业人口（即进行中长距离打工人口）以年轻一代为主。这可以从他们的年龄和家庭身份加以判断。首先，从年龄来看，现非住家从事非农就业人口的年龄不仅明显小于纯农户的，而且明显小于现住家从事非农就业人口，如表 1-8 所示；其次，从家庭身份来看，现非住家从事非农就业人口近 71%是家庭的子女，10%是家庭的户主，表明这些远距离务工的人不是家庭的核心，而现住家从事非农就业人口则52%是户主,18%是家庭中的子女辈,可见,可能考虑到照顾家庭,家庭户主较多倾向于选择短距离务工,能够经常回家照顾家庭和农活。从纯务农农户来看,他们28%是家庭户主,6%是家庭子女,可见,家庭的子女一代极少在家纯粹务农,户主也很少待在家里纯粹务农,在家纯粹务农的主要是家庭妇女和年龄比较大的人,这从纯务农农户的男性比例为33%,明显低于其他几类从业人口,而平均年龄为45岁,明显高于其他几类从业人口也可以看出,如表1-9所示。

表1-8　样本农户基本情况

	样本数（人/户/岁）	比例（%）
农户（户）	619	/
户均人口（人/户）	4.20	/
农村人口	2598	/
农村劳动力	1881	72.4
从业人口	1539	59.2
其中:纯务农	610	39.6
现在非农就业	713	46.3
其中:住家（短距离）	337	47.3
非住家（中长距离）	376	52.7
曾非农就业（现只务农）人口	216	14.1
其中:住家（短距离）（1998年以来）	119	55.1
非住家（中长距离）（1998年以来）	72	33.3

数据来源:根据调查资料整理统计。

表1-9　农村不同从业人口基本特征比较

	现非住家非农就业人口	现住家非农就业人口	曾非农就业现务农人口	纯务农人口
样本量	376	337	216	610
平均年龄（岁）	29	41	42	45

续表

	现非住家非农就业人口	现住家非农就业人口	曾非农就业现务农人口	纯务农人口
男性比例(%)	63	69	71	33
是家庭户主的比例(%)	10	52	57	28
是家庭中子女辈的比例(%)	71	18	15	6
已婚率(%)	56	87	87	93
非农工作年限(年)	7	15	13	/
受教育年限(年)	9	8	7	5
非农专业技能培训率(%)	26	22	18	3
担任村干部比率(%)	2	13	7	5

注:本表统计“现非住家非农就业人口”包括那部分未被直接采访到的就业人口,该表中的相关信息来自对其家庭的采访。

数据来源:根据调查资料整理统计。

现非住家从事非农就业人口不仅是农村的青壮年劳动力,而且还是农村的高素质劳动力。一方面,从受教育年限来看,这类从业人口的平均受教育年限达到了9年,远高于纯务农人口的5年,也略高于现住家从事非农就业人口的8年和曾从事非农就业现在只务农人口的7年,如表1-9所示;另一方面,从接受非农专业技能培训的情况来看,现“非住家”从事非农就业人口中有26%接受过非农专业技能培训,普遍高于其他三类从业人口的情况。参照国家相关统计年鉴中的数据,上述数据与统计年鉴中的数据拟合度较高,比如性别比例、从事非农工作比例等基本与统计年鉴中的数据相一致,数据质量和有效性得到验证。

三、女性和有配偶的农村流动人口比例较高

农村流动人口中,表现出一定的性别差异,流动男性比例高于女性,但在“返流”现象中(即曾外出务工,现已回家务农),男性比例远高于女性。我们根据调查结果估算(见表1-9),在城市工作的农村流动人口,男性占63%,女

性占 37%。其中,曾经外出务工现已回家务农的农村流动人口中,女性占 29%,而男性占 71%。这一定程度上表现出女性流动人口更倾向于在外流动,返回农村务农的比例远远低于男性。这或许由于女性在城市就业空间和弹性相对较大,如从事家政、保姆或清洁工等职业,而且这些职业的年龄限制相对较弱。

良好的婚姻是社会稳定基础之一,农村流动人口的婚姻状况直接关系到农村的社会稳定。在城市工作的农村流动人口中,近一半以上已经结婚,已婚率为 56%,而且近 71%属于家庭中子女辈,相对而言,住家非农就业人员和曾外出务工现已回家务农的结婚率更高,都接近 87%。稳定的婚姻是工作的动力,已婚的农村流动人口婚姻的稳定性是他们在城市就业面临考验之一。“纤云弄巧,飞星传恨,银汉迢迢暗度”,试想,如果配偶不随同,长期异地势必会对他们精神、心理等方面产生负面影响,为农村家庭和谐和社会稳定埋下新的隐患。

四、新生代农村流动人口“80 后”比例较高

在城市居住的农村流动人口平均年龄 29 岁,是“家庭中子女辈”比例高达 71%。以我们调查的 2017 年计算,这一群体大多数是“80 后”,他们的平均年龄远远小于“住家非农就业人员”和“回流”务农人员(表 1-9)。每天往返于家和工作地的流动人口平均年龄 41 岁,曾非农就业现务农人口平均年龄为 42 岁,他们是“家庭中子女辈的比例”分别仅有 18%、15%,主体上属于“早先”非农就业的一代。这一代人年龄大一点倾向于居住在农村或非农就业或务农。值得关注的是,曾外出非农就业现已回村务农的主部分群体,回流的原因是什么?是城市社会保障缺失,还是年龄形成的就业约束,抑或是对农村土地的眷恋?

总体上,我国人口流动的主体是经济活动型,城镇外来人口的重要结构特征是成年化及高度的就业倾向(杨云彦,2005)。农村迁移人口绝大多数以年轻人为主,但从劳动参与率来看,无论年龄大小参与度都很高,这种特征决定

了农村迁移人口流动的可能性和必然性。然而,随之出现的问题是农村迁移人口边缘化生存状况。经济的不断发展促使城市出现了劳动力结构性的短缺,一些劳动密集型的行业和工作环境恶劣,工作条件艰苦以及劳动强度大的工种,如纺织业、建筑、环卫等工种吸收了大量农村迁移人口。他们工资低廉,生活和就业没有保障。同时经受着城市医疗、福利、子女教育等种种限制和生活、就业及社交、心理等种种歧视和不公平。在统筹城乡和谐发展的时代背景下,这是一个亟待解决的问题,而农村迁移人口的流动性和迁移意愿的研究就更具紧迫性和重要性。

整体上,农村人口流动规模持续扩大,大迁移自由流动态势基本形成。我国人口流动和迁移主要表现为农村人口向城镇的非正式迁移。农村迁移人口的流动主要呈现出人口由经济不发达或不太发达地区向经济发达地区流动的特点。农村人口的流动还呈现出以近距离流动为主,省内就业人口比例较高,到乡外县内和县外省内就业的人口比例稳中略有下降,而到省外就业人口比例继续略有上升。农村人口流动经历三个阶段:从农村流出的初步阶段、留城在城市工作和在城市之间流动的续流阶段和从城里到农村的回流阶段。

在城市劳动力市场分割条件下,农村流动人口大多以“社会保障分割”模式流动为主。城乡劳动力市场的分割源于农村流动人口就业和社会保障体系的分割。城乡之间分割的劳动力市场,不仅限制了农村流动人口的增收途径,而且降低了其获得可持续收入的能力。另外,“非正规就业”模式流动是我国农村流动人口城市就业制度制约的结果。而且,我国农村流动人口随着城市就业状况的变动而往返于城乡之间,呈现跨区域“候鸟式”流动模式。受城市就业、居住等不确定性因素影响,农村流动人口大多以短期、单身“非举家外迁”模式流动。农村流动人口的特殊身份决定了农村外出就业人口流动的复杂性。流动主体大多表现为“双重身份”。从户籍身份上来看他们是农民,主要社会关系和家庭成员仍在农村,他们真正的“家”仍在农村,事实上,他们中的相当部分在长期流动后最终还将以其来源地的城镇或乡村为归宿。流动主体年轻化和受教育水平高，女性和有配偶的农民工占比均提高，50 岁以上农民工占比逐年提高，新生代农民工中超半数为“80 后”。

为了进一步从收入角度解释农村人口流动的原因，我们发现样本中农村居民人均收入基尼系数为 0. 459，相对贫困发生率为 12. 9%，相对贫困问题需要长期关注。使用再中心化影响函数回归模型对农村居民相对贫困影响因素进行分析后得到以下结论：(1) 随着农村人口结构老龄化程度不断加深，农村收入差距可能进一步扩大，不利于缓解相对贫困问题。(2) 教育和健康是提升农村居民人力资本的重要途径，其中健康状况的改善能够显著提升低收入群体收入占比，而且能够极大缓解相对贫困强度；教育虽然能够缓解相对贫困强度，但却起到了扩大农村内部收入差距的作用。(3) 增进农村社会组织关系、社会信任和互惠关系能够有效提升最低收入农户的收入占比，并缓解相对贫困强度。(4) 土地是低收入农户最主要的资产和收入保障，应优化土地资源配置，适度向低收入农户倾斜，尤其是保护低收入农户土地的合法权益。(5) 城市与农村的距离是影响农村收入差距和相对贫困的重要指标，坚持城乡统筹发展是解决相对贫困问题的重要路径。

可见，我们围绕农村流动人口的流动和迁移仍然有需要进一步研究的空间。首先，就农村流动人口的流动本身而言。目前国内外关于中国农村劳动力流动的研究大量集中在农村外出劳动力“起步”与“回流”阶段，即主要集中在研究农村人口迁移的原因、特征及迁移方向等方面，或者说，研究主要聚焦在农村迁移人口从农村流向城市，随后一部分迁移人口又从城市流到农村的“回流”等问题上。相比之下，研究农村流动人口“续流”阶段，即研究农村外出进城人口的城市流动、职业流动及主要影响因素，家属随同的影响因素留城定居意愿及相关社会保障需求方面研究深度和广度还需进一步拓展。我们将在以往农村迁移人口“农村—城市”和“城市—农村”相关研究基础上，进一步就农村迁移人口“城市—城市”流动，职业流动以及在定居城市的意愿和社会保障需求进行深入研究。其次，就人口迁移政策研究而言，虽然以户籍制度为核心的一系列制度安排随着改革开始逐渐弱化，逐步实现农村流动人口的永久迁移已经逐步达成共识，大家都已经意识到改革户籍制度和人口迁移政策的重要性，但事实上无论是学术界还是政策决策层，对于农村流动人口的潜在需求事实上认识仍然不够全面和深入，对这个复杂、多变、频繁流动人群在就业、生活和发展取向等方面的需求和态度并不是十分明确。而实际上，这些城市外来迁移人口的需求是我们把握城市化潜在矛盾，指导户籍制度改革和人口迁移政策调整的重要科学依据。还有，与上述两方面研究内容相关的研究方法也存在进一步完善的地方。特别地，目前针对户籍制度和人口迁移政策的研究在运用实证研究的大样本调查基础上分析问题，并系统性地提出政策解决方案仍然不足。既有研究或偏向于从理论上论证现有户籍的不合理，并提出进一步改革的方向性建议，或流于直接提出缺乏实证基础的改革方案，而没有在大规模抽样基础上对城市政府及其相关政策变量、迁移人口特征及其对永久迁移意愿等因素进行详细调查，也没有进行相关迁移和社会保障需求决定因素的计量分析，从而无法定量化地分析现有体制对迁移人口在社会保障、子女就学和住房保障等方面的负面作用。最后，对于农村进城就业人员这样一个特殊的群体，现有研究所基于的数据因为抽样和代表性问题普遍存在不足，影响对现实的判断和研究结论的可靠性。来自城市的调查由于农村进城就业人员很多分布在建筑业和服务业，流动性很强且多居无定所，缺少官方的或能为大家认同的抽样框导致样本没有代表性；来自农村调查尽管能保证样本代表性，但又因调查时无法直接访问城市就业人员，间接调查户主或其他人影响数据真实性。我们将通过周密的调查设计和实施在很大程度上避免以往城市外来人口调查研究存在的问题而大大提高数据质量。

第二章　农村流动人口城市就业及生活状况

实现中华民族伟大复兴，让改革发展成果更多更公平惠及全体人民，重点难点在农村流动人口的城市就业及生活状况改善。推动城乡协调发展，畅通城乡经济循环，迫切需要稳定农村流动人口城市就业，保障其工资收入。2020年中央一号文件明确指出：稳定农民工就业。落实涉企减税降费等支持政策，加大援企稳岗工作力度，通过放宽失业保险稳岗返还申领条件，提高农民工技能提升补贴标准。农民工失业后，可在常住地进行失业登记，享受均等化公共就业服务。出台并落实保障农民工工资支付条例。以政府投资项目和工程建设领域为重点，开展农民工工资支付情况排查整顿，执行拖欠农民工工资"黑名单"制度，落实根治欠薪各项举措。深入实施农村创新创业带头人培育行动，将符合条件的返乡创业农民工纳入一次性创业补贴范围。同时，教育部门要进一步增加学位供给，有效解决农民工随迁子女上学问题。

城市的繁华美丽离不开辛勤劳作的农村流动人口，他们在为城市建设贡献自己力量的同时也面临很多工作和生活的现实考验。农村流动人口主要会选择哪些就业城市？面对陌生的城市，他们就业主要集中在哪些行业？他们在城市的居住条件如何？对于那些上有老下有小的农村流动人口，配偶和小孩是否随同？留在家乡的老人如何关照？他们在城市辛苦打拼，最终是否会选择留在城市？他们是否会频繁地更换职业和在不同的城市流动？结合实地调查数据，本章将揭示上述问题背后的理论逻辑，并运用计量模型进行实证分析。

第一节　迁入地分布特点

相对而言,经济不发达或不太发达地区是主要的迁出地,而经济发达地区是主要的迁入地。四川、湖南、安徽、江西等地是农村迁移人口流出的主要省份,而广东、浙江、江苏等发达省份是主要流入地(杜鹰,2002)。根据第五次全国人口普查的数据,大部分人口迁移到珠江三角洲、长江三角洲和环渤海的东部。从1982年到2000年,东部沿海地区迁移人口比例从38.4%增加到45%。仅广东一个省,1982年只有全国5%的迁移人口,到1990年增加到15%,到2000年进一步增加到27%(李若建、闫志刚,2007)。另据国家统计局对全国31个省(自治区、直辖市)6.8万个农村住户和近7100个行政村的抽样调查,2006年农村外出务工劳动力13212万人,其中,农村常住户中外出务工的劳动力10568万人,举家外出务工的劳动力2644万人。从流出地来看,东部地区、中部地区和西部地区外出务工劳动力分别为3484万人、4251万人和2833万人。从务工目的地来看,在东部地区务工的劳动力7404万人,占外出务工劳动力的比重为70.1%。从具体就业地点来看,2006年在地级以上大中城市务工的劳动力所占比重为64.7%,其中,在直辖市务工的劳动力占9.4%,在省会城市务工的劳动力占18.6%,在地级市务工的劳动力占36.8%,在县级市务工的劳动力所占比重为20.2%。

流入地点离家相对较近,但远距离的流动地点也占有相当大的比例。农村人口的流动还呈现出以近距离流动为主,但长距离流动的比例呈现上升的趋势(王西玉,2000;范小玉,2002)。20世纪80年代初,农村外出就业劳动力基本上就在本县内部流动。随着国家对人口流动管制的逐渐放松,流入县外和省外就业的人口比例不断上升,到90年代初期,农村流动人口中到县外省内和省外就业的人口比例已经各占30%,不过总体上,农村迁移人口还是以近距离流动为主,省内就业人口比例仍然占到2/3。此后,到乡外县内和县外省内就业的人口比例稳中略有下降,而到省外就业人口比例继续略有上升。

在实际调研中,获取农村流动人口工作、生活状况等相关资料是现阶段我国人口学和劳动经济学实证研究面临的最大问题之一。首先,关于农村外出就业人口抽样调查面临的最大问题是抽样框缺失。城市中农村流动人口就业主要分布在工业、建筑业和三产服务业等行业,大多居无定所,具有很强的流动性。因而,无论是国家统计局还是其他官方机构都没有关于农村外出就业人口城市就业分布的翔实资料,抽样框的缺失使得在城市开展农村外出就业人口的随机抽样困难重重;另外,立足农村对外出就业人口进行调查最明显的问题是调查者无法直面现在正在城市就业的外出人口,进而关于他们在城市工作、生活的大量信息,间接询问流动人口家人其相关信息将存在较大的调查误差,并且无法获知只有就业当事人才能提供的信息。鉴于此,综合比较城市与农村调研的可行性和样本的代表性,我们首先在农村入户调查家庭基本情况、家庭成员非农就业情况和进城就业人员等客观问题,然后,通过他们的家人与其电话联系并预约访谈时间;最后,到现场或根据预约时间对进城就业人员城市工作生活情况和个人主观想法进行电话访问。本调查因在调查设计和方法上的创新在很大程度上避免了以往城市外来人口调查研究上的问题而大大提高了数据质量。

调查数据显示,各省农村流动人口主要在本省外县从事非农就业。农村流动人口中44.5%在本省外县就业,34.8%在外省城市就业,只有20.7%在县内就业,如表2-1所示。农村流动人口在本省外县就业主要选择本省的省会和经济比较活跃的地级城市。比如,就我们调查的四个省来说,山东农村外出就业人口主要到山东的青岛和济南务工,陕西的倾向于去西安和宝鸡工作,吉林的优先选择去开化和长春找工作,而浙江的主要集中到杭州和慈溪工作。对于农村流动人口,选择到本省省会城市和经济发达地级城市工作的好处比较明显。首先,这样的城市经济水平比较发达,就业机会比较多;其次,在本省工作比较便利,气候、人文、饮食都十分相似,而且照顾家人也相对方便。当然，如果进一步从文化角度解释，选择本省省会就业的文化冲突更小，生活习惯也更适应。从我们的调查来看，远距离就业的农村流动人口主要集中在华北地区的北京、长江三角洲的上海和杭州、珠江三角洲的广州和深圳等经济比较发达的城市。

表 2-1　农村现在外出从事非农就业分布状况

	所有样本	山东	陕西	吉林	浙江
劳动力（人）	1881	547	457	435	442
从业人口	1539	452	356	378	353
其中：现非农就业比例（%）	46.3	38.9	42.7	32.8	73.9
其中：女性比例（%）	34.2	33.0	26.3	30.7	41.4
非住家（中长距离）（%）	52.7	49.4	65.8	70.2	39.1
现省内非农就业劳动力比例	65.2	89.2	68.4	31.7	81.3
其中：县内	20.7	13.5	17.9	12.2	33.3
本省外县	44.5	75.7	50.5	19.5	47.9
现跨省非农就业比例	34.8	10.8	31.6	68.3	18.8

数据来源：根据调查资料整理统计。

从不同区域来看，经济比较发达地区的农村外出就业人口更是主要集中在本省范围内，较少跨省就业。比如，在浙江与山东两省，农村流动人口跨省就业的人口分别只有 18.8%和 10.8%，相比之下，吉林和陕西两省农村流动人口到外省去工作的人口比例分别高达 68.3%和 31.6%。上述四省农村外出就业人口在地域上的这种差异与地区本身的经济发展水平密切相关。浙江和山东属于经济比较发达的地区，杭州、慈溪和青岛等地区更是全国都比较发达的城市，这些城市吸纳外来就业人口的能力相对也比较强。另外，这些地区不仅吸纳外来劳动力的能力比较强，特别是浙江，在户籍制度和人口迁移制度改革方面也走得比较快一些，对于农村劳动力更有吸引力。如果从就业机会和就业公平性角度来看，经济相对发达的地区，就业机会相对较多，尤其是第

二、第三产业对劳动力的吸纳能力更强。所以就业地的经济发展水平直接关系到劳动力的流动程度以及劳动力的流动方向，进一步关系到人口红利的释放。

第二节　行业分布特点、工作及居住状况

非农就业是农村流动人口的就业主渠道，在发达国家非农就业指数反映出制造行业和服务行业的发展及其增长，非农就业指数减少代表企业减低生产，经济发展进入萧条期，在没有发生恶性通胀的情况下，如果非农指数增加，则表示整个经济拥有一个健康的经济状况。非农就业水平代表着制造业和服务业的就业承载力，也代表着一个经济体的消费能力和经济发展热度。我们的调查数据表明，20 世纪末以来，农村流动人口的就业行业结构出现了比较明显的变化趋势，从事服务业的比例明显上升。2000 年，农村流动人口中从事制造业、服务业和建筑业的比例分别为 39. 2%、38. 5%和 22. 3%，就业行业主要是工厂等制造业和餐饮贸易零售运输等社会服务业。此后，从事服务业的比例不断提高，从事制造业和建筑业的都有较大幅度的下降。到 2008 年，农村流动人口从事社会服务业的比例上升到了一半，而在工厂等制造业工作的人口比例下降到了 32. 6%，从事建筑业的比例也有较大幅度的下降，从业人口比例下降到了 15. 8%，如表 2-2 所示。

表 2-2　分时期、分年龄外出就业人口工作情况

	2000—2008 年			2008 年现非农就业人口年龄段		
	2000 年	2005 年	2008 年	16—27 岁	28—38 岁	>38 岁
就业行业(%)						
制造业	39. 2	40. 4	32. 6	32. 9	34. 9	26. 1
建筑业	22. 3	16. 9	15. 8	6. 3	17. 9	43. 5

续表

	2000—2008 年			2008 年现非农就业人口年龄段		
	2000 年	2005 年	2008 年	16—27 岁	28—38 岁	>38 岁
服务业	38.5	42.7	51.6	60.8	47.2	30.4
就业特征						
平均每周工作天数(天)	6.6	6.5	6.4	6.3	6.4	6.8
签合同比例(%)	20	27	29	35	27	13
月均收入(元,名义)	1446	1467	1632	1463	1805	1834
受教育年限(年)	8.1	8.5	8.8	9.4	8.4	7.8
受过非农技能培训(%)	17.6	24.2	25.8	32.3	19.8	17.4

数据来源:根据调查资料整理统计。

农村流动人口就业的行业特点决定了他们的工作强度大小。调查资料显示,长期以来,农村流动人口的工作强度比较大,收入水平比较低,工作保障比较差,近几年情况有所改善。首先,农村流动人口的劳动强度很大,休息时间很少。20 世纪末,他们几乎每天都工作,每周基本没有休息日。近年来,情况仍然没有多大改变。农村流动人口的这种工作状态除了与行业、工种有关外,最主要与他们背井离乡进城工作追求货币收入有关系。在其他福利缺失的条件下,他们通过延长劳动的时间和提高劳动强度增加收入。但是,值得重视的是,即便在这样高强度的工作下,农村流动人口的工资收入不仅很低,而且长期不见改善。从 2000 年到 2005 年,他们的平均名义收入基本没有增长,月均收入在 1400 多元。一直到 2007 年、2008 年,他们的收入才略有增长。2008 年,他们的月均收入达到了 1600 多元。另外,随着依法治国理念的不断深入,农村流动人口的法制意识逐渐增强,就业签订劳动合同的比例尽管较低,但与以往相比有所增加,签订合同的目的是合同双方通过合同的订立和履行最终所期望得到的东西或者达到的状态。数据结果表明,整体上农村流动人口的工作保障程度较低,20 世纪末,农村流动人口与企业或雇主签订合同的只有

20%左右，近年来，随着政府和社会对农民工社会保障的日益重视，其境况有所好转，目前农村流动人口平均有 29%左右工作有合同保障。

近些年来，随着社会各界对“新生代”农民工就业的关注，比较不同年龄段农村流动人口的工作状况可以发现，总体上年轻一代的境况要好得多。(1)从工作行业来看，年龄较大的主要从事建筑业，而年龄较轻的则主要在企业等制造业和服务行业工作。从我们的调查数据来看，39 岁以上的农村流动人口约 44%在建筑工地上工作，28—38 岁这一年龄段的 1/3 在企业工作，近一半在服务行业就业，而 27 岁以下的 60%在服务业工作，约 1/3 在制造业工作，从事建筑业的只有 6. 3%。不同年龄段农村流动人口工作的这种行业分布特征与年龄较轻的农村外出务工人口受教育程度水平相对比较高，掌握的就业技能比较多有关，而不像早期农村外出务工人口掌握的就业技能多为木匠、泥瓦匠等建筑行业相关技术。我们可以看到，16—27 岁年龄段的就业人口平均受教育年限为 9. 4 年，有 32. 3%接受过非农技能培训，而 39 岁以上年龄段就业人口平均受教育年限只有 7. 8 年，接受过非农技能培训的只有 17. 4%。另外，由于 16—38 岁外出工作人口大多具有相对较高的教育水平，与相对较累的建筑业相比，他们更倾向于选择制造业与服务业；制造业、服务业本身的一些限制条件，如年龄限制条件也减少了 39 岁以上人口进入该行业就业的概率。(2)从工作强度和待遇来看，年轻一代的情况也要稍好一些。与 39 岁以上年龄段的相比，27 岁以下年龄段的农村流动人口每周工作时间相差不大，但要略少一些，而签订合同的比例则明显要高。27 岁以下年龄段签订合同的比例为 35%，而 39 岁以上的只有 13%。有意思的是，年轻的一代尽管工作层次相对要高一些，工作强度和保障水平也要高一些，但收入却并不高。这可能与工作经验等有关系，此外，应该与年轻一代人家庭和社会负担相对比较小，更注重工作本身的体面程度和工作强度等也有一定关系。

自古我国传统文化中就强调“安居乐业”的重要性，“山不在高，有仙则名。水不在深，有龙则灵。斯是陋室，惟吾德馨”，“金窝银窝不如自己的草窝”，这些都表明在我国文化中拥有自己住房的重要性，而居住条件的好坏直接关系到农村流动人口的流动方式。农村流动人口的居住以工作地和自己租房两种方式为主，近年来自己租房逐步取代工作地居住成为主要居住方式。根据我们的调查，2000 年，农村进城就业 50%居住在工厂宿舍和建筑工地上，只有 36%自己租房居住，到 2008 年，居住在工厂宿舍和工地上的比例下降了 10 个百分点，自己租房居住的上升了 10 个百分点，而自己购买房子和居住在亲戚朋友家的比例基本没有变化，分别保持在 10%和 3%左右，如表 2-3 所示。应当说，得益于城市二手房市场快速发展和城市宽松的购房政策，农村进城非农就业人口在城市可选择的居住方式比以前要丰富了很多，这一定程度上有利于他们携带家属和小孩。

表 2-3　农村流动人口城市生活状况

单位：%

	2000 年	2008 年
居住地点		
其中：工厂、工地	50	40
自己租房	36	46
自己购买	10	11
亲戚朋友	3	3
配偶随同率	60	69
小孩随同率	42	44
上公立学校率	90	80
交赞助费率	62	47

数据来源：根据调查资料整理统计。

第三节　工作流动状况及原因

职业流动是就业人员在就业中的普遍现象，在个人职业生涯中，难免会出现从一职业或职位变更到另一职业或职位的情况。职业流动包括“水平流动”和“垂直流动”，前者主要是指只更换工作单位而不变动技术层次的流动；后者主要是指与个人工作能力和技能相关的工作层次提升的流动。社会学家霍珀认为，在某些情况下，职业流动可能表明社会阶级流动以及由此产生的经济和身份流动；在另一些情况下，职业流动可能仅表明经济流动和身份流动的数量变化。总之，一定程度的合理职业流动有利于人力资源的利用，也有利于个人特长的发挥。从发达国家的经验来看，农村劳动力和人口的迁移在不同阶段有着不同的目标和需求。理论上讲，在劳动力流动的最初阶段，农村劳动力向城市流动主要受到城镇预期高收入的拉动和对自己在城镇找到工作可能性的影响。在这一阶段，农村劳动力最为关注的是能够在城镇找到工作，从而实现其收入状况的改善。因此，尽管由于社会、经济、文化各方面的冲突，加上正式和非正式的制度安排对当地原有居民的保护和优待，外来劳动力通常都面临着“二等公民”的处境，但出于经济因素的考虑，他们多半能接受这样的待遇。所以，在这一阶段，农村劳动力会不断流向城镇，而且出现的社会矛盾和冲突也会比较少。数据表明，农村流动人口工作和城市变换并不频繁。他们平均大约每3年更换一次工作，每6年才会更换工作城市。2006—2008年统计数据显示，没有换过工作和只换过一次工作的农村流动人口共占70%、没有换过城市和只换过一次城市的共占89%，如表2-4所示。

表2-4　2006—2008年农村流动人口换工作、城市次数与人口特征关系

	合计/平均	换工作次数			换城市次数		
		0次	1次	≥2次	0次	1次	≥2次
样本数量(%)	100.0	37.0	33.0	30.0	62.0	27.0	11.0
年龄(岁)	30.0	30.0	30.6	29.4	30.9	28.9	27.0
男性(%)	66.5	60.6	64.8	77.8	63.2	70.3	76.8
素质教育(年)	8.7	8.6	8.6	8.9	8.6	8.9	9.0

续表

	合计/平均	换工作次数			换城市次数		
		0 次	1 次	≥2 次	0 次	1 次	≥2 次
职业教育(%)	26.1	27.3	20.4	31.0	24.5	35.1	10.7
结婚(%)	70.4	75.8	70.4	71.0	75.5	62.2	75.0
有小孩(%)	63.5	68.2	64.8	53.2	68.9	59.5	48.8

数据来源:根据调查资料整理统计。

与没有换过工作和城市就业人口组相比,工作、城市变换相对频繁组(≥2 次)人口具有年龄较轻,男性比例较高,素质教育水平较高和有小孩比例较低等特征(表 2-4),反映年龄、性别、素质教育程度和家庭小孩数量等都可能对农村流动人口流动性有明显影响。职业教育状况与婚姻状态与就业人口流动性的关系比较复杂。如工作变换相对频繁组接受过职业教育的比例相对较高,但城市变换相对频繁组接受过职业教育的比例相对却很低,只有10.7%。又如工作变换相对频繁组已婚比例相对较低,但城市转换却没有类似关系。

农村流动人口职业流动很大程度上是一种被动流动,而非主动流动。调查访问了目前正在城市就业人口换工作的原因。“该项工作结束或工作单位出现问题”是他们换工作的主要原因,30%左右人口变换工作是因为该项工作结束而被动换工作;“该项工作工资收入少”是进城务工人口换工作的第二个重要的原因,约有 20%人口工作变动由于该原因;此外,“工作强度太大,或不安全,或不适应”“想换份工作”和“自主创业”也是现在正在城市就业人口换工作的重要原因,这三方面原因换工作的次数占到了工作更换总次数的24.3%,如表 2-5 所示。上述三类主动变换工作的行为充分反映出,与过去相比,农村流动人口的工作自主性在逐步提高,想换份工作的主观意愿明显增加。最后,因为“回家照顾家人”“回家结婚成家”和“家里有事情”而临时停止工作也是一个重要原因,因为上述三个原因而停止工作占到 10%左右。这是目前我国农村进城就业的模式是单身往返式流动而非举家外迁的必然结果。

表 2-5　农村流动人口换工作原因

原　　因	比例(%)
1. 该项工作结束或工作单位出现问题	30. 2
2. 该项工作工资收入少	19. 7
3. 工作强度太大,或不安全,或不适应	15. 5
4. 想换份工作	5. 0
5. 自己创业	3. 8
6. 回家照顾家人	3. 8
7. 回家结婚成家	2. 8
8. 家里有事情	3. 2

数据来源:根据调查资料整理统计。

表 2-6　曾经外出就业人口不再从事非农就业的主要原因

原　　因	比例(%)
1. 家里有事情	23. 9
2. 该项工作结束或工作单位出现问题	14. 7
3. 工作强度太大	13. 8
4. 想和家人团聚	11. 0
5. 回家结婚	9. 2
6. 该项工作不安全	6. 4
7. 年龄大了,找不到好工作	3. 7
8. 生病	3. 7

数据来源:根据调查资料整理统计。

对于那些“返乡务农”的农村流动人口,调查还详细访问了他们曾经外出进城从事非农就业、但现在只在家务农而且停止非农工作的原因。调查表明,44. 1%是因为“家里有事情”“想和家人团聚”和“回家结婚”等家庭原因而停止非农工作,还有 15%左右是因为“该项工作结束或工作单位出现问题”而终止外出务工，也有相当比例人口因为“该项工作不安全”“工作强度太大”而停止非农工作回家务农，如表 2-6 所示。总体上，该群体“逆流而上”返乡务农是一种不得已而为之的被动选择。

一、农村流动人口职业流动、城市流动理论模型

理论上讲，职业或城市流动是劳动力一种成本收益权衡后的行为选择。一定风险下发生的流动行为事实是流动的预期收益与成本比较后的结果，当流动的预期收益（U_i）大于预期成本（C_i）时，劳动力者就选择变换工作职业或地点，即 $Mig_i=1$。农村流动人口的职业或城市流动可用以下理论模式描述：

$$prob(Mig_i = 1 \mid x_i) = Pr(U_i > C_i \mid x_i) \qquad (2-1)$$

其中，Mig_i是流动行为结果（1=发生；0=未发生），x_i是一组衡量影响因素的解释变量。我们实证研究中直接分析的并不是农村流动人口的单次流动决策，而是在一定期间内职业和城市的变换次数，即是多次变换工作或城市决策的累计。由于被解释变量是次数数据（Count Data），因此，研究采用了泊松回归模型（Poisson Regression Model）进行分析。模型中定义 Y_i 为第 i 个人换工作或城市次数，则次数 y_i发生的概率为

$$prob(Y_i = y_i \mid x_i) = \frac{e^{-\lambda_i}\lambda_i^{y_i}}{y_i!}, \qquad y_i = 0,1,2,\cdots \qquad (2-2)$$

模型假设每个 y_i都来自一个期望和方差都是 λ_i的泊松分布，λ_i与解释变量 x_i有关，假设 λ_i与 x_i关系为 $\ln\lambda_i = x'_i\beta$，则 y_i 的期望：

$$E(y_i \mid x_i) = \lambda_i = e^{x_i\beta} = E(y_i \mid X_j, H_c, Z, \varepsilon_i) \qquad (2-3)$$

公式（2-3）中关键解释变量包括 X_j和 H_c，其中，X_j表示第 i 个人的工作特征（包括工作地点、工作职位和就业类别），H_c为个人人力资本（包括素质教育程度、非农专业技能培训情况和非农就业经验）。Z 为个人、家庭特征等控制因素（包括年龄、性别、婚姻、家庭规模、净资产、社会资本和区域虚拟变量等）。ε_i是影响 y_i的其他非观测因素。具体见模型中所使用解释变量说明，表

2-7 中关键解释变量是“就业城市移民政策”，其他变量包括：工作特征、人力资本特征及农户人口与家庭特征变量等。

表 2-7　模型中所用解释变量的解释

变　量	取　值
就业城市移民政策	城市是否有鼓励留城定居的政策（1＝有；0＝无）
工作特征	
工作地点：是否省内县外	1＝是，0＝否
工作地点：是否外省	1＝是；0＝否
是否单位管理者	1＝是；0＝否
是否自营	1＝是；0＝否
是否签合同	1＝是；0＝否
平均每周工作天数	平均每星期工作多少天
人力资本	
素质教育程度	在学校接受正式教育多少年（除幼儿园）
是否接受过职业教育	1＝是；0＝否
非农工作经验	从事非农工作的年数
个人人口与家庭特征	
年龄	多少周岁（岁）
性别	1＝男性；0＝女性
是否结婚	1＝是；0＝否
家庭规模	家庭有多少人
家庭剩余人口数	家庭总人数中减去远距离打工人数和常年不在家人数
家庭小孩数量	家庭中仍在上学的小孩人数
是否户主	1＝是；0＝否
户主年龄	户主多少周岁（岁）
户主教育程度	户主在学校接受正式教育多少年（除幼儿园）
人均耕地	平均每人多少亩地
家庭净资产	家庭住宅、耐用消费品净资产价值（万元）
做生意的亲戚数	目前家族有多少亲戚做生意
地区虚拟变量	省、县、乡镇虚拟变量

二、职业流动影响因素的实证分析

换工作次数的泊松回归模型估计结果如表2-8所示，在控制了家庭特征、个人特征、区域特征的条件下，工作地点、工作层次及工作合同对农村外出务工人口换工作次数存在显著影响。离家越远、工作层次越高，工作越稳定，农村流动人口换工作的次数相应越少。

表2-8 农村流动人口工作和城市变换次数影响因素Possion模型估计结果

	换工作次数	换城市次数
关键变量		
工作特征		
工作地点：外县	-0.115	-0.209
（1=省内县外；0=其他）	(0.39)	(0.98)
工作地点：外省	-0.570	-0.328
（1=外省；0=其他）	(1.79)*	(1.74)*
单位管理者	-0.411	-0.296
（1=是；0=否）	(1.61)	(2.00)**
是否自营	-0.052	-0.518
（1=是；0=否）	(0.17)	(3.19)***
是否签合同	-1.027	-0.207
（1=是；0=否）	(3.96)***	(1.76)*
人力资本		
素质教育程度	0.075	0.026
（年）	(1.62)	(1.11)
接受过职业教育	-0.544	-0.239
（1=是；0=否）	(2.20)**	(2.57)**
非农工作经验	0.090	0.040
（年）	(4.22)***	(3.95)***
控制变量		
每周工作天数	0.015	0.020

续表

	换工作次数	换城市次数
(天)	(0.19)	(0.50)
年龄	-0.022	-0.001
(岁)	(1.05)	(0.07)
性别	0.212	0.339
(1=男;0=女)	(1.13)	(2.65)***
是否结婚	-0.101	-0.223
(1=是;0=否)	(0.28)	(1.13)
家庭规模	0.078	0.048
(人)	(1.08)	(1.20)
家庭净资产	0.012	-0.003
(元)	(1.10)	(0.78)
做生意亲戚数	0.011	0.048
(人)	(0.24)	(1.51)
县虚拟变量(省略)		
常数项	-0.985	-0.074
	(0.82)	(0.16)
观察值	305	305
似然比检验卡方值	(215)***	(240)***

注:①括号里是参数检验统计量;②*、**、***分别表示统计检验在10%、5%和1%水平上显著。
数据来源:根据调查资料整理统计。

具体而言,跨省农村流动人口换工作次数比本省县内就业人口平均少约0.6次,这除了与省外工作变换成本高、风险大有关外,还与省外就业途径有关,大多跨省就业信息来自亲朋好友介绍,在一定程度上也降低了换工作的频率。农村流动人口中担任管理人口的比做普通工作的平均少换约0.4次工作,这主要因为管理层一般收入较高、工作较稳定,换工作机会成本比较高。有劳动合同者比合同缺失者少换1次工作,可见,劳动合同的法律效力在维护农村流动人口工作权利的同时,一定程度上也提高了农村流动人口工作的稳定性。

计量估计结果还表明,控制了其他因素影响后,职业教育对农村流动人口职业流动性有明显影响,非农专业技能培训和职业教育明显降低就业人口的工作转换程度。受正规素质教育程度对就业人口工作转换影响在统计上不是特别显著,但总体上,受教育程度高的就业人口职业流动比较强。

具体而言,受过职业教育的就业人口换工作次数比未受过职业教育的就业人口少,这应当与职业教育的技能培训专业性比较强有关系。一方面,接受过专业技能培训尤其是有专业技术资格证书的,一旦找到专业对口的工作,待遇相对会较好一些,这会增加他们转换工作的机会成本;另一方面,专业技能培训的内容多为操作工种,专业性强,就业领域的限制在一定程度上也会影响他们变换工作。受素质教育程度提高增强就业人口流动性,这与素质教育有助于提高劳动力适应新工作和新环境的能力,也有助于减少职业流动的障碍密切相关。

三、城市流动影响因素的实证分析

从计量经济分析结果来看,影响农村流动人口职业流动和城市流动的主要因素很相似,比如,工作区域、人力资本、工作稳定程度和非农工作经验等对就业人口城市流动也存在显著影响,并且影响方向与对职业流动的影响相似。不过,两者影响因素也稍有区别,主要表现在两个变量上。首先,从事自营工作的就业人口换城市频率明显下降,平均而言,自营者换城市次数比非自营者少约 0.5 次。这与自营工作需要相对稳定社会资本紧密相关,变换城市对于自营工作者的机会成本比较高。其次,受素质教育程度对于就业人口转换工作城市的影响在统计上更不显著。

四、人力资本、社会资本的收入效应

通过上述分析,我们得知人力资本、社会资本是农村流动人口职业流动和城市流动的关键影响因素。农村人口流动的根本是追求更高的收入,尤其是以新生代为流动主体的时代，人力资本与社会资本如何影响新生代农民工收入？对农民工代际收入差异又产生何种影响？结合实地调查到的1235个农民工样本，我们将对此给予部分解释。调查到的新生代农民工样本有659人，占农民工样本总量的53.36%，接近国家统计局《2018年农民工监测调查报告》中51.5%的比例，说明了目前新生代农民工已经成为农民工队伍的主体。

（一）人力资本、社会资本与收入相关假说

1. 人力资本对新生代农民工收入影响机理

根据人力资本理论的观点，提升劳动力人力资本的途径主要包括教育、培训、工作经验、医疗健康和迁移。其中，教育、培训、工作经验、医疗健康能够提高劳动者的劳动效率，迁移主要关系到劳动者的就业地点和渠道。我们重点考察教育、技能培训和健康对于新生代农民工收入的影响。随着产业结构转型升级，劳动力市场对于农民工人力资本质量尤其是知识和技能水平的要求越来越高。而通过近年来工业领域供给侧结构性改革的实施，传统劳动密集型的工业和建筑业部门通过去产能规模逐步下降，吸纳劳动力规模有所降低，以体力劳动为主的农民工收入与以脑力（知识技能）劳动为主的农民工收入差距将会扩大。所以我们提出如下假设：

假设1a：人力资本对新生代农民工收入具有正向影响。

假设1b：对于较低收入的新生代农民工而言，性别和健康的影响更为重要。

假设1c：教育和技能培训的回报率会随着新生代农民工收入提高而提高。

2. 社会资本对新生代农民工影响机理

我们使用普特南等（Putnam，et al.，1993）对于社会资本的定义：社会资本是指社会网络关系特征，包括社会网络关系、信任和规范三个维度。其中，社会网络关系对应的是结构型社会资本，决定了社会资本的范围。信任和规范

(特别是互惠)对应的是认知型社会资本,决定了社会资本的强度。结构型社会资本和认知型社会资本之间相互影响:拥有较广社会网络关系的农民工能够获得更多的信息来源,减少信息不对称性,从而更有可能找到理想的工作;而具有较好社会信任和互惠关系的农民工,则能够在就业市场中拥有更强的议价能力,削弱身份差异导致的待遇歧视,获得公平的收入水平。需要注意的是,农民工原始生活地区和工作地区的不同,要求在研究中对社会资本类型进行合理区分。从社会网络关系角度来看,农民工的社会资本应分为原始社会资本和新型社会资本(史常亮等,2017;李婷婷等,2017)。原始社会资本即农民工在农村成长和生活过程中积累起来的社会资本,它是在一定血缘、地缘、传统、习俗下形成的社会网络关系,具有封闭性和逐渐衰减的特征,对农民工在城市工作和收入的影响有限。农民工在进城务工后会建立新型社会资本来取代原始社会资本,即社会资本转换。新型社会资本主要由农民工所在的工作单位、团体组织、生活社区赋予,与农民工就业和收入的关联性更高。拥有较好的新型社会资本的农民工有更大的概率获得理想的工作和收入。基于以上分析我们提出以下假设:

假设 2a:原始社会资本对新生代农民工收入没有显著影响。

假设 2b:新型社会资本能够显著提高新生代农民工收入。

3. 社会资本对人力资本回报的影响

从人力资本和社会资本在收入决定中的关系来看,人力资本决定了劳动力的市场价值,社会资本影响着劳动者能否匹配到理想的工作岗位和收入。因此,劳动者收入水平能否充分体现其人力资本的市场价值,还受到社会资本的影响。由于我国城乡统一的劳动力市场仍不完善,市场失灵的问题会普遍存在,社会资本作为一种劳动力配置的调节机制,能够在一定程度上补充市场失灵带来的影响。例如企业和农民工之间信息不对称问题,使农民工难以找到匹配其人力资本质量的工作岗位,企业也无法全面了解农民工的能力和素质。此时企业会优先选择城镇劳动者,或者为农民工提供较低的工资。这就造成了城乡劳动力之间就业机会和工作收入的双重歧视[格兰诺维特(Granovetter),1985]。此时社会资本的作用体现在两个方面:一是强化信息传递,通过社会网络的信息传播,为决策者提供更多的信息数量,促进劳资双方信息对称,降低农民工搜寻就业信息成本,从而获得与其人力资本质量相匹配的工作岗位。二是缓解收入歧视,多数农民工通过联合同质群体来缓解收入歧视,维护自身权益,包括参与同乡会、工会、农民工社会组织,以及其他非正式组织。农民工在组织内部信任和互惠关系越强,就可以获得更多的组织保护,拥有更强的工资议价能力。由此提出假设:

假设3:社会资本能够显著影响新生代农民工人力资本回报。

(二)人力资本、社会资本与新生代收入描述

表2-9列示了新生代农民工与第一代农民工的收入以及人力资本情况。可以看到,新生代农民工日工资比第一代农民工高9.45%,且差异在5%的水平上显著。从人力资本情况统计结果来看,新生代农民工和第一代农民工除了在自评健康方面不存在显著差异外,其他人力资本变量均存在显著差异。其中,新生代农民工在受教育年限、技能培训方面好于第一代农民工。虽然新生代农民工的工龄略低于第一代农民工,但是相比于年龄差距来说相对较小,这一定程度上是由于第一代农民工转移就业稳定性较差,换工作频率和兼业比例较高,因此工龄积累较为缓慢。

表2-9　农民工日工资和人力资本情况描述统计

变量	定义	新生代	第一代	差异
Wage	日工资(元)	127.71 (3.66)	116.68 (4.31)	11.03** (5.16)
Age	年龄(岁)	28.69 (0.36)	45.64 (0.33)	-16.95*** (0.50)
Edu	受教育年限(年)	9.82 (0.19)	7.93 (0.16)	1.89*** (0.26)

续表

变量	定义	新生代	第一代	差异
Gender	性别(1=男,0=女)	0.65 (0.23)	0.82 (0.15)	-0.17*** (0.34)
Train	是否接受过技能培训(1=是,0=否)	0.25 (0.19)	0.18 (0.15)	0.07* (0.04)
Exp	当前职业的工龄(年)	4.05 (0.29)	5.81 (0.50)	-1.75*** (0.56)
Health	健康(1=较好,0=较差)	0.88 (0.11)	0.88 (0.11)	0.00 (0.03)

注:① ***、**、* 分别表示在1%、5%和10%的显著性水平上显著;括号内为标准误。②传统研究中工龄的计算方法为年龄减去教育年限再减6。但是考虑到农民工转移就业的不稳定性,换工作频率比较高,前期的工作经验积累对当前工作技能影响有限,因此我们使用农民工在当前所在行业工作的年限来代替。

数据来源:根据调查资料整理统计。

表2-10列示了新生代农民工的社会资本情况以及和第一代农民工的代际差异。我们将农民工的社会资本分为原始社会资本和新型社会资本,分别考察两类社会资本对农民工收入的影响。为了科学测度新生代农民工社会资本质量,根据普特南等(Putnam, et al., 1993)对于社会资本的定义,我们从社会网络关系、信任和互惠关系三个层面考察农民工的社会资本。

原始社会资本包括八个变量,其中"家中是否有村干部""是否属于本村最大姓氏""是否有亲戚在乡镇政府工作"和"是否已婚"四个变量衡量了农民工在农村的社会网络关系情况;"如果外出务工是否放心将房子交给邻居看管"衡量了农民工在农村的社会信任情况;"农忙的时候家庭成员是否会跟其他农户互相帮工"和"是否经常与其他村民发生借贷关系"衡量了农民工与其他村民的互惠关系情况。从表2-10的描述统计结果可以看到,第一代农民工在农村地区的社会网络关系、信任和互惠关系都要好于新生代农民工。但是只有三个变量在10%的水平上具有显著的差异性,大部分原始社会资本变量不存在显著的代际差异。

表 2-10　农民工社会资本情况描述统计

	变量	定义	新生代	第一代	差异
原始社会资本（1=是，0=否）	Network_r^1	家中是否有村干部	0.20 (0.16)	0.24 (0.18)	-0.04 (0.04)
	Network_r^2	是否属于本村最大姓氏	0.54 (0.25)	0.48 (0.25)	0.06 (0.04)
	Network_r^3	是否有亲戚在乡镇政府工作	0.09 (0.08)	0.12 (0.11)	-0.03 (0.03)
	Network_r^4	是否已婚	0.64 (0.23)	0.97 (0.03)	0.33*** (0.03)
	Turst_r^1	如果外出是否放心将房子交给邻居看管	0.29 (0.21)	0.36 (0.23)	-0.07* (0.04)
	Turst_r^2	村民之间是否相互团结	0.46 (0.25)	0.57 (0.25)	-0.11 (0.07)
	Reciprocity_r^1	农忙的时候家庭成员是否会跟其他农户互相帮工	0.28 (0.20)	0.35 (0.23)	-0.07 (0.04)
	Reciprocity_r^2	是否经常与其他村民发生借贷关系	0.19 (0.15)	0.30 (0.21)	-0.11** (0.04)
新型社会资本（1=是，0=否）	Network_u^1	是否有亲戚朋友在外出务工地政府部门工作	0.40 (0.24)	0.31 (0.21)	0.09** (0.04)
	Network_u^2	是否有亲戚朋友在外出务工地的大中型企业担任中高级管理人员	0.15 (0.12)	0.14 (0.12)	0.01 (0.02)
	Network_u^3	是否在外出务工地参加了社会组织（如工会、农民工组织等）	0.46 (0.25)	0.37 (0.23)	0.09** (004)
	Trust_u^1	在城市里认识的朋友大部分都值得信任	0.46 (0.25)	0.42 (0.24)	0.04 (0.03)
	Turst_u^2	城市居民对农民工大部分都是友好的	0.57 (0.25)	0.43 (0.25)	0.14*** (0.06)
	Reciprocity_u^1	是否经常与同事发生借贷关系	0.48 (0.25)	0.23 (0.18)	0.25*** (0.08)
	Reciprocity_u^2	同事和朋友之间是否经常请客吃饭	0.41 (0.24)	0.29 (0.21)	0.12* (0.07)

续表

	变量	定义	新生代	第一代	差异
社会资本主成分	$Socialcap_r$	将原始社会资本主成分分析后提取主成分	-0.09 (0.78)	0.07 (0.77)	-0.16 (1.11)
	$Socialcap_u$	将新型社会资本主成分分析后提取主成分	0.52 (0.02)	0.46 (0.02)	0.06** (0.03)

注：***、**、* 分别表示在 1%、5%和 10%的显著性水平上显著；括号内为标准误。
数据来源：根据调查资料整理统计。

新型社会资本共包括七个变量，其中“是否有亲戚朋友在外出务工地的政府部门工作”“是否有亲戚朋友在外出务工地的大中型企业担任中高级管理员”“是否在外出务工地参加了社会组织”衡量了农民工在城镇地区的社会网络关系情况；“在城市里认识的朋友大部分都值得信任”和“城市居民对农民工大部分都是友好的”衡量了农民工在城镇的社会信任情况；“是否经常与同事发生借贷关系”“同事和朋友之间是否经常请客吃饭”衡量了农民工在城镇的互惠关系情况。从表 2-10 的统计描述结果可以看到，大部分新兴社会资本变量均存在显著的代际差异，新生代农民工在城镇地区的社会网络关系、信任情况和互惠关系相对较好。为了便于分析社会资本的综合影响，我们将上述三个层面的社会资本变量通过主成分分析提取出一个最重要的主成分，作为衡量原始社会资本和新型社会资本的变量。经检验原始社会资本变量和新型社会资本变量的 KMO 检验值分别为 0.68 和 0.79，均适合进行主成分分析。从表 2-10 中可以看到，两代农民工的原始社会资本的主成分指标不存在显著差异，而新型社会资本的主成分指标存在显著差异。

模型中还控制了农民工转移就业所在的行业、岗位和地点。从行业分布情况来看，工业和建筑业仍然是吸纳农民工最多的行业，但新生代农民工在商业和服务业工作比例显著高于第一代农民工。

表 2-11　其他控制变量描述统计

变量	定义	新生代	第一代	差异
Hangye	从事行业:(1=商业和服务业,0=工业和建筑业)	0.29 (0.21)	0.15 (0.13)	0.14*** (0.04)
Gangwei1	岗位:普通工人或服务员	0.74 (0.19)	0.77 (0.18)	0.03 (0.04)
Gangwei2	岗位:专业技术人员	0.17 (0.14)	0.16 (0.13)	0.01 (0.04)
Gangwei3	岗位:中层及以上管理岗或自营工商业主	0.09 (0.08)	0.06 (0.06)	0.03* (0.02)
Area1	就业地点:本县	0.66 (0.22)	0.86 (0.12)	-0.20*** (0.04)
Area2	就业地点:本省其他市(县)	0.18 (0.15)	0.05 (0.05)	0.13*** (0.03)
Area3	就业地点:外省	0.16 (0.13)	0.09 (0.08)	0.07** (0.03)

注:***、**、*分别表示在1%、5%和10%的显著性水平上显著;括号内为标准误。
数据来源:根据调查资料整理统计。

工作岗位分布方面,大部分农民工从事的是对专业技术要求较低的普通工人或服务人员岗位,不存在显著的代际差异;但新生代农民工从事管理和自营工作的比例显著高于第一代农民工。在就业地点方面,大部分农民工选择的是在本县内转移就业;但是新生代农民工在跨县和跨省转移就业的比例显著高于第一代农民工,一定程度上说明新生代农民工乡土情结较轻,迁移范围更广,如表 2-11 所示。

(三)人力资本、社会资本与新生代收入实证分析

1. 基础回归方程

参考已有文献的经典研究范式,我们采用扩展的明瑟收入模型如下:

$$\ln wage_i = \beta_0 + \beta_1 edu_i + \beta_2 exp_i + \beta_3 exp_i^2 + \gamma HC_i + \delta SC_{ri} + \rho SC_{ui} + \theta X_i + \mu \quad (2-4)$$

公式(2-4)中,被解释变量 ln*wage* 为农民工日工资对数,通过在调查中

询问每个农民工月收入和每月工作天数,从而计算得到日工资数据。农民工的日工资受到教育年限(edu)、工龄(exp)以及工龄的平方项(exp^2)等人力资本变量的影响。此外,农民工收入还可能受到性别、健康、技能培训等人力资本要素的影响,上述变量被放在其他人力资本变量(HC)中进行考察。SC_r 和 SC_u 分别为农民工的原始社会资本和新型社会资本变量。X 为一系列控制变量。β 、γ 、δ 、ρ 、θ 为一系列待估计参数,μ 为随机误差项。

2. 基于再中心化影响函数的无条件分位数回归

分位数回归可以刻画解释变量对于被解释变量在扰动项不同分位点上的异质性影响。现有研究中使用的分位数回归方法一般为条件分位数回归(Conditional Quantile Regression,CQR),该方法能够揭示解释变量对于具有相同观测特征的群体的影响效果。例如,已知收入 Y 和一系列解释变量 X ,使用条件分位数回归可以估计出在给定 X 的条件下,X 的变化对于 τ 条件分位数上偏效应(Conditional Quantile Partial Effects,CQPE):

$$CQPE(X,\tau) = \frac{\partial\, q_\tau(Y \mid X)}{\partial X} \tag{2-5}$$

公式(2-5)中 $q_\tau(Y \mid X)$ 是被解释变量 Y 在给定特征 X 条件下的 τ^- 分位数。

但是实际上研究者和决策者们更加关注的是无论个体的性别、年龄、社会资本等条件如何,影响因素的微小变动对于整个收入分布的无条件边际影响,即 X 的变化对于 τ 无条件分位数上偏效应(Unconditional Quantile Partial Effects,UQPE):

$$UQPE(\tau) = E_X\left(\frac{\partial\, q_\tau(Y)}{\partial X}\right) \tag{2-6}$$

公式(2-6)中,$q_\tau(Y)$ 表示收入 Y 的 τ^- 分位数,E_X 为 X 的期望值。由于条件分位数的期望一般不等于无条件分位数,所以无法通过公式(2-7)中条件分位数的积分来得到 $UQPE(\tau)$:

$$\int CQPE(X,\tau)\, d F_X = \int \frac{\partial\, q_\tau(Y \mid X)}{\partial X} d F_X \tag{2-7}$$

为了解决这一问题，我们使用菲尔波等（Firpo, et al., 2018）提出的基于再中心化影响函数（Recentered Influence Function, RIF）的无条件分位数回归方法（Unconditional Quantile Regression, UQR），对 $UQPE$ 进行稳健估计。首先按照再中心化影响函数的定义可得：

$$RIF(y,q_\tau,F_Y) = q_\tau + \frac{\tau - 1(y \leqslant q_\tau)}{f_Y(q_\tau)} \tag{2-8}$$

其中，q_τ 是 Y 的无条件分位数，满足 $F_Y(q_\tau) = \tau$，$f(\cdot)$ 是 Y 的密度函数，那么可以得到公式（2-9）：

$$q_\tau(Y) = \int E(RIF(y,q_\tau,F_Y)) \mid X = x)\, d F_X(x) \tag{2-9}$$

当 X 发生变化，对 Y 的 τ^- 无条件分位数的边际影响为

$$UQPE(\tau) = \int \frac{\partial E(RIF(y,q_\tau,F_Y) \mid X)}{\partial X} d F_X \tag{2-10}$$

为了得到 $UQPE$ 的一致估计，首先需要在样本数据中选择 q_τ 的一致估计 $\widehat{q_\tau}$，用 $1(y_i > q_\tau)$ 对 x_i 进行 logit 或 probit 估计，从而得到 $E(1((y_i > q_\tau) \mid x)) = \Phi(x'\beta)$ 中 β 的一致估计，$\Phi(\cdot)$ 是正态分布函数或 Logistic 分布函数。

然后计算偏导数

$$\frac{\partial E(RIF(y,\widehat{q_\tau},F_y) \mid x)}{\partial x} \Big|_{x=x_i} = \frac{\Phi'(x_i'\widehat{\beta})\widehat{\beta}}{\widehat{f_Y}(\widehat{q_\tau})} \tag{2-11}$$

其中，$\widehat{f_Y}(\cdot)$ 是 Y 的密度函数的非参数一致估计。最后，通过计算公式（2-12）得到 $UQPE$ 的一致估计。

$$\frac{1}{n}\sum_{i=1}^{n} \frac{\partial E(RIF(y,\widehat{q_\tau},F_y) \mid x)}{\partial x} \Big|_{x=x_i} = \frac{1}{n}\sum_{i=1}^{n} \frac{\Phi'(x_i'\widehat{\beta})\widehat{\beta}}{\widehat{f_Y}(\widehat{q_\tau})} \tag{2-12}$$

3. 基于 RIF 回归的 Oaxaca-Blinder 分解

我们使用基于 RIF 回归的 Oaxaca-Blinder(OB)分解方法,进一步分析新生代农民工特有的人力资本和社会资本情况是否显著影响了与第一代农民工收入的差异。这里假设新生代农民工和第一代农民工的收入差异可表示为

$$\begin{aligned}\Delta\mu &= \mu_n - \mu_f = \mu(F_Y^n) - \mu(F_Y^f) \\ &= \mu\left(\int F_{Y|X}^n(Y|X)\, d\,F_X^n(X)\right) - \mu\left(\int F_{Y|X}^f(Y|X)\, d\,F_X^f(X)\right)\end{aligned} \tag{2-13}$$

由于两代农民工的特征分布往往存在差异($d\,F_X^n(X) \neq d\,F_X^f(X)$),并且收入与其特征值的关系也存在差异($F_{Y|X}^n(Y|X) \neq F_{Y|X}^f(Y|X)$),所以在 OB 分解中需要引入反事实收入来分别估计特征值差异和系数差异对于收入差异的贡献,反事实收入基于以下事实数据构建:

$$\mu_c = \mu\left(\int F_{Y|X}^f(Y|X)\, d\,F_X^n(X)\right) \tag{2-14}$$

此时收入差异可以分解为

$$\Delta\mu = \underbrace{\mu_n - \mu_c}_{Q} + \underbrace{\mu_c - \mu_f}_{U} \tag{2-15}$$

其中,等式右边的第一项 Q 为特征效应,表示由于新生代和第一代农民工的可观测个人特征差异而导致的收入差异,是可解释部分。第二项 U 为系数效应,是由于回报率(回归系数)差异而导致的收入差异,是不可解释部分。

由于 RIF 估计值可以表达为特征变量的线性函数,所以基于 RIF 无条件分位数回归结果的分解式可以表达为

$$\Delta\mu_\tau = \underbrace{\gamma_{n\tau}(\bar{X}_{n\tau} - \bar{X}_{f\tau})}_{Q} + \underbrace{(\gamma_{n\tau} - \gamma_{f\tau})\,\bar{X}_{f\tau}}_{U} \tag{2-16}$$

这里的反事实数据使用第一代农民工方程的回归系数和新生代农民工的特征变量构建。但是上述反事实方案存在一定的缺陷,尤其是当回归方程设计错误,回归系数估计存在偏差时,会造成分解结果偏误。针对这一问题,菲尔波等(Firpo,et al.,2018)认为,基于可忽略性(ignorability)和重叠支持(overlapping support)假设,即使没有具体的收入与特征的联合分布参数,也可以估

计出反事实收入。具体的方法是引入权重函数 $\omega(X)$ ，能够使 $d\,F_X^f(X)$ 与 $\omega(X)$ 的乘积的分布接近 $d\,F_X^n(X)$ 的分布，那么：

$$\mu_c = \mu\left(\int F_{Y|X}^f(Y \mid X)\; d\,F_X^n(X)\right) \cong \mu\left(\int F_{Y|X}^f(Y \mid X)\; d\,F_X^f(X)\; \omega(X)\right) \tag{2-17}$$

使用贝叶斯法则（Bayes Rule），权重函数 $\omega(X)$ 可表示为

$$\omega(X) = \frac{1-p}{p}\,\frac{P(E=0 \mid X)}{1-P(E=1 \mid X)} \tag{2-18}$$

公式（2-17）中，p 表示新生代农民工样本占总样本量的比重，$E=1$ 表示新生代农民工，$E=0$ 表示第一代农民工，$P(E=1 \mid X)$ 表示给定 X，个体为新生代农民工的倾向得分，可以使用 probit 或 logit 模型进行估计。当得到权重函数 $\omega(X)$ 后，根据公式（2-11）反事实收入的期望为

$$\mu_c = \widehat{\gamma_c}\,\bar{X}_c \tag{2-19}$$

此时，基于 RIF 无条件分位数回归结果的收入差异分解式（2-16）可以表示为

$$\begin{aligned}\Delta\mu_\tau = {} & \underbrace{(\gamma_{n\tau} - \gamma_{c\tau})\,\bar{X}_{n\tau}}_{\Delta\mu_S^p} + \underbrace{\gamma_{c\tau}(\bar{X}_{n\tau} - \bar{X}_{c\tau})} + \\ & \Delta\mu_S^e\underbrace{\gamma_{f\tau}(\bar{X}_{c\tau} - \bar{X}_{f\tau})}_{\Delta\mu_X^p} + \underbrace{(\gamma_{c\tau} - \gamma_{f\tau})\,\bar{X}_{c\tau}}_{\Delta\mu_X^e}\end{aligned} \tag{2-20}$$

其中，$\Delta\mu_S^p + \Delta\mu_S^e$ 相当于 OB 分解中的特征效应，$\Delta\mu_X^p + \Delta\mu_X^e$ 相当于 OB 分解中的系数效应。

此外，我们还使用该方法分析社会资本对于不同人力资本特征的新生代农民工收入差异的贡献，这有利于进一步考察社会资本和人力资本对新生代农民工收入的影响机制。

（四）实证结果

1. 新生代农民工收入影响因素回归结果

表 2-12 显示了各因素对不同分位点上新生代农民工收入影响的估计结

果，共选取了五个具有代表性的分位点（10%、25%、50%、75%和 90%）进行讨论。在人力资本变量中，男性的收入显著高于女性，并且在各分位点上均在10%的水平上显著，但是随着分位点提高，性别收入差异也在不断缩小。教育对新生代农民工的收入产生了显著的正向影响，同时教育回报率随着收入分位点的提高而提高。新生代农民工的工龄仅在中高分位点上产生了显著的正向影响，对于低分位点上农民工收入的影响不显著；而工龄平方项的系数在10%的概率上不显著，说明新生代农民工工龄回报率的拐点还没有到来，对促进收入增长的作用还处于单调递增阶段。专业技能培训显著提升了新生代农民工收入，专业技能培训回报率随着收入分位点的提高而提高。健康只对较低收入分位点上的农民工收入有显著的促进作用，对于中高分位点上农民工收入的影响效果不显著。综合来看，技能和经验类人力资本变量（教育、培训、工龄）对于较高分位点的新生代农民工收入增长的影响效果更为显著。

表 2-12　新生代农民工收入 RIF 无条件分位数回归（UQR）结果

	0.10	**0.25**	**0.50**	**0.75**	**0.90**
Gender	0.356*** (0.134)	0.287*** (0.102)	0.320** (0.068)	0.280** (0.083)	0.160* (0.092)
Edu	0.021* (0.012)	0.033*** (0.011)	0.025** (0.012)	0.044*** (0.011)	0.096*** (0.028)
Exp	0.017 (0.011)	0.022 (0.018)	0.018** (0.007)	0.032*** (0.007)	0.038*** (0.008)
Exp^2	−0.003 (0.002)	−0.000 (0.002)	0.001 (0.001)	−0.000 (0.002)	0.002 (0.003)
Train	0.209** (0.103)	0.175* (0.089)	0.244** (0.100)	0.164** (0.078)	0.255** (0.114)
Health	0.219** (0.096)	0.233** (0.109)	0.112 (0.099)	0.096 (0.087)	0.138 (0.149)
$Socialcap_r$	−0.110 (0.134)	0.288** (0.130)	0.162 (0.151)	0.139 (0.128)	0.118 (0.086)
$Socialcap_u$	0.077 (0.097)	0.197* (0.110)	0.171* (0.100)	0.345*** (0.081)	0.295*** (0.069)

续表

	0.10	0.25	0.50	0.75	0.90
Hangye	−0.314*** (0.114)	−0.186* (0.107)	−0.082 (0.069)	−0.090 (0.103)	0.074 (0.168)
Gangwei2	−0.074 (0.163)	0.207 (0.130)	0.271*** (0.083)	0.441*** (0.156)	0.236 (0.169)
Gangwei3	0.682*** (0.181)	0.730*** (0.202)	1.186*** (0.222)	0.453*** (0.159)	0.528* (0.275)
Area2	0.145 (0.117)	0.222 (0.166)	0.222* (0.117)	0.345* (0.182)	0.303 (0.244)
Area3	0.314 (0.255)	0.250 (0.353)	0.463 (0.300)	0.639* (0.361)	0.348* (0.202)
省级虚拟变量	略	略	略	略	略
Constant	1.588 (1.655)	3.558** (1.641)	4.559*** (1.252)	3.444** (1.523)	5.854*** (2.196)
R^2	0.216	0.291	0.363	0.265	0.213

注：***、**、* 分别表示在 1%、5%和 10%的显著性水平上显著；括号内为标准差。
数据来源：根据调查资料整理统计。

而身体素质相关的人力资本变量（性别、健康）对于较低分位点的新生代农民工收入增长的影响效果更为显著。上述实证结果验证了理论分析中提出的 1a、1b 和 1c 三条假设。

接下来考察社会资本对新生代农民工收入的影响。首先，原始社会资本在大部分分位点上都没有对新生代农民工的收入产生显著影响（除了 25%分位点以外）。其次，新型社会资本对大部分分位点上新生代农民工收入均具有显著的正向影响，并且随着收入分位点的提高新型社会资本的回报率也随之上升，这说明随着社会资本转型，新生代农民工群体内部收入差距会不断扩大。上述实证结果验证了理论分析中提出的 2a 和 2b 两条假设。

此外，新生代农民工转移就业所在的行业、岗位、区域也对其收入产生了异质性影响。其中，在第三产业就业的新生代农民工收入水平要低于在第二产业就业的农民工，但是只在较低收入分位上显著。管理岗和自营工商业能够显著提升新生代农民工的收入，相比于低技术岗位和专业技术岗位，管理和自营类工作不仅需要较强的人力资本质量，也要求更好的社会资本。转移就业距离在中高分位点上具有显著的影响，其中跨省转移能更加显著地提升高分位点上新生代农民工的收入。

综合来看，加强人力资本投资、促进社会资本转型能够有效提高新生代农民工收入，但是不同的政策安排会对新生代农民工群体收入均衡增长产生不同的影响。如果政府加强对农民工医疗健康保障政策，能够有效提升低收入新生代农民工收入，并缓解收入差距。如果加强农民工教育和技能培训政策，考虑到劳动力收入和就业调整滞后于其技能水平变化，短期内对于高收入农民工收入增长的效果更为显著，可能扩大新生代农民工收入差距。另外，随着农民工社会资本转换和社会融入能力提升，新生代农民工内部的收入差距将不断扩大。所以要均衡提升新生代农民工收入水平，一方面需要通过教育和培训提升新生代农民工劳动能力，另一方面通过提高其社会融入能力加速社会资本转换，这能够有效促进新生代农民工整体收入水平提高。同时也要教育和培训资源应适度向低收入群体倾斜，并加强医疗健康等社会服务建设，保障新生代农民工收入均衡增长，避免群体内部收入差距扩大。

2. 社会资本对新生代农民工人力资本回报的影响

为了检验社会资本对新生代农民工人力资本回报的影响，我们从性别、高中教育和专业技能培训三个方面，使用基于 RIF 的 Oaxaca-Blinder 分解方法，分析社会资本对不同人力资本状态下新生代农民工收入差异的影响。

首先，不同性别新生代农民工的工资水平存在显著差异如表 2-13 所示，其中系数效应是造成这一差异的主要原因，说明新生代农民工群体面临着显著的性别收入歧视问题。在特征效应分解方面，原始社会资本和新型社会资本（除 90%分位点以外）对于性别收入差距没有显著的影响。但是从系数效应分解结果来看，原始社会资本（除 50%分位点以外）和新型社会资本（除 90%分位点以外）都显著扩大了性别收入歧视，其中新型社会资本的影响效果更大,说明男性新生代农民工社会资本转型的回报率显然更高。对于一个新生代农民工家庭而言,传统的“男主外女主内”的分工方式,即由男性来建立和维系在城镇的社会网络关系并进行社会资本投资,更有利于家庭收入增长。但是性别收入歧视会造成劳动力资源配置效率损失。因此在促进新生代农民工社会资本转换的同时,要维护规范和公平合理的劳动力市场秩序,促进性别待遇的均等化,抵消社会资本转型带来的负面影响。

表 2-13　社会资本对新生代农民工性别收入差异的影响

	0.10	0.25	0.50	0.75	0.90
Panel(a):总分解					
收入差异	0.333***	0.381***	0.259***	0.299***	0.185**
	(0.070)	(0.072)	(0.079)	(0.071)	(0.100)
特征效应	0.045	0.062*	0.110**	0.100***	0.079***
	(0.029)	(0.022)	(0.040)	(0.010)	(0.023)
系数效应	0.288***	0.319***	0.149*	0.199**	0.106*
	(0.075)	(0.066)	(0.088)	(0.099)	(0.063)
Panel(b):特征效应分解					
$Socialcap_r$	−0.045	−0.01	−0.013	−0.028	−0.017
	(0.036)	(0.015)	(0.013)	(0.021)	(0.024)
$Socialcap_u$	0.011	0.022	0.014	0.013	0.022***
	(0.018)	(0.036)	(0.023)	(0.021)	(0.005)
Panel(c):系数效应分解					
$Socialcap_r$	0.033***	0.024**	0.014	0.028**	0.026**
	(0.011)	(0.009)	(0.015)	(0.012)	(0.012)
$Socialcap_u$	0.163***	0.137*	0.139***	0.174**	0.048
	(0.051)	(0.75)	(0.047)	(0.087)	(0.039)

注:***、**、* 分别表示在 1%、5%和 10%的显著性水平上显著;括号内为标准差。
数据来源:根据调查资料整理统计。

接下来考察社会资本对新生代农民工教育收入差异的影响。从已有研究来看,高中阶段教育是教育回报率显著提升的阶段。因此我们选择高中教育(包括中等职业教育)学历的收入差异来考察社会资本的影响。从表 2-14 可以看出,具有高中阶段学历的新生代农民工平均收入显著高于没有高中阶段学历的新生代农民工。随着分位点的提升,收入差距显著扩大,从 10%分位点的 14.1%提高到 90%分位点的 32.21%,其中特征效应是造成高中阶段学历收入差异的主要原因。从特征效应分解结果来看,原始社会资本对新生代农民工学历收入差异没有显著影响;新型社会资本在中高分位点上可以显著扩大学历的收入差距。在系数效应方面,新型社会资本能够显著缩小高中阶段学历收入差距(10%分位点除外)。这说明较好的新型社会资本在一定程度上能够弥补学历不足的劣势,二者之间具有一定的替代关系。综合判断,新型社会资本能够扩大高中阶段学历收入差距,社会资本转型更有利于拥有较高学历的新生代农民工收入增长。

表 2-14　社会资本对新生代农民工高中阶段学历收入差异的影响

	0.10	**0.25**	**0.50**	**0.75**	**0.90**
Panel(a):总分解					
收入差异	0.141**	0.204**	0.257***	0.265***	0.321***
	(0.075)	(0.095)	(0.095)	(0.092)	(0.104)
特征效应	0.151***	0.117***	0.131***	0.207***	0.206***
	(0.024)	(0.035)	(0.041)	(0.092)	(0.039)
系数效应	0.090***	0.087***	0.126**	0.058*	0.115***
	(0.025)	(0.022)	(0.025)	(0.034)	(0.037)
Panel(b):特征效应分解					
$Socialcap_r$	−0.035	0.039	0.025	0.028	0.032
	(0.029)	(0.032)	(0.029)	(0.026)	(0.028)
$Socialcap_u$	0.051	−0.015	0.172***	0.119***	0.125***
	(0.044)	(0.035)	(0.048)	(0.022)	(0.013)
Panel(c):系数效应分解					
$Socialcap_r$	0.001	−0.021	−0.016	−0.015	−0.017
	(0.098)	(0.097)	(0.094)	(0.088)	(0.137)

续表

	0.10	0.25	0.50	0.75	0.90
$Socialcap_{u}$	0.031	−0.078***	−0.056***	−0.087***	−0.061***
	(0.021)	(0.015)	(0.012)	(0.013)	(0.016)

注：***、**、* 分别表示在1%、5%和10%的显著性水平上显著；括号内为标准差。
数据来源：根据调查资料整理统计。

最后考察社会资本对新生代农民工专业技能培训收入差异的影响，如表2-15所示。接受了专业技能培训的新生代农民工收入显著高于没有接受过培训的新生代农民工，其中在较低收入分位上系数效应是造成收入差异的主要原因，在中高分位点上特征效应是主要原因。从特征效应分解结果来看，原始社会资本对于专业技能培训收入差异没有显著影响；而新型社会资本产生了显著的正向影响。这说明接受过专业技能培训的农民工的新型社会资本好于没有接受过培训的农民工。由于专业技能培训一般由城镇地区的企业或培训机构举办，具有相同的技能需求和就业方向的新生代农民工聚集在一起，在提升专业技能的同时，一方面也扩展了社会网络关系，加强了信任和互惠关系；另一方面也可以产生同群效应，通过相互学习、督促进一步提升专业技能。因此，加快建设新型农民工继续教育和专业技能培训体系对于提升新生代农民工人力资本和社会资本质量都具有重要意义。从系数效应分解结果来看，原始社会资本同样没有产生显著影响，而新型社会资本在25%、50%和75%分位点上产生了显著的正向影响。

表2-15 社会资本对新生代农民工专业技能培训收入差异的影响

	0.10	0.25	0.50	0.75	0.90
Panel(a)：总分解					
收入差异	0.228**	0.214**	0.181**	0.147***	0.257***
	(0.101)	(0.098)	(0.095)	(0.045)	(0.083)

续表

	0.10	0.25	0.50	0.75	0.90
特征效应	0.028	0.107**	0.132**	0.105***	0.242***
	(0.036)	(0.043)	(0.064)	(0.037)	(0.052)
系数效应	0.200***	0.107***	0.049***	0.042**	0.015
	(0.019)	(0.034)	(0.015)	(0.020)	(0.051)
Panel(b):特征效应分解					
$Socialcap_r$	0.001	0.000	0.000	0.001	0.000
	(0.005)	(0.010)	(0.006)	(0.017)	(0.025)
$Socialcap_u$	0.031**	0.053***	0.041**	0.085***	0.067***
	(0.013)	(0.019)	(0.017)	(0.019)	(0.010)
Panel(c):系数效应分解					
$Socialcap_r$	0.147	0.090	0.094	0.145	0.102
	(0.089)	(0.108)	(0.098)	(0.114)	(0.147)
$Socialcap_u$	-0.017	0.027**	0.024**	0.043***	0.017
	(0.019)	(0.012)	(0.011)	(0.015)	(0.019)

注:***、**、* 分别表示在 1%、5%和 10%的显著性水平上显著;括号内为标准差。
数据来源:根据调查资料整理统计。

3.农民工代际收入差异分解

为了进一步探讨新生代农民工与第一代农民工的人力资本和社会资本差异对其代际收入差异的影响,首先对第一代农民工收入的影响因素进行无条件分位数回归分析,具体结果如表 2-16 所示。与新生代农民工的人力资本回报率相比较,第一代农民工性别对收入的影响比新生代农民工更大,教育和技能培训的回报率相对较低。在社会资本回报率方面,第一代农民工原始社会资本在中低分位点上显著促进了收入增长,但是原始社会资本回报率在中位数上达到最大值之后,到较高分位点上不再显著。与新生代农民工相比,第一代农民工社会资本转型相对落后,原始社会资本略好于新生代农民工,此时原始社会资本对收入的正向影响更为显著。但是较好的原始社会资本虽然能够促进农民工收入增长，但是随着收入上升期边际影响效应递减，到较高收入阶段难以支撑收入的进一步增长。因此农民工应当积极突破原生环境带来的社会网络关系的“舒适圈”，在城镇地区搭建新的社会关系网络，并通过投资和主动融入来增强社会关系网络强度，实现社会资本的转型，才能充分发挥社会资本的作用，进一步促进收入增长。

表 2-16　第一代农民工收入 RIF 无条件分位数（UQR）回归结果

	0.10	0.25	0.50	0.75	0.90
Gender	0.555***	0.304***	0.391***	0.367***	0.317**
	(0.192)	(0.092)	(0.113)	(0.073)	(0.086)
Edu	0.016***	0.023**	0.024	0.035***	0.065***
	(0.028)	(0.012)	(0.016)	(0.011)	(0.013)
Exp	0.009	-0.005	0.021***	0.057***	0.042***
	(0.006)	(0.006)	(0.008)	(0.005)	(0.005)
Exp^2	-0.008***	-0.002	-0.005***	-0.002**	0.001
	(0.002)	(0.001)	(0.002)	(0.001)	(0.002)
Train	0.068	0.093	0.184***	0.295***	0.159***
	(0.094)	(0.104)	(0.068)	(0.095)	(0.054)
Health	0.138***	0.273***	0.096**	0.134***	0.118*
	(0.049)	(0.028)	(0.047)	(0.046)	(0.068)
$Socialcap_r$	0.202**	0.249***	0.130**	0.113	0.135
	(0.071)	(0.076)	(0.070)	(0.070)	(0.108)
$Socialcap_u$	0.012*	0.022	-0.017	0.083**	0.018**
	(0.007)	(0.018)	(0.011)	(0.007)	(0.008)
Hangye	-0.366**	-0.059	0.117	-0.044	-0.195**
	(0.169)	(0.101)	(0.102)	(0.064)	(0.085)
Gangwei2	-0.155	0.0505	-0.139	0.0745	0.188
	(0.109)	(0.073)	(0.117)	(0.088)	(0.152)

续表

	0.10	**0.25**	**0.50**	**0.75**	**0.90**
Gangwei3	0.467***	0.234	0.635***	1.632***	1.032***
	(0.101)	(0.192)	(0.187)	(0.312)	(0.177)
Area2	0.186	0.395**	0.363**	0.281**	0.099
	(0.162)	(0.196)	(0.170)	(0.138)	(0.230)
Area3	0.682***	0.730***	0.486**	0.453***	0.528*
	(0.181)	(0.202)	(0.222)	(0.159)	(0.275)
省级虚拟变量	略	略	略	略	略
Constant	-14.81**	-1.208	-6.386	-0.034	8.217**
	(6.041)	(3.494)	(4.130)	(2.439)	(3.812)
R^2	0.485	0.571	0.551	0.449	0.32

注：***、**、* 分别表示在1%、5%和10%的显著性水平上显著；括号内为标准差。
数据来源：根据调查资料整理统计。

基于无条件分位数回归结果，使用改进的Oaxaca-Blinder分解方法对两代农民工收入差异进行分解，结果如表2-17所示。在总分解部分中，新生代农民工和第一代农民工的收入代际差异随分位点提高而缩小。其中，在低收入分位点（10%和25%）上，系数效应是造成代际收入差异的主要原因；在中高收入分位点（50%、75%、90%）上，特征效应是代际收入差异的主要原因。特征效应分解结果表明，性别显著地缩小了代际收入差异（90%分位点除外），这与第一代农民工整体男性比重较高有关。新型社会资本显著扩大了代际收入差异。此外，教育显著扩大了高分位点的代际收入差异，健康显著扩大了低分位点的代际收入差异。在系数效应方面，性别、教育和新型社会资本对于农民工代际收入差异产生了较为显著的影响。其中，性别的系数差异显著缩小了农民工收入代际差异，说明新生代农民工面临的性别歧视小于第一代农民工。而教育和新生代社会资本的系数差异扩大了农民工收入代际差异。

由于特征效应和系数效应分别反映了可被解释因素和不可被解释因素的影响效果。从上述实证分析结果可以发现，在低收入分位上新生代农民工的身份优势更加明显，在中高收入分位上新生代农民工的人力资本和社会资本优势进一步扩大了与第一代农民工的收入差距。未来政府在出台针对农民工的人力资本投资政策或者社会融入措施时，对于新生代农民工收入的正向影响会更显著，这会进一步扩大代际收入差距，加速农民工市场的更新换代。因此，政府在出台相关政策时应充分考虑农民工群体的结构特征，尤其要加强对于新生代农民工特征的针对性。

表 2-17　新生代农民工与第一代农民工代际收入差异分解

	0.10	**0.25**	**0.50**	**0.75**	**0.90**
Panel(a)：总分解					
收入差异	0.134***	0.106***	0.088*	0.079**	0.042*
	(0.024)	(0.028)	(0.053)	(0.036)	(0.023)
特征效应	0.033***	0.039**	0.049*	0.042***	0.027**
	(0.012)	(0.019)	(0.030)	(0.006)	(0.012)
系数效应	0.101***	0.067***	0.039**	0.037***	0.015*
	(0.024)	(0.025)	(0.015)	(0.014)	(0.009)
Panel(b)：特征效应分解					
Gender	-0.059**	-0.052**	-0.041**	-0.053***	-0.014
	(0.026)	(0.022)	(0.022)	(0.020)	(0.026)
Edu	0.005	0.006	0.021***	0.028***	0.019***
	(0.004)	(0.006)	(0.006)	(0.009)	(0.005)
Train	0.007	0.007	0.006	0.008	0.011
	(0.009)	(0.008)	(0.007)	(0.008)	(0.010)
Health	0.011**	0.012**	0.001	0.002	0.004
	(0.005)	(0.006)	(0.004)	(0.011)	(0.018)
Exp	-0.048	-0.023	-0.034	-0.040	-0.016
	(0.049)	(0.040)	(0.044)	(0.040)	(0.049)

续表

	0.10	0.25	0.50	0.75	0.90
$Socialcap_r$	-0.029*	-0.002	-0.005	-0.001	0.007
	(0.018)	(0.009)	(0.009)	(0.010)	(0.017)
$Socialcap_u$	0.031***	0.062***	0.073***	0.057***	0.028***
	(0.005)	(0.015)	(0.012)	(0.008)	(0.001)
合计	-0.082	0.01	0.021	0.001	0.039
Panel(c):系数效应分解					
Gender	-0.155***	-0.012	-0.048*	-0.048**	-0.089***
	(0.035)	(0.033)	(0.026)	(0.021)	(0.026)
Edu	0.181***	0.519***	0.064	0.941***	1.996***
	(0.035)	(0.059)	(0.068)	(0.066)	(0.039)
Train	0.001	0.002	0.002	-0.006	0.007
	(0.025)	(0.025)	(0.022)	(0.025)	(0.028)
Health	0.052	-0.030	0.014	-0.032	0.013
	(0.255)	(0.075)	(0.168)	(0.253)	(0.186)
Exp	0.144	0.614**	-0.093	-0.821***	-0.197
	(0.224)	(0.232)	(0.222)	(0.199)	(0.261)
$Socialcap_r$	0.004	0.003	0.002	0.005	0.003
	(0.068)	(0.057)	(0.054)	(0.055)	(0.069)
$Socialcap_u$	0.040***	0.030***	0.037***	0.062***	0.075***
	(0.006)	(0.006)	(0.006)	(0.006)	(0.018)
合计	0.268	1.125	-0.023	0.101	1.808

注：***、**、* 分别表示在1%、5%和10%的显著性水平上显著；括号内为标准差。
数据来源：根据调查资料整理统计。

（五）相关结论

我们利用全国八省的微观调研数据，使用基于再中心化影响函数的无条件分位数回归和分解方法，系统分析了人力资本和社会资本对于新生代农民工收入的影响机制和效果，并得到如下结论：(1)人力资本对于不同收入分位点上的新生代农民工收入产生了异质性影响。技能和经验类人力资本变量(教育、培训、工龄)对于促进较高分位点新生代农民工收入增长的效果更为显著;与身体素质相关的人力资本变量(性别、健康)对于较低分位点的新生代农民工收入增长的影响效果更为显著。(2)新型社会资本能够显著地提升新生代农民工收入,而原始社会资本的影响不显著。同时新型社会资本转型能够提升教育和培训等人力资本投资的回报,从而间接促进收入增长。但是社会资本转型具有扩大新生代农民工群体内部收入差距和性别收入歧视的负面影响。(3)与第一代农民工相比,新生代农民工的社会资本转型程度更高,接受的教育和技能培训状况更好,人力资本与社会资本差异显著扩大了农民工的代际收入差距。

上述结论带来的启示在于:首先,加强对于新生代农民工的人力资本投资,提高新生代农民工的城镇融入度,加速社会资本转型,能够直接和间接地提升其收入水平。加强农民工继续教育学校、培训机构以及其他农民工社会组织建设是加强人力资本投资、社会资本转型的有效路径。其次,人力资本和社会资本差异会影响农民工收入差距和群体分化。不同农民工群体对于增收政策的需求和反应会有较大不同。因此,未来政府应避免出台“一刀切”式的政策。一方面,要重视农民工市场更新换代的趋势,加强对于新生代农民工群体的针对性;另一方面,要关注不同收入水平上新生代农民工的政策需求,避免群体内部收入差距扩大,促进收入均衡增长。

第四节　配偶、小孩随同状况

随着外来劳动力在城镇工作和居住时间的延长,他们在城镇的需求也会出现升级,不再满足于其自身货币收入的改善。比照当地原有居民,他们很容易意识到他们在子女就学、社会保障和公共福利等方面享受的不同待遇并产生相应的需求。因此，到这一阶段，外来移民将不再仅仅满足于一定的经济收入，并且不愿再忍受所遭遇的不公平待遇和各种歧视。此时，如果正式和非正式的制度安排不能进行改变，改善外来劳动力的不平等处境，不仅农村劳动力的永久性迁移将难以实现，城市化进程将受阻，而且外来移民和本地居民的矛盾将显现，冲突的爆发就将在所难免。就我国而言，改革开放以来，特别是20世纪90年代以后，随着市场化过程的深化，我国以户籍制度为核心的一系列制度安排逐渐弱化，特别是一些生活必需品市场自由化及劳动力市场的逐渐开放，使得传统体制下限制人口流动的一些因素所起作用日益降低，这促成我国劳动力的自由流动，使得国内劳动力资源得以在不同区域之间，城市和乡村之间重新配置。但是，一些地区进行的不同程度的户籍制度改革尝试并没有取得根本性突破，不仅主要大中城市的户籍制度没有真正放开，而且跨省（自治区、直辖市）的户籍改革仍然困难重重，全国范围内劳动力资源再配置无法实现充分有效完成，在户籍制度仍然存在并发挥作用的情况下，与城市户口相关的福利安排使农村迁移人口主要表现为短期、单身迁移。实际上，当前制约农村人口向城市永久迁移的制度安排不仅仅是户籍制度，甚至更为重要的倒是与户籍制度相关的一系列社会保障和福利制度安排。因为，缺乏本地户口意味着迁移人口无法平等获取城市政府提供的社会救助（如最低生活保障）、政府住房补贴（如经济适用房和廉租房），以及子女在城市公立学校平等就学的机会。

一、农村流动人口配偶、小孩随同状况

调查数据显示，近10年来已婚的农村流动人口配偶、小孩随同的情况都有一定程度改善，但小孩随同相对滞后。例如，2000—2008年，配偶随同比例从60%上升到了69%，小孩随同比例从42%上升到了44%。从表2-18可以看到，小孩随同改善程度要比配偶随同滞后很多。从目前来看，影响小孩随同的主要原因还是城市教育权利的排他性。地区之间的差异能很好地说明这个

问题。在户籍制度改革进展较快的浙江省，农村流动人口近80%在省内外县工作，配偶随同率和小孩随同率分别高达80%和70%，都明显高于其他地区。

与家属（配偶和小孩）不随同组相比，家属随同组就业人口平均年龄较轻，并且人力资本较高。总体来说，家属随同组就业人口非农工作经验比较丰富，受教育年限较高，或者有较多接受过非农专业技能培训。例如，有配偶并且配偶随同就业人口受素质教育年限平均为8.6年，受过职业教育的比例为27%，都明显高于有配偶但不随同就业人口。年龄轻和教育程度高在一定程度上影响到就业人口携带配偶和小孩的意愿和需求。家属随同组就业人口的另一个明显特点是工作稳定程度和收入水平要明显高。例如，配偶随同就业人口从事自营工作的比例、工作有合同保障的比例和月平均收入分别为88%、82%和3074元，明显高于有配偶但不随同就业人口的12%、18%和1990元。无疑，收入保障和稳定的工作是农村流动人口携带配偶和小孩的重要现实条件。

表2-18　农村流动人口配偶和小孩随同与就业人口特征

	有配偶就业人口		有小孩就业人口	
	不随同	随同	不随同	随同
样本量（人）	188	172		
样本比例（%）	31	69	56	44
年龄（岁）	35	32	35	33
非农工作年限（年）	9.6	8.9	8.8	10.0
受素质教育年限（年）	7.9	8.6	8.1	8.8
受过职业教育比例（%）	14	27	20	29
自营率（%）	12	88	35	63
签合同率（%）	18	82	50	50
每周工作天数（天）	6.7	6.5	6.7	6.4
月平均收入（元）	1990	3074	1970	3868

数据来源：根据调查资料整理统计。

不同地区农村流动人口配偶和小孩随同的情况存在较大差异，如图 2-1 所示。浙江农村流动人口配偶和小孩随同的比例明显高于其他地区，80%多的有配偶人口配偶随同就业，65%的有小孩人口小孩随同就业。浙江的情况明显优于其他地区有多方面原因：首先，浙江省在户籍制度改革方面走在全国的前列，特别是对于本省农村居民到城市就业和居住的门槛比较低，因此，农村流动人口配偶和小孩随同的难度和成本都比较低；其次，跨省就业配偶和小孩随同的难度和成本都要高得多，而浙江外出农村流动人口有近 80%是在省内外县工作，因此与其他省份较多比例人口跨省就业相比，浙江省配偶、小孩随同障碍相对较少，随同率较高。

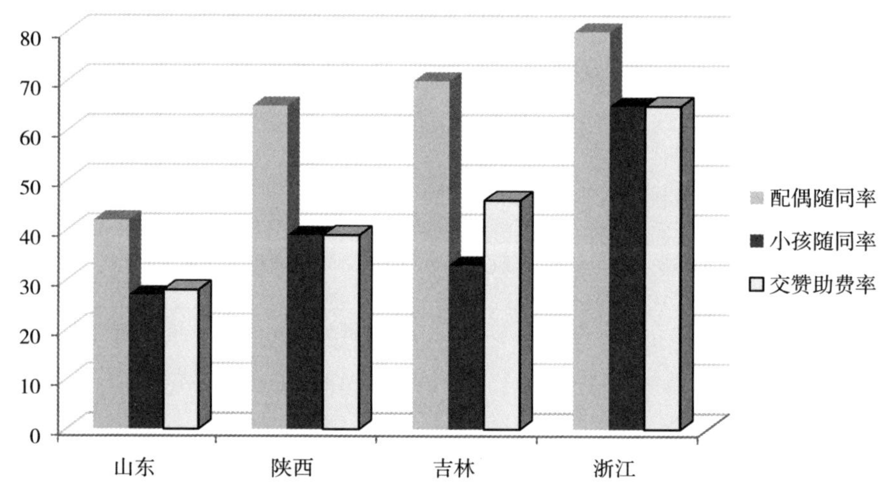

图 2-1　四省农村外出就业人口就业家属随迁情况及小孩受教育权利情况对比

二、农村流动人口配偶、小孩随同实证分析

与农村流动人口工作和城市转换次数密切相关的另一个重要问题是家属（配偶和小孩）随同问题。对农村流动人口而言，配偶、小孩是否随同直接影响到他们在城市的稳定程度和流动行为。我们通过建立计量经济模型来分析农村流动人口配偶和小孩随同率的影响因素和影响机制。假设配偶、小孩随

同的实际净效用为 U_i，而与农村流动人口随同到城市的最低预期效用为 U_i^*，那么当 $U_i>U_i^*$ 的时候，$Comp_i=1$，即配偶、小孩随同。研究用以下模型来描述农村外出就业人口与配偶或小孩随同的概率：

$$prob(Comp_i = 1 \mid x_i) = Pr(U_i > U_i^* \mid x_i)$$

$$F(x_i'\beta + u_i) \tag{2-21}$$

模型设定为 Probit 模型，即假设上述模型中 F(·)是正态分布累积分布函数。被解释变量 $Comp_i$ 表示配偶或小孩是否随同（1=随同；0=不随同）。该模型中的解释变量与第二章中农村流动人口职业流动、城市流动模型［公式（2-3）］基本相同，不同之处在于关键变量中增加了家庭人口结构（包括除外出就业人口、家庭剩余人口数和小孩数量），控制变量增加了人均耕地面积；u_i 是影响家属随同的其他非观测因素。

家属随同的 Probit 模型回归结果显示，就业城市离家距离、工作稳定程度、人力资本和家庭人口结构是影响农村流动人口配偶随同的主要影响因素。其中，影响小孩随同的最主要因素是就业城市离家距离和家庭人口结构，从回归结果来看，工作地点是省内县外、外省以及家庭剩余人口数量对小孩是否随同在统计上是显著的，如表 2-19 所示。对此，我们给出的解释可能是小孩教育、照料等方面的原因。

表 2-19　农村流动人口配偶、小孩随同影响因素的 Probit 回归结果

	配偶是否随同（dF/dX）		小孩是否随同（dF/dX）	
	（2）	（3）	（2）	（3）
关键变量				
工作特征				
工作地点：省内县外	-0.655	-0.777	-0.303	-0.444
（1=省内县外；0=其他）	(3.65)***	(4.65)***	(1.66)*	(2.98)***
工作地点：外省	-0.091	-0.358	-0.324	-0.382

续表

	配偶是否随同（dF/dX）		小孩是否随同（dF/dX）	
	（2）	（3）	（2）	（3）
（1=外省;0=其他）	（0.36）	（1.96）**	（1.58）	（2.94）***
单位管理者	−0.308	0.040	−0.148	0.187
（1=是;0=否）	（1.81）*	（0.49）	（0.88）	（1.33）
是否自营	0.580	0.203	0.058	0.314
（1=是;0=否）	（3.68）***	（3.91）***	（0.32）	（1.50）
是否签合同	−0.043	0.130	−0.213	0.030
（1=是;0=否）	（0.19）	（1.92）*	（1.16）	（0.20）
人力资本				
素质教育程度	0.011	0.023	−0.019	−0.000
（年）	（0.42）	（2.00）**	（0.76）	（0.01）
接受过职业教育	0.334	0.151	0.049	0.085
（1=是;0=否）	（1.77）*	（2.13）**	（0.29）	（0.59）
非农工作经验	0.031	0.006	0.013	−0.013
（年）	（1.72）*	（0.87）	（0.73）	（0.97）
家庭人口结构				
家庭剩余人数	0.310	0.090	0.185	0.109
（人）	（3.76）***	（3.01）***	（2.56）**	（2.03）**
家庭小孩数量	−0.394	−0.167	0.117	0.232
（人）	（2.90）***	（2.85）***	（0.88）	（1.95）*
控制变量				
每周工作天数	−0.029	−0.024	−0.079	−0.081
（天）	（0.28）	（0.68）	（0.87）	（1.20）
年龄	−0.021	−0.002	−0.013	−0.000
（岁）	（1.46）	（0.36）	（0.87）	（0.04）
性别	−0.254	−0.132	−0.254	−0.110
（1=男;0=女）	（1.46）	（2.51）**	（1.49）	（0.66）
人均耕地	−0.008	−0.005	−0.003	−0.023
（亩/人）	（0.32）	（0.49）	（0.12）	（0.65）

续表

	配偶是否随同（dF/dX）		小孩是否随同（dF/dX）	
	（2）	（3）	（2）	（3）
家庭净资产	-0.012	-0.014	-0.005	-0.047
（元）	（1.48）	（3.71）***	（0.56）	（4.25）***
亲戚做生意的人数	0.002	0.005	-0.131	-0.162
（人）	（0.06）	（0.30）	（3.38）***	（5.09）***
区域虚拟变量（省略）	县	乡镇	县	乡镇
观测值	185	174	165	143
似然比检验卡方值	（97.0）***	（98.6）***	（68.0）***	（69.0）***

注：①表格中报告的参数是解释变量的边际效应；②家庭小孩数量是指7—16岁处于九年义务教育阶段的学龄儿童；③括号里是Z统计量绝对值；④*、**、***分别表示统计检验在10%、5%和1%的水平上显著；⑤模型（2）和（3）分别表示控制了县级和乡镇级虚拟变量。由于Probit模型参数估计当控制乡镇级虚拟变量时会出现完全预测问题，会有一些样本自动丢失，所拟模型（2）和（3）的观测值不一样。

数据来源：根据调查资料整理统计。

首先，就业人口就业城市离家越远，其配偶和小孩随同的越少。在本县县城就业人口携带配偶和小孩的比例要明显高于在外省和本省外县的。就配偶随同而言，这应该与在县城工作离家距离较近，不仅生活成本较低，而且回家照顾家人和农活也比较方便有关。就小孩随同而言，这一问题与教育资源的区域差异及其可获性密切相关。一般而言，城市教育资源和质量要明显优于乡村。但是，对于农村流动人口而言，到省会城市和经济发达外省城市为小孩寻找学校无论是从社会资本还是经济实力方面都存在较大难度，相对而言，在本县县城要容易得多。而且，县城的生活成本也相对比较低。

其次，农村流动人口中自营者、工作相对稳定者及人力资本较高者配偶随同可能性较大。从事自营工商业的较多携带配偶，这应该与自营工商业者配偶随同条件相对成熟密切相关。如相对固定的住所、较高的收入，而且配偶随同也有利于参与自营工商业。不过，由于自营工商业者甚至随同的配偶都要忙于经营,对于小孩随同来说却未见得条件成熟。个人人力资本对就业人口配偶随同有明显的正面影响,但对于小孩随同没有明显影响。

最后,家庭人口结构对就业人口配偶和小孩随同有明显的影响。除就业人口外家庭剩余人口越多,有助于减少对配偶劳动力的束缚,配偶和小孩随同的可能性都比较高。在其他变量保持不变的情况下,家庭剩余人口每增加1人,配偶和小孩随同可能性分别上升10%—30%和10%—20%。家中小孩越多,则对配偶约束越大,影响配偶随同。

第五节　农村流动人口留城意愿

我们的调查显示,农村进城人口大多数愿意永久迁移,但又普遍认为难度很大。被调查的人口中264人对是否愿意永久迁移给出了明确答案,其中,63%的人愿意永久迁移留城定居,37%的人并不想留在城里。就愿意永久迁移留城定居的就业人口而言,除20%已留在城里之外,其余80%因担心工作和生活问题认为难度极大。其中52%因为工作原因,具体包括:29%的人认为自己的收入还太低,难以在城市定居;15%的人认为自己工作不稳定,担心以后城里的生活步履维艰;5%的人认为在城市工作没有法律保障、没有“三险”和户口,难以在城市立足,如表2-20所示。还有28%的人因为生活原因,具体包括:16%的人因房子太贵买不起而认为留城定居难度很大;7%的人认为城市离家太远,不方便照顾父母;还有3%担心小孩教育没有着落。

表2-20　农村流动人口永久迁移意愿及原因

	想留城定居就业人口	不想定居城市就业人口
已经在城市定居	20	/
难以在城市定居或不想在城市定居原因		

续表

	想留城定居就业人口	不想定居城市就业人口
工作和收入原因	52	80
收入太低	29	45
工作不稳定	15	20
工作没有法律保障,没有"三险"、户口问题	5	5
文化水平太低,专业技能不高	2	8
工作年龄受限	1	2
生活原因	28	20
房子太贵买不起	16	16
离家太远,照顾父母不方便	7	4
小孩教育	3	0
城市生活不太习惯	1	0
对象不好找	1	0

资料来源:根据调查资料整理。

就不想永久迁移定居城市的就业人口而言,80%因为工作不稳定和收入太低等工作原因,20%因为住房等生活方面原因,如表2-20所示。在工作方面,45%由于"收入太低,在城里的生活没有保障",20%因为工作不稳定,在城里有一种漂泊的感觉。在生活方面,16%的人因为昂贵的房价而放弃留城的念头。为进一步促进国内劳动力流动和农村劳动力永久迁移,实现农村流动人口的市民化关键是需要改革现行的户籍制度及相关社会保障制度等一系列制度安排,尤其是要充分了解他们向城镇移民的意愿和障碍,只有对现行制度安排进行科学、合理的改革,才能进一步促进农村人口的永久迁移和劳动力优化配置。

一、农村流动人口留城意愿理论模型

农村流动人口向就业城市的永久性迁移,可视为他们追求效用最大化的理性决策。随机效用模型(random utility model)可用来描述和解释他们的这种选择行为[格林(Green),2002]。假设农村流动人口迁移或选择特定社会保险的随机效用模型如下:

$$U_i = x'\beta_i + \varepsilon_i, \qquad i = a \text{ 当选择 A}, i=b \text{ 当选择 B} \tag{2-22}$$

公式(2-22)中 U 代表作出一种选择的效用,x 代表一组影响因素,β 代表一组参数。农村流动人口的选择取决于 U_a 和 U_b 的大小。例如,如果假设 A 和 B 分别代表永久迁移和往返式流动,则当 $U_a>U_b$ 时就业人口选择永久迁移,当 $U_a \leqslant U_b$ 时维持原状。

假设当选择 A 时 $M=1$,我们可以用以下概率模型来描述上述决策行为或意愿:

$$\begin{aligned} \Pr ob[M = 1 \mid x] = \Pr ob[U_a > U_b] = \\ \Pr ob[x'\beta_a + \varepsilon_a - (x'\beta_b + \varepsilon_b) > 0 \mid x] \\ = \Pr ob[x'\beta + \varepsilon > 0 \mid x] \\ = F(x'\beta + \varepsilon) \end{aligned} \tag{2-23}$$

如果公式(2-23)中决策面临的选择项只有两个,模型一般设定为 Probit 模型或 Logit 模型,差异在于前者将模型中 F(·)设为正态累积分布函数,后者设为 Logistic 累积分布函数。在用极大似然法估计上述模型参数后,可获取特定解释变量对决策概率的边际影响:

$$\frac{\partial E(M_i \mid x_i)}{\partial x_i} = f(x_i'\beta)\ \beta \tag{2-24}$$

研究农村流动人口的永久迁移意愿及影响因素。调查中我们基于“您是否愿意留在城里”这样一个问题调查了现城市就业人口的永久迁移意愿。问题答案有两个,1 表示想永久迁移,0 表示不想留在城市。我们用公式(2-23)对应的 Logit 模型进行计量经济分析。

二、实证结果分析

表 2-21 列出了对农村流动人口永久迁移意愿影响因素的 3 个 Logit 模型

估计结果,3 个结果对应的模型相同,差异只是在于不同模型控制了不同级别的地区虚拟变量。测度模型总体拟合优度的似然比检验卡方统计量都超过了70,在 1%的显著性水平拒绝了零假设,表明模型总体解释能力较好。从计量经济分析结果来看,首先,颇具政策含义的一个结果是,城市有鼓励外来人口留城定居政策对农村流动人口永久迁移意愿有显著的正面影响,平均而言,如果就业城市有移民鼓励政策,就业人口愿意迁移的概率能提高 20%—33%。不过,目前有移民鼓励政策的城市很少,并且多数移民鼓励政策对大多数农村流动人口而言仍然是可望而不可即。即便在浙江这样改革比较超前的地区,类似的政策多数是针对高素质和专业技术人才的,或者有其他比较高的门槛,如在城市购买房子、在特定单位工作达到较长年限等。适度开放和放宽城市移民政策有助于促成外出农村流动人口留城定居。

其次,农村流动人口就业城市离农村老家距离明显影响他们的永久迁移意愿,他们明显偏爱到农村老家所在县城定居。省内县外和外省两个工作地点变量的系数都很大且都在 0.01 的水平上显著,表明与在老家县城相比,在省内外县和外省工作的就业人口更倾向于流动而不是定居。确实,对于大多数农村人口,相对定居老家县城,迁移到外县尤其是外省不仅在文化风俗和生活习惯等方面要面临更大冲突,而且就目前多数地区的人口迁移制度而言,向外县和外省永久迁移,特别是举家迁移,对就业人口工作稳定程度和收入水平甚至社会网络关系的要求都要更高。因此,相比之下,向老家县城迁移定居就成为比较适宜的选择,不仅可以很好改善工作生活条件,改善小孩教育条件,还可以相对比较方便地照顾老家家人。

再次,人力资本对农村流动人口留城定居意愿有显著影响。主要表现在以下几方面:第一,教育程度较高的就业人口留城定居意愿相对比较强烈,受教育年限提高 1 年,愿意迁移的概率提高 9%—10%。一是因为受教育程度较高的人对工作生活和人生要求可能相对较高,构成他们向城市永久迁移并定居的动力;二是受教育程度较高的人一般在城市的就业状态和收入水平都相对较好，并且随着人力和社会资本的积累，留城定居能力相对较强。第二，农村流动人口非农工作年限越长，留城定居意愿越强烈，平均非农工作年限增加1年，愿意迁移的概率提高3%—5%。城市非农工作时间增加，一方面导致农村流动人口日益适应了城市生活模式，甚至变得反而不习惯农村生活模式；另一方面也增加他们在城市的社会资本，留城的机会和可能性加大。第三，年龄对留城决策的影响表现为越年轻的越想留在城里，平均年龄增加1岁，愿意迁移的概率降低4%—5%。目前农村流动人口年龄较大者随着年龄增大在城市的就业限制日渐增多，缺乏保障的城市生活大大降低了永久迁移留城定居的潜在效用，而年龄较小者在城市工作生活面临的压力相对较小，表现出较强的留城意愿合乎常理。城市生活大大降低了永久迁移留城定居的潜在效用，而年龄较小者在城市工作生活面临的压力相对较小，表现出较强的留城意愿合乎常理。

最后，农村社会资本比较发达和从事自营工作的就业人口不倾向于向城市永久迁移。这可能因为这些人群在当地拥有较为丰富的社会资本，并且就业状况和收入水平都比较好，在家乡当地工作生活的综合水平和效用高出了在异乡城市的，因而反而不愿意到城市定居。

表2-21　农村流动人口永久迁移留城定居意愿Logit模型计量估计结果

	是否想留城定居（1=是，0=否）（dy/dx）		
就业城市移民政策			
城市是否有鼓励政策	0.265	0.332	0.202
（1=有；0=无）	（3.5）***	（3.67）***	（2.37）**
就业状态			
工作地点：省内县外	−0.475	−0.585	−0.542
（1=是；0=否）	（3.25）***	（3.82）***	（3.36）***
工作地点：外省	−0.786	−0.757	−0.833
（1=是；0=否）	（6.24）***	（5.8）***	（7.14）***
单位管理者	−0.011	0.014	0.155

续表

	是否想留城定居（1=是，0=否）（dy/dx）		
（1=是；0=否）	（0.04）	（0.04）	（0.97）
是否自营	-0.266	-0.356	-0.591
（1=是；0=否）	（0.85）	（1.16）	（2.36）**
是否签合同	0.040	0.027	0.014
（1=是；0=否）	（0.24）	（0.14）	（0.1）
平均每周工作天数	0.061	0.106	0.133
（天）	（0.65）	（0.89）	（2.09）**
人力资本			
受教育程度	0.093	0.102	0.098
（年）	（4.17）***	（4.27）***	（3.84）***
非农工作经验	0.036	0.051	0.039
（年）	（2.48）**	（2.77）***	（2.90）***
个人人口与家庭特征			
年龄	-0.048	-0.054	-0.041
（岁）	（3.35）***	（3.27）***	（2.84）***
性别	0.102	0.139	0.191
（1=男；0=女）	（0.62）	（0.69）	（1.4）
是否结婚	0.135	0.048	0.041
（1=是；0=否）	（0.79）	（0.23）	（0.2）
是否户主	-0.121	-0.262	-0.027
（1=是；0=否）	（0.41）	（0.79）	（0.10）
家庭规模	-0.060	-0.044	0.000
（人）	（1.34）	（0.85）	（0.01）
户主年龄	-0.004	-0.011	-0.006
（岁）	（0.45）	（0.95）	（0.47）
户主教育程度	0.028	0.024	0.037
（年）	（1.31）	（0.89）	（1.39）
人均耕地	-0.007	-0.027	-0.009
（亩/人）	（0.28）	（0.71）	（0.32）
家庭净资产	0.005	0.005	0.000

续表

	是否想留城定居(1=是,0=否)(dy/dx)		
(元)	(1.09)	(0.53)	(0.03)
做生意的亲戚数	-0.069	-0.087	-0.082
(人)	(1.71)*	(1.78)*	(1.85)*
地区虚拟变量	省	县	乡镇
观察值	259	257	247
似然比检验卡方统计量	(74.2)***	(78.1)***	(92.0)***

注:①括号里是参数估计的标准误;⑤*、**、***分别表示统计检验在10%、5%和1%的水平上显著;③观测值发生变化是因为控制省、县、乡镇不同虚拟变量时因为数据问题有样本损失。
数据来源:根据调查资料整理统计。

农村迁移人口的流动的流入地主要是一些经济相对发达的地区,农村流动人口由经济不发达或不太发达地区向经济发达地区流动。农村流动人口在本省外县就业主要选择本省的省会和经济比较活跃的地级城市。经济比较发达地区的农村外出就业人口更是主要集中在本省范围内,较少跨省就业。近10年,农村外出进城人口的就业行业结构发生了明显的变化,从原来主要从事制造业和服务业演变为目前主要从事服务业,其次分别是制造业和建筑业。农村流动人口从事服务业的比例超过了一半,从事制造业的占1/3。农村进城非农就业人口中年龄较轻、男性、教育水平较高者换工作、换城市次数相对较多。目前的农村流动人口平均每6年换一次工作,每7年换一个城市。除了因该项工作结束而被动换工作外,与过去相比,农村流动人口的工作自主性在逐步提高,换工作的主观意愿明显增强。单身往返式流动而非举家外迁的就业模式导致因家庭有事而被迫变换工作仍然是影响农村流动人口工作稳定性的重要因素。

农村流动人口的居住以工作地和自己租房两种方式为主,近年来自己租房逐步取代工作地居住成为主要居住方式。得益于我国人口流动管制的不断放松,加上农村流动人口居住方式的多样化,特别是租房的便利化,近年来农村流动人口配偶随同的情况有了较大改善。但受制于城市教育资源的紧缺和或多或少依然存在的对农村外来人口的排斥，农村流动人口小孩随同和教育方面的进展比较缓慢，加剧农村留守儿童问题。在这种情况下，农民工子弟学校等替代资源成为重要的选择并大量出现。农村流动人口绝大多数有意愿留城定居，但多数仍因工作和收入问题移民难度很大，在进城定居这个问题上十分谨慎和理性。农村流动人口的主要养老方式已经转为依靠自己储蓄，而不再是中国传统上的子女养老，在长期利益与当前利益间仍然偏重后者，社会保障意识有待加强。尽管近几年农村流动人口的工作和城市生活状况都有所改善，但仍然存在很多问题。

(1)从各省农村流动人口动态变化以及就业地点分布来看，总体上本省外县就业人口占多数。相对近距离的就业偏好使得周边县城受当地市场发育程度、经济发展规模、居民消费能力等因素制约，就业吸纳能力渐趋饱和，城市资源的再分配矛盾随着就业压力和潜在失业的不断增加将会进一步激化。(2)从工作状况来看，外出农村流动人口工作收入低、强度大、自身权利没有保障的状况仍然没有太大变化。除了通过职业教育和技能培训提升农村流动人口人力资本外，城市外来人口的就业条件和保障措施亟须改善。(3)现阶段农村外出就业人口以农村家庭子女一代为主，但对于其中已婚人口来说，较高的配偶随同率和相对较低的小孩随同率，不仅导致留守儿童问题日趋严重，而且也影响他们在城市稳定就业。短期、往返式的流动一方面增加了城市社会管理成本，另一方面也削弱了政府政策措施的实施力度及有效性。另外，对于目前的未婚就业人口，随着他们婚后第二代子女的出现，在留守儿童问题日益棘手的同时，“流动儿童”将成为城市管理的突出问题。(4)农村流动人口在城市的就业环境亟须改善。与居住、小孩教育、社会保障等相关的制度缺失和供给不足，导致城市的农村外来人口“居无定所、医无所保、老无所养”的生活状态与城市居民的强烈反差势必会进一步激化社会矛盾，埋下影响社会稳定的隐患。

尽管农村流动人口流动在外，但实际上他们大多并不频繁变换工作和城市。相对而言，素质教育水平较高的青年男性流动比较活跃。虽然人力资本对农村流动人口流动性有明显影响，但素质教育和职业教育对就业人口流动性的影响不尽相同，素质教育较高的人口流动性较强，专业性比较强（如受过非农技能培训）的则相反。主要是因为综合素质教育有助于提高就业人口适应新工作和新环境的综合能力，而职业教育尽管也提高人力资本，但由于培训的专业性比较强，也限制就业人口工作变换。因此，加强素质教育更多能提高就业人口的工作流动性，而加强专业教育一定程度上会增强就业人口工作的稳定性。目前农村流动人口工作和城市流动性比较弱不仅与城市就业机会比较少有关，也与他们人力资本存量较低有关。首先，尽管与过去相比农村流动人口的工作自主性在逐步提高，主动换工作的情况不断增加，但大多数换工作还是因为工作本身结束或工作单位出现问题而停止工作，充分凸显了就业机会对于他们的重要性；其次，农村流动人口平均受素质教育程度只有初中毕业，这在很大程度上也制约了他们变换工作和城市。实际上，现实中更多的情况是农村流动人口往往通过加强培训来稳定工作岗位和提高货币收入。因此，对于农村流动人口而言，目前最为重要的仍然是城市能为他们提供更多就业机会和岗位；此外，积极开展职业技能培训，加大对农村流动人口的人力资本投资无疑也有助于他们获取就业机会和提高收入的能力。

人力资本和社会资本对于新生代农民工收入的影响机制和效果，并得到如下结论：(1)人力资本对于不同收入分位点上的新生代农民工收入产生异质性影响。技能和经验类人力资本变量（教育、培训、工龄）对于促进较高分位点新生代农民工收入增长的效果更为显著；与身体素质相关的人力资本变量（性别、健康）对于较低分位点的新生代农民工收入增长的影响效果更为显著。(2)新型社会资本能够显著地提升新生代农民工收入，而原始社会资本的影响不显著。同时新型社会资本转型能够提升教育和培训等人力资本投资的回报，从而间接促进收入增长。但是社会资本转型具有扩大新生代农民工群体内部收入差距和性别收入歧视的负面影响。(3)与第一代农民工相比，新生代农民工的社会资本转型程度更高，接受的教育和技能培训状况更好，人力资本与社会资本差异显著扩大了农民工的代际收入差距。上述结论带来的启示在于：首先，加强对于新生代农民工的人力资本投资，提高新生代农民工的城镇融入度，加速社会资本转型，能够直接和间接地提升其收入水平。加强农民工继续教育学校、培训机构以及其他农民工社会组织建设是加强人力资本投资、社会资本转型的有效路径。其次，人力资本和社会资本差异会影响农民工收入差距和群体分化。不同农民工群体对于增收政策的需求和反应会有较大不同。因此未来政府应避免出台“一刀切”式的政策。一方面，要重视农民工市场更新换代的趋势，加强对于新生代农民工群体的针对性；另一方面，要关注不同收入水平上新生代农民工的政策需求，避免群体内部收入差距扩大，促进收入均衡增长。

从流动模式来看，配偶和小孩随同已成为我国城市化进程中“举家迁移”的过渡模式。虽然近年来农村流动人口在配偶随同方面有所改善，但在小孩随同方面改善很小。目前小孩难以随同的主要障碍还是城市教育资源获取难度太大。总体上看，农村流动人口在举家迁移这个问题上非常谨慎。携带配偶和小孩的主要是那些城市就业经验比较丰富、工作相对较稳定、收入较高、年龄相对较轻的就业人口。同时，考虑到文化风俗、生活成本和方便程度等众多问题，农村流动人口最倾向于在当地县城工作并携带配偶和小孩，进一步凸显农村人口移民的理性和谨慎。配偶和小孩随同与否对农村外出务工人口工作稳定性有很大影响，也是“举家外迁”实现永久迁移的关键。目前农村流动人口30%以上夫妻分居，近60%的家庭存在留守儿童无疑都是我国城市化和城乡协调发展潜在的问题。长远来看，适度放宽城市教育政策，加大城市教育基础设施建设与投入，确保“流动儿童”公平享受教育权利无疑有助于农村流动人口举家迁移。

关于农村流动人口永久迁移到城市定居这个问题，并不像许多城镇居民和学者声称的那样许多人并无心定居城市。事实上，他们绝大多数有意愿实现永久迁移，但是，大多数人又认为移民到就业城市的难度很大。目前来看，制约农村流动人口永久迁移和留城定居的最主要原因仍然还是经济问题，即工作和收入问题。工作不稳定、没有“三险”、工作缺乏保障、收入太低等问题是他们面临的影响迁移定居的主要原因。城市房价太高、在城市居住无法照顾家人、小孩教育问题和没有户口等社会保障和生活问题则进一步加剧了他们移民城市的顾虑。计量经济分析结果表明，就业所在城市鼓励外来人口留城定居的政策对他们移居城市具有十分积极的激励作用，人力资本（受教育程度和非农工作经验）越高的外来就业人口有较强的意愿留城定居，而年龄较大和就业城市离其老家比较远的就业人口都倾向于回老家，留城定居的意愿并不强烈。

总的来看，农村流动人口在是否永久迁移进城定居这个问题上十分谨慎和理性。如果没有足够稳定的工作和收入，没有足够的人力资本，他们并不会盲目地流向城市。根据当前农村流动人口面临的主要障碍，政府的当务之急还是应当将更多的注意力放在劳动力就业这个问题上。在城市化的过程中，要促进农村流动人口从农村向城市永久迁移，首先，要增加就业机会，能够为他们获取工作和提高收入创造更多机会；其次，户籍制度和相关社会保障制度的改革已势在必行。工作不稳定、收入太低、没有“三险”、房价高、生活成本高等许多问题都与户口有着千丝万缕的关系。加大户籍和相关社会保障制度改革力度，健全“流动儿童”教育机制是建立城市化过程中人口永久迁移机制的重点。

第三章　农村流动人口社会保障需求

19 世纪后期，德国颁布了《养老金保险法》，建立了世界上第一个养老金制度。从此，养老保险制度登上了人类历史舞台，世界各国依据本国经济状况开始建立健全养老制度的征程。从发达国家的经验来看，伴随着经济发展和人民收入水平的提高，养老保险支出占国家公共支出的比重在逐步提高，这一方面是国家经济实力增强的结果，另一方面也是人口老龄化的必然结果。随着这些国家移民矛盾、财政体系不完备等问题的日益凸显，原有养老金制度面临着一系列变革与创新的巨大压力。如何建立一个保障充足、运行稳健、可持续的养老金制度，成为各国社会保障制度改革的核心和关键问题。在各国都在积极探寻养老保险改革之路时，我国农村流动人口的养老保障问题成为我国社会保障制度改革的首要问题。随着我国工业化和城市化进程的不断加快，越来越多的农村进城务工人员放下了手里的锄头，流动到各个大城市，分布在各个行业，挥洒汗水，为建设美丽的城市默默贡献自己的力量。早先进城务工的农村流动人口由于养老保险的缺失，上了年纪不能继续在外务工，便又回到了农村，重新拿起了锄头，用微薄的积蓄和手中的锄头对抗生活中的不确定性，而城里的老人在退休之后，得益于年轻时所缴纳的养老金，退休生活有了基本保障。面对城乡老人养老保障发展鸿沟，我国政府从 2009 年起开展新型农村社会养老保险，只要年满 16 周岁（不含在校学生）、未参加城镇职工基本养老保险的农村居民，可以在户籍地自愿参加新型农村社会养老保险。新型农村社会养老保险基金由个人缴费、集体补助、政府补贴构成，这很大程度上填补了农村流动人口养老保险的缺口。然而，十几年过去了，我国农村流动人口的主体正发生一系列变化，年轻化、教育水平高的“新生代”成为流动大军的主力，这对我们的养老保险制度提出了新的考验，尤其是对农村流动人口的养老保险制度提出新的要求，养老保险制度改革任重而道远。要完成“新生代”农村进城务工人员的“市民化”，就要在城市养老保险体系中健全“新生代”养老保险，这是实现农村流动人口社会融入的必然趋势。健全的农村流动人口社会保障体系是社会经济发展的“稳定器”，我国将在社会保障改革的道路上立足现实、扎根本土、践行“故人不独亲其亲，不独子其子。使老有所终，壮有所用，幼有所长，鳏寡孤独废疾者，皆有所养”的儒家理论。要解决农村流动人口养老保障困境，我们需要了解农村流动人口主要养老方式是什么？决定这些选择的影响因素有哪些？农村流动人口养老保险金缴纳方式是什么？选择这样的缴纳方式主要顾虑是什么？本章将结合实地调查数据，对这些问题给予进一步的解释。

第一节　社会保障需求及缴纳方式选择相关描述

我们的调查表明，在基本养老保险、基本医疗保险、失业保险、工伤保险和重大疾病保险等社会保障中，农村流动人口最为看重的前三项依次是基本养老保险、基本医疗保险和重大疾病保险，比例分别为 73.9%、15.7%和 4.98%。各省选择情况与总体基本一致，四省 80%—90%的人都认为基本养老保险、基本医疗保险最为重要，陕西不同之处在于 7.4%的人认为失业保险重要性略高于重大疾病保险 3.7 个百分点，如图 3-1 所示。

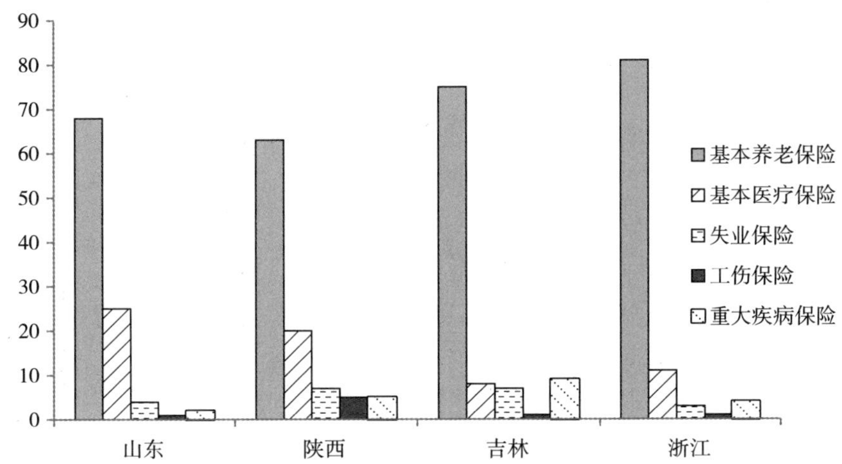

图 3-1　四省农村流动人口最重视的社会保险

资料来源:作者根据调查资料整理而得。

表 3-1　农村流动人口养老保障方式选择与在就业单位缴纳养老保险意愿

单位:%

	所有样本	山东	陕西	吉林	浙江
主要养老保障方式选择					
自己储蓄	43	48	45	34	49
依靠子女	12	16	14	13	6
政府主办养老保险	26	26	16	18	44
农村土地	19	10	25	35	1
合计	100	100	100	100	100
养老保险金缴纳意愿					
单位缴纳养老保险金	59	34	60	56	72
单位把应交的养老金以工资形式每月发放	41	66	40	44	28
合计	100	100	100	100	100

资料来源:根据调查资料整理。

目前多数农村流动人口给自己确定的养老方式已不再是中国传统上的依

靠子女，而是依靠自己储蓄，有43%的人准备依靠自己储蓄养老。还有26%的人希望依靠政府主办养老保险，特别是经济发达的浙江地区。这充分反映了农村居民对于政府主办养老保障的强烈需求，同时一定程度也凸显了社会保障制度方面的供求不平衡。仍然有近20%的农村流动人口把农村土地作为他们的养老保障，特别是以农业为主的吉林和陕西，比例分别达到35%和25%，而经济发达的浙江地区该比例只有1%，如表3-1所示。

就农村流动人口在城市就业单位缴纳养老保险意愿而言，有41%的人不愿意在就业城市办理养老保险，希望单位把应交的养老金以工资形式每月发放，并且不同地区农村流动人口差异很大，山东66%人选择提现，浙江则是72%的人愿意在单位缴纳养老保险。城市农村流动人口对养老保险的这种态度与他们现阶段的利益需求特征和我国现行社会保障制度有关。首先，目前农村流动人口还是以追求即期货币收入最大化为主，而我国规定养老金要累积交够15年才能开始领取，所以尽管不缴纳养老保险会损失单位配套部分福利，但在长期利益和短期利益之间他们还是宁愿选择每月取现；其次，目前我国城市养老保险不同地区统筹标准不同，并且不同城市养老保险统筹部分还难以异地划拨。因此，农村流动人口在特定城市缴纳的养老金在他们变换城市时将难以带走，最多也就是带走个人账户资金。

第二节　养老方式及缴纳方式选择理论模型

农村流动人口在城市流动过程中，主要养老方式的选择和是否愿意在就业单位缴纳养老保险都可视为他们追求效用最大化的理性决策。随机效用模型（random utility model）可用来描述和解释他们的这种选择行为（Greene，2002）。假设农村流动人口选择特定社会保险的随机效用模型如下：

$$U^i = x'\beta_i + \varepsilon_i, \qquad i = a \text{ 当选择 A}, i=b \text{ 当选择 B} \tag{3-1}$$

公式(3-1)中 U 代表作出一种选择的效用,x 代表一组影响因素,β 代表一组参数。如果假定 A 和 B 分别代表就业人口选择单位为其缴纳养老保险金和领取现金,则当 $U_a > U_b$ 时就业人口选择单位为其缴纳养老保险金,当 $U_a \leqslant U_b$ 时则选择领取现金。

假设当选择 A 时则 $M=1$,我们可以用以下概率模型来描述上述决策行为或意愿:

$$\begin{aligned} \Pr ob[M = 1 \mid x] &= \Pr ob[U_a > U_b] = \\ \Pr ob[x'\beta_a + \varepsilon_a - (x'\beta_b + \varepsilon_b) &> 0 \mid x] \\ &= \Pr ob[x'\beta + \varepsilon > 0 \mid x] \\ &= F(x'\beta + \varepsilon) \end{aligned} \tag{3-2}$$

如果公式(3-2)中决策面临的选择项只有两个,模型一般设定为 Probit 模型或 Logit 模型,差异在于前者将模型中 F(·)设为正态累积分布函数,后者设为 Logistic 累积分布函数。在用极大似然法估计上述模型参数后,可获取特定解释变量对决策概率的边际影响:

$$\frac{\partial E(M_i \mid x_i)}{\partial x_i} = f(x_i'\beta)\,\beta \tag{3-3}$$

如果公式(3-3)中决策面临的选择项有多个,并且各选择项之间没有明确的优先序,公式(3-2)必须加以扩展。以下 Mlogit 模型(multinomial logit model)是一个合适的选择:

$$\Pr ob(M_i = j \mid x_i)\ P_{ij}\ \frac{e^{\beta_j' X_i}}{1 + \sum_{k=1}^{J} e^{\beta_k' X_i}}, j = 0,1,2,\dots,J, \beta_0 = 0 \tag{3-4}$$

其中,M_i是第 i 个个体在多个选择项中作出的选择。公式(3-4)的系数 β 并没有实际的经济含义,其特定影响因素对个体 i 选择选项 j 概率的边际影响为

$$\delta_j = \frac{\partial P_{ij}}{\partial x_i} = P_{ij}\left[\beta_j - \sum_{k=0}^{J} P_k \beta_k\right] = P_{ij}[\beta_j - \bar{\beta}] \tag{3-5}$$

第三节　主要养老方式选择影响因素实证分析

由于农村流动人口的主要养老方式包括:依靠自己储蓄、依靠子女、依靠政府主办的养老保险和依靠农村土地,研究中我们用公式(3-4)对应的 Mlogit 模型来分析农村流动人口主要养老方式的选择及影响因素。表 3-2 列出了对农村流动人口主要养老方式选择影响因素的 Mlogit 计量经济分析结果。分析上述问题,主要包括四类变量,即就业城市移民政策(城市鼓励留城政策),工作特征(包括工作地点、工作职位和就业类别),个人人力资本特征(包括素质教育程度、非农专业技能培训情况和非农工作经验),个人、家庭特征等控制因素(包括年龄、性别、婚姻、家庭规模、净资产、社会资本和区域虚拟变量等)。

表 3-2　农村流动人口养老方式影响因素 Mlogit 回归结果

	依靠子女	依靠政府主办养老保险	依靠农村土地
工作地点:省内县外	-1.852	0.603	-3.523
(1=是;0=否)	(1.59)	(0.57)	(2.78)***
工作地点:外省	-0.209	0.330	-4.335
(1=是;0=否)	(0.13)	(0.28)	(3.34)***
单位管理者	-0.224	2.328	1.347
(1=是;0=否)	(0.12)	(2.07)**	(1.00)
是否自营	-0.238	0.310	-1.909
(1=是;0=否)	(0.15)	(0.31)	(1.64)
是否签合同	-1.480	2.959	0.391
(1=是;0=否)	(1.28)	(3.01)***	(0.33)
平均每周工作天数	-0.495	0.363	1.014
(天)	(0.91)	(1.41)	(1.68)*
非农工作经验	0.081	-0.023	-0.054

续表

	依靠子女	依靠政府主办养老保险	依靠农村土地
(年)	(0.62)	(0.32)	(0.79)
年龄	-0.234	0.072	-0.053
(岁)	(2.09)**	(1.04)	(0.82)
性别	2.282	-1.701	0.529
(1=男;0=女)	(1.30)	(1.94)*	(0.55)
受教育程度	0.058	0.178	0.094
(年)	(0.42)	(1.73)*	(0.59)
是否结婚	0.893	1.608	2.305
(1=是;0=否)	(0.71)	(1.23)	(1.72)*
专业非农技术培训	0.832	4.144	0.013
(1=是;0=否)	(0.72)	(5.01)***	(0.02)
家庭规模	-0.001	-0.298	-0.454
(人)	(0.00)	(1.13)	(1.83)*
人均耕地	0.133	0.184	0.150
(亩/人)	(0.58)	(1.00)	(0.96)
家庭净资产	0.103	0.023	-0.209
(元)	(1.77)*	(0.50)	(1.72)*
做生意的亲戚人数	-0.422	-0.523	0.088
(人)	(0.64)	(2.92)***	(0.52)
常数项	6.261	-11.093	-25.398
	(0.94)	(2.88)***	(.)
观测值	247	247	247

注:①括号里是Z统计量绝对值;②*、**、***分别表示统计检验在10%、5%和1%的水平上显著。
数据来源:根据调查资料整理统计。

(1)就业城市距离老家远近程度对农村流动人口养老方式选择有明显影响。与在老家县城就业人口相比,到省内外县和外省工作的就业人口选择依靠土地养老的显著减少,但对其他三种方式没有明显的倾向。这显然与他们长期从事中长距离打工导致与土地分离和对土地依赖程度下降有关。

(2)城市就业状态稳定状况也明显影响就业人口养老方式选择。在城市工作比较稳定的就业人口在养老方式上明显倾向于依靠政府主办的养老保险这样的方式。特别是就业人口是“单位管理者”和与工作单位“是否签订合同”这两个变量对就业人口提高选择政府主办养老保险的概率有显著影响。

(3)就业人口人力资本对他们养老方式选择有明显影响,在四种主要养老方式中,人力资本比较高的就业人口明显倾向于政府主办的养老保险。“受教育程度”和“接受过非农专业技能培训”这两个变量都明显提高就业人口选择政府主办养老保险的概率。这可能与人力资本比较高的就业人口就业状态比较稳定有一定关系。

(4)从个人人口特征来看,在四种养老方式中,年龄越大的越不倾向于选择依靠子女养老,女性明显倾向于选择依靠政府主办的养老保险,而已经结婚的则更倾向于依靠土地养老。

(5)从家庭特征来看,家庭人口比较多的就业人口选择依靠土地养老的比较少,这应该是与人口多土地比较紧缺有关;而家庭比较富裕的就业人口首选依靠子女,其次是依靠自己储蓄和政府主办的养老保险,对土地的依赖程度最弱。

第四节　养老保险金缴纳方式影响因素的实证分析

由于可选的支付方式包括两种:1 为“单位为您缴纳养老保险金”,0 为“单位不为您缴纳养老保险金,但把应交的养老保险金以工资形式每月发给您”,我们用公式(3-2)对应的 Logit 模型来研究农村流动人口在城市就业单位办理养老保险的意愿及影响因素。分析养老保险金缴纳方式的影响因素也主要包括四类变量,即就业城市移民政策(城市鼓励留城政策),工作特征(包括工作地点、工作职位和就业类别),个人人力资本特征(包括素质教育程度、非农专业技能培训情况和非农工作经验),个人、家庭特征等控制因素(包括年龄、性别、婚姻、家庭规模、净资产、社会资本和区域虚拟变量等)。表 3-3 列出了对农村流动人口在城市就业单位缴纳养老保险意愿影响因素的计量经济估计结果。

表 3-3 农村流动人口在城市就业单位缴纳养老保险意愿影响因素模型计量估计结果

	养老保险金缴纳方式			
	OLS 估计结果(dy/dx)		Logit 模型估计结果(dy/dx)	
	(1)	(2)	(3)	(4)
工作地点:省内县外	0.124	-0.022	0.227	-0.089
(1=是;0=否)	(0.71)	(0.13)	(0.94)	(0.38)
工作地点:外省	-0.181	-0.210	-0.257	-0.339
(1=是;0=否)	(1.15)	(1.39)	(1.28)	(2.09)**
单位管理者	-0.472	-0.567	-0.470	-0.402
(1=是;0=否)	(2.31)**	(3.13)***	(4.27)***	(4.69)***
是否自营	0.323	0.371	0.457	0.622
(1=是;0=否)	(2.07)**	(2.41)**	(2.88)***	(3.35)***
是否签合同	0.114	0.297	0.199	0.531
(1=是;0=否)	(0.78)	(2.11)**	(0.98)	(3.63)***
平均每周工作天数	-0.031	-0.027	-0.076	-0.061
(天)	(0.93)	(0.81)	(1.21)	(1.11)
非农工作经验	-0.012	-0.019	-0.017	-0.031
(年)	(0.84)	(1.39)	(0.74)	(1.33)
年龄	0.016	0.013	0.020	0.020
(岁)	(1.26)	(1.24)	(1.14)	(1.26)
性别	0.078	0.126	0.154	0.264
(1=男;0=女)	(0.68)	(1.23)	(1.11)	(2.18)**
受教育程度	0.008	0.036	0.002	0.063
(年)	(0.34)	(1.84)*	(0.08)	(2.08)**
是否结婚	0.038	0.120	0.085	0.095

续表

	养老保险金缴纳方式			
	OLS 估计结果(dy/dx)		Logit 模型估计结果(dy/dx)	
	(1)	(2)	(3)	(4)
(1=是;0=否)	(0.22)	(0.95)	(0.38)	(0.53)
专业非农技术培训	0.026	0.044	0.088	0.166
(1=是;0=否)	(0.17)	(0.31)	(0.4)	(0.74)
家庭规模	-0.027	-0.020	-0.040	-0.037
(人)	(0.74)	(0.62)	(0.81)	(0.82)
人均耕地	0.004	0.016	0.006	0.022
(亩/人)	(0.24)	(1.03)	(0.26)	(1)
家庭净资产	0.000	-0.014	-0.007	-0.032
(元)	(0.1)	(2.34)**	(0.64)	(2.28)**
做生意的亲戚人数	-0.051	0.002	-0.100	-0.014
(人)	(1.94)*	(0.09)	(1.91)*	(0.31)
区域不可观测因素	县	乡镇	县	乡镇
观察值	248	248	246	245
似然比检验卡方量			(42.8)***	/

注:①括号里是 Z 统计量绝对值;②*、**、***分别表示统计检验在 10%、5%和 1%的水平上显著;③观测值发生变化是因为控制县、乡镇不同虚拟变量时有样本损失。
数据来源:根据调查资料整理统计。

从计量经济分析结果可以看出:(1)远距离就业对于农村流动人口在单位缴纳养老保险有显著的负面影响。在外省就业的就业人口与在老家县城就业人口相比,假设其他条件一样,前者愿意缴纳养老保险的概率要比后者低 33.9%。远距离就业人口更愿意直接领取现金显然与他们更难以实现永久迁移有紧密关系。他们担心自己不能甚至自己也不愿意长期远离家乡漂泊,因此养老保险累积缴满 15 年的可能性不大,与其这样不如直接领现金。(2)城市就业稳定状况对农村流动人口办理养老保险意愿有显著影响。首先,其他条件一样,与单位签订合同的比没有签订合同的愿意办理养老保险的概率要高53%。这可能与一般签合同单位会代扣代缴养老保险,就业者多已习惯这种方式有关。其次,与一般务工人口相比,从事自营工商业的更愿意缴纳养老保险,概率要高出62%。这应该与他们主要自己经营事业,风险和保险意识比较强有关。不过,事实上目前他们办理养老保险的比例并不高。这种潜在需求与实际缴纳情况的偏差说明了面对这样的流动人群,现行社会保障制度仍然存在供需不匹配的问题。最后,令人费解的是在单位已处于管理层的就业人口多希望直接领取现金而不愿意由单位缴纳养老保险。一种可能的解释是一般单位管理层收入都较高,而受即期利益和目前不同地区养老保险统筹账户无法异地划拨等限制,他们更倾向于选择直接领取现金。(3)就业人口人力资本对其缴纳养老保险意愿也有一定影响。平均受教育年限每提高1年,愿意办理养老保险的概率可提高6%。另外,假设其他方面一样,男性就业人口愿意缴纳养老保险的概率平均要比女性高出26%。(4)从家庭特征来看,家庭越富裕的就业人口倾向于直接拿现金,而不办理养老保险。

农村流动人口的主要养老方式包括:依靠自己储蓄、依靠子女、依靠政府主办的养老保险和依靠农村土地。我们用Mlogit模型来分析农村流动人口主要养老方式的选择及影响因素。结果表明:(1)就业城市距离老家远近程度对农村流动人口养老方式选择有明显影响。与在老家县城就业人口相比,到省内外县和外省工作的就业人口选择依靠土地养老的显著减少。(2)城市就业状态稳定状况也明显影响就业人口养老方式选择。在城市工作中,比较稳定的就业人口在养老方式上明显倾向于依靠政府主办的养老保险这样的方式。特别是就业人口是“单位管理者”和与工作单位“是否签订合同”这两个变量对就业人口提高选择政府主办养老保险的概率有显著影响。(3)就业人口人力资本对他们养老方式选择有明显影响,在四种主要养老方式中,人力资本比较高的就业人口明显倾向于政府主办的养老保险。(4)年龄越大的越不倾向于选择依靠子女养老,女性明显倾向于选择依靠政府的养老保险,而已经结婚的则更倾向于依靠土地养老。(5)家庭人口比较多的就业人口选择依靠土地养老的比较少，家庭比较富裕的就业人口首选依靠子女，其次是依靠自己储蓄和政府养老保险，对土地养老的依赖程度最弱。

我们设定农村流动人口的养老金支付方式包括两种:“单位为您缴纳养老保险金”和“单位不为您缴纳养老金，但把应交的养老金以工资形式每月发给您”，我们的 Logit 模型结果表明:(1)远距离就业对于农村流动人口在单位缴纳养老保险有显著的负面影响。在外省就业的就业人口与在老家县城就业人口相比，假设其他条件一样，前者愿意单位缴纳养老保险的概率要比后者低33.9%。远距离就业人口更愿意直接领取现金。(2)城市就业稳定状况对农村流动人口办理养老保险意愿有显著影响。首先，其他条件一样，与单位签订合同的比没有签订合同的更愿意单位办理养老保险的。(3)与一般务工人口相比，从事自营工商业的更愿意接受单位缴纳养老保险。处于管理层的就业人口多希望直接领取现金而不愿意由单位缴纳养老保险。(4)就业人口人力资本对其缴纳养老保险意愿也有一定影响。平均受教育年限每提高 1 年，愿意办理养老保险的概率可提高 6%。另外，男性就业人口愿意缴纳养老保险的概率平均要比女性高出 26%。(5)从家庭特征来看，家庭越富裕的就业人口倾向于直接拿现金，而不办理养老保险。

总之，目前农村流动人口最需要的社会保障需求是基本养老保险、基本医疗保险和重大疾病保险。随着社会发展和人口大量流动，农村传统的养老模式正在被逐渐打破，多数农村流动人口的养老方式已从中国传统上的依靠子女转为依靠自己储蓄;同时，人力资本比较高或在城市工作比较稳定的就业人口对政府主办养老保险接受度较高。这不仅反映了这一群体对养老保险的潜在需求，也揭示了政府社会保障制度供给的压力。尽管农村流动人口对社会保障存在很强的需求，但由于他们收入水平较低，对现金需求比较迫切，保险意识还比较薄弱，在长期收益和即期收益之间更多偏向于即期收益。加上我国养老保险制度在异地划拨上的固有缺陷，即便是那些在城市就业有相对较为固定工作单位的就业人口，在养老保险金缴纳方式上大多仍倾向单位将保险按月发给他们。这不仅进一步凸显了农村流动人口目前最为关注的仍然是货币收入，他们的保险意识有待加强和提高，也充分反映了建立健全农村流动人口城市养老保障制度的紧迫性。

第四章　土地流转交易行为特点及区域差异

我国的土地改革源于农村，农村的改革源于家庭联产承包责任制，得益于这项重要的制度改革，我国经济发展释放出巨大活力，取得了举世瞩目的成就。然而，随着城镇化、工业化进程的不断推进，我国经济发展格局发生了重大改变，家庭联产承包责任制的制度效率逐渐递减，这意味着原有的农地制度内涵在新的经济发展条件下需要不断扩展和补充，农地制度变迁成为必然趋势。

关于制度变迁的理论逻辑，舒尔茨（1968）在《制度与人的经济价值的不断提高》中已有说明，他认为“制度是为经济发展提供的一种具有特定价值的服务。假定经济发展进程改变了对这种制度的需求，从长期成本与收益来看，这会导致制度供给与经济需求之间的非均衡”，此时，正如戴维斯、诺思（1971）在《制度变迁与美国经济增长》中指出的“成本与收益的变动会使制度产生不均衡，这诱致了制度安排的再次变迁”。所以，制度变迁犹如达尔文优胜劣汰、适者生存的理论和有效竞争原理，它会引领经济社会的发展在长期演进过程中向着一个发展方向收敛，但在演进道路上，一些国家进入了经济高速增长的道路，而另一些国家却陷入了贫穷恶性循环的困境。简单来说，同样的制度变迁，却产生了有的国家经济日益发展而有的国家却日渐落后的不同结果。这其中的原因诺思（1994）在《经济史中的结构与变迁》中认为，是由制度变迁过程中的路径依赖所决定的，其关键是因制度积累而形成了维持“制度持久力”的组织，组织的存续依赖于制度的“持续性”，因此这些组织会动用资源来阻止那些威胁他们生存的变革。关于制度变迁途径，布兰·阿瑟（1989）在《技术竞争、规模报酬递增和历史事件锁定》中指出，“一种事件可能会使一种技术比另一种技术更有优势，这一事件会使某种技术获胜并产生自我增强机制”。自我增强机制在制度变迁中体现为，当制度初次创立时会伴随较高的创建成本，但随着这项制度的推行，成本会逐步下降。在制度学习中使得制度的适应性逐步增强，产生了适应效应。而且，随着这一制度的实施将会产生一系列与此制度相适应的大量正式和非正式的制度，这些制度形成新的具有互补性的制度体系，这些制度体系日益处于支配地位，使得人们对这一制度产生持续推广预期，这将进一步反过来强化对这一制度的预期。总而言之，即原有制度体系相互依赖会产生巨大的规模报酬递增，而报酬递增又成为阻碍制度框架体系变革的保守力量。在此情况下，如果市场是竞争型的，或交易费用接近于零，报酬递增造成的对低效率路径的依赖容易得到矫正，制度变迁的轨迹将是有效的，这将促进经济运行沿着有效轨迹保持增长势头，从而脱离经济发展的发散轨迹和持久贫困。然而，如果市场是不完全的而且交易费用十分显著，将会导致经济当事人根据不完全信息，建立不完全的主观模型，从而使制度变迁轨迹发散，无效制度继续保持，最终将持久贫困。

从我国农村土地制度发展实践来看，土地流转交易行为所要求的制度安排，恰好是对原有农村土地制度的变迁，新的制度安排能否顺利发展，取决于原有制度安排产生的组织机构对新变革的阻力。比如，家庭联产承包责任制，起初在安徽凤阳县小岗村建立的时候风险大，成本高。随着包干到户，农田责任制的不断推行，广大农村地区日益形成普遍推行的预期，这大大解放了农村劳动力资源，提高了农村土地资源的利用效用。但是，正是因为家庭联产承包责任制所产生的巨大规模报酬递增，使得原有农村土地制度变革或补充阻力较大，这种阻力在信息不完全、交易成本显著的市场环境下，是否一定程度上促成了土地流转滞缓？比如，社会信任度的提高，如果交易成本在一定的制度安排下而有所下降，能否激发土地流转的活力？由于任何一项制度安排都联结着其他制度安排，制度结构中各种制度互相连接，构成制度网络。从制度均衡理论来看，在制度均衡状态下，各项制度是严格互补而且非不可替，存在冲突的制度是不可能存在的。但在实际情况中，制度之间发生抵触的情况时有发生，一制度不仅存在其外部性还受其他制度外部性的影响，此时会发生制度连锁效应。连锁效应原本是赫希曼分析经济发展过程提出的各个产业部门之间的相互联系、相互制约的关系机制，但运用到制度变迁中，一种制度变迁也必然导致一种连锁效应，为新的制度变迁提供了可能性。比如，土地流转交易行为中的农村土地制度变迁，将会引发与农村土地制度相关的社会保障制度的新的变迁的可能性。土地流转是现阶段深化农村土地制度改革的必然选择，现阶段存在的问题是，中国农村土地流转交易行为普遍发生而农户土地流转交易发展滞缓。从土地流转交易发展现状来看，这似乎与农村土地产权制度安排存在的制度激励与约束密切相关。而且，土地流转期限不确定，主要发生在农户之间，而非农户与村集体或其他组织之间，这种交易方式与流转对象有限选择背后依然存在制度激励与约束。当土地流转交易发生后，实现农村土地连片集中，达到规模化经营目的是土地流转交易绩效的重要评价标准。如果未达到预期土地流转效果，是农村土地的行政性调整手段对土地流转交易市场手段的干预结果。所以，要有效评估土地流转交易效果离不开对农户的土地调整意愿和土地社会保障需求的清楚认知。结合实地调查数据，本章将对上述分析中提到的部分问题给予理论和实证解释。

第一节　土地流转相关政策认知

一、农地所有权归属及承包经营权认知

农户对土地政策的认知直接关系到农户土地权利的使用和维护，也关系到农户进入或退出土地流转市场的交易成本，清晰的土地使用权一定程度上

可以减小土地流转的阻力，加速土地流转进程。研究结果表明，农户对“土地承包经营权维持 30 年不变”的基本土地政策认知度较高，但对政府其他相关土地政策认知度较低且存在一定偏差。目前，无论是土地的承包经营权还是所有权大部分农户认为归自家所有，土地集体所有的观念在日益淡化。具体来说，在 2013 年追踪调查到 522 户农户中，近 60%的农户认为土地所有权归自家所有，这或许与政府一直倡导的土地产权稳定性有关，在农户意识形态中，土地承包经营权等同于土地所有权，因而稳定的土地承包经营权使得农户认为土地所有权也归自家所有。但从国家关于土地所有权《宪法》规定：“农村和城市郊区的土地，除由法律规定属于国家所有的以外，属于集体所有；宅基地和自留地、自留山，也属于集体所有”。而调查样本中，仅有 18%的农户认为土地归村集体所有，认为归国家所有的比例为 20%比认为归村集体所有高 2 个百分点。由此可知，农户对土地的所有权归属还比较模糊，如图 4－1 所示。

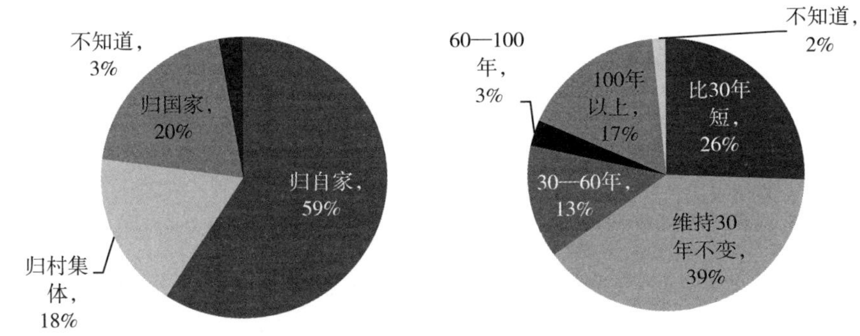

图 4－1　农户土地归属主观认识比例

数据来源：作者根据调查数据整理而得。

另外，在土地承包经营权时间期限方面，农户的态度仍然是希望土地承包经营权“维持 30 年不变”，稳定的土地承包经营权依然是农户对土地权利的根本诉求，而农户对“比 30 年短”和“100 年以上”的期望也占相当大的比例，总体呈现出“两头大”趋势，但基本上，土地承包经营权长期稳定是农户的根本意愿。如图 4-1 所示，在 522 户追踪样本中，有 39%农户认为土地承包经营权应该保持“维持 30 年不变”，其次，有 33%的农户认为承包期限“长于 30 年”，但也有 26%的农户认为土地承包期限应该“比 30 年短”。其实，从农业生产实践来看，农户追求稳定的土地承包经营权，不仅是相关农业生产投资，如灌溉设施、生产机械、农地肥力可持续及农作物生长周期的客观要求，也是受亲缘、地缘等传统社会关系影响和对“生于斯，长于斯”土地的感情诉求。

二、土地使用凭证认知

拥有土地使用凭证，不但确保了农户土地使用权，同时也强化了农户对基本土地政策的认知，这与上述农户对基本土地政策认知度较高的事实相一致。从 2008 年的调查数据可以看出，大部分正在经营的土地都有使用凭证，农户的土地使用权基本有所保障，但经济相对发达地区略有不同，如表 4-1 所示。数据显示，80%的土地都有土地使用凭证，但仍有近 20%的土地没有。不过从分省数据来看，经济相对发达的山东、浙江有土地使用凭证的比例（74.01%、78.82%）略低于陕西、吉林（89.98%、78.94%）。可能的解释是，陕西、吉林是粮食生产大省，农业生产收入是农民收入的重要组成部分，相比之下山东、浙江非农经济相对发达，非农收入是农民收入的主要来源，国家统计局数据显示，2009 年吉林农户农业收入占家庭经营收入比例为 71.94%，而浙江仅有 19.85%，这一定程度上反映出经济相对发达地区农地依赖程度相对较弱，在土地使用权上则表现为较低的土地使用凭证拥有率，有关这方面的问题还有待进一步研究。

表 4-1　土地使用凭证情况

		总体	山东	陕西	吉林	浙江
没有土地使用凭证	样本（个）	413	167	55	119	72
	比例（%）	19.46	25.38	9.84	21.06	21.18

续表

		总体	山东	陕西	吉林	浙江
有土地使用凭证	样本(个)	1704	487	503	446	268
	比例(%)	80.3	74.01	89.98	78.94	78.82
不太清楚	样本(个)	5	4	1	0	0
	比例(%)	0.24	0.61	0.18	0	0
总样本	样本(个)	2,122	658	559	565	340
	比例(%)	100	100	100	100	100

数据来源:作者根据调查资料整理而得。

三、农业补贴政策认知

在农业补贴政策方面,大部分农户对农业补贴政策都有一定认知,而且也享受过相关补贴政策,但就享受的哪种补贴政策并没有清楚认识。如图4-2所示,在2013年被访的522户农户中,除了7.28%的农户没有听说过农业补贴政策外,92.72%的农户都听说过农业补贴政策。在听说过的484个样本中,88.08%的农户都享受过补贴政策,而认为自己没有收取过相关农业补贴的比例占11.52%,如图4-3所示。

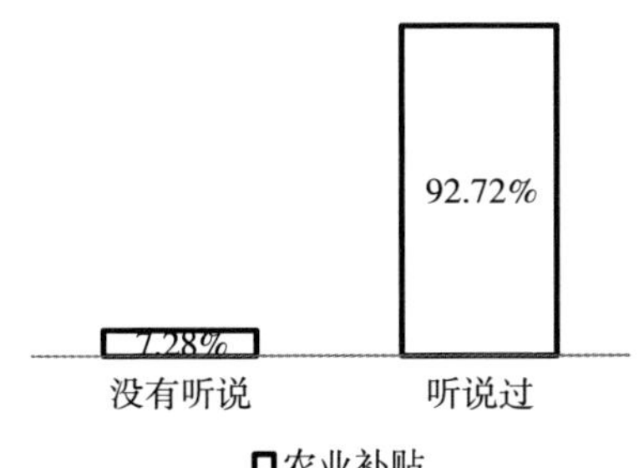

图4-2　农业补贴信息获取图

数据来源:作者根据调查资料整理而得。

尽管80%农户都知道自家享受了多少农业资金补贴,但就所领取的农业补贴是"粮食直补""农资综合补贴"还是"良种补贴"仍有50%左右的农户选

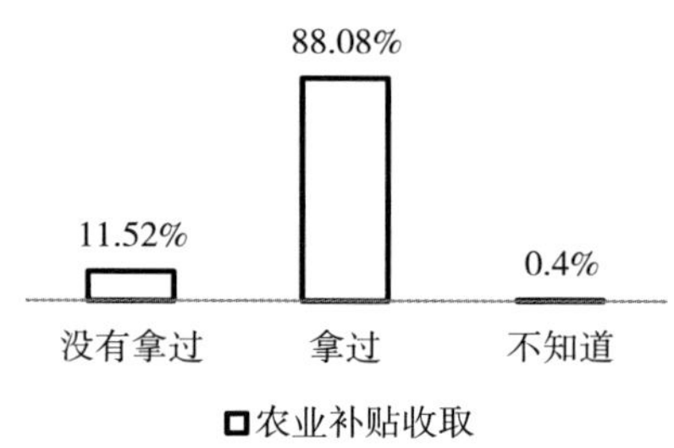

图 4-3　农业补贴收取

数据来源:作者根据调查资料整理而得。

择“不知道”,即近一半农户对自己享有的农业补贴的类型认识模糊,无法区分。在受访的 431 个领取过农业补贴的农户中,其中,知道享有资金补贴但不知道补贴是“粮食直补”的比例为 46.6%;不知道“农资综合补贴”是多少的占 51.2%,不知道“良种补贴”的占 47.9%,如表 4-2 所示。政府出台针对不同作物或者不同生产环节的补贴政策主要目的是希望鼓励农户在作物选择或者作物品种及农业生产作业方面有所改进,如果农户只知道享有补贴的金额,但不知道因何而补,这样既达不到刺激生产方式改进的目的,也难以发挥补贴资金的资本优势。如何更有效的补贴农户,发挥资本的杠杆效用仍然是政府决策部门需要探讨的问题。

表 4-2　农业补贴识别度

领取额	样本(个)	比例(%)	其中:粮食直补	(个)样本量	(%)百分比	农资综合补贴	(个)样本量	(%)百分比	良种补贴	(个)样本量	(%)百分比
不知道	108	20.0									
知道	431	80.0	不知道	251	46.6	不知道	276	51.2	不知道	258	47.9
总体	539	100	知道	288	53.4	知道	263	48.8	知道	281	52.1
			总体	539	100	总体	539	100	总体	539	100

数据来源:作者根据调查资料整理而得。

第二节　土地产权制度安排

一、土地产权制度的理论解释

经济学中的产权(property rights)是指对一种资源或物品的所有或支配权利,具体包括:使用权、收益权、支配权和处置权。菲吕伯顿、佩杰维奇(1994)在《产权与经济理论》中指出,“产权不是指人与物之间的关系,而是指由物的存在及关于它们的使用所引起的人们之间相互认可的行为关系。而且,产权安排确定了每个人对物的行为规范,必须遵守这一行为规范,否则将成本不遵守行为规范的成本”。土地产权制度的核心是地权,地权是由多种权利组成,包括法律所有权、剩余索取权、使用权、处置权,以及这些权利的可靠性(姚洋,2000)。现在,中国农村普遍存在的土地流转交易行为是指土地使用权的流转与交易,在家庭承包制的制度框架下,土地产权结构由三种权利构成,即所有权、承包权、经营权(使用权)。因此,农用地使用权流转的含义就是拥有土地承包经营权的农户将土地经营权(使用权)转让给其他农户或经济组织,也即保留承包权、转让使用权(张红宇,2002)。产权与产权制度是两个不同的概念,产权本质上是人对财产的一种行为权利,要想确认这种行为权利离不开产权制度。而产权制度是指确定每个人对于稀缺资源使用时的规则和秩序,产权的关系的法律形式。按属性不同,产权可分为私有产权和公共产权。私有产权具有排他性、可分割性、可让渡性和清晰性。而公共产权恰好相反,具有非排他性、非可分割性、不可让渡性和不清晰性。产权主体清晰是产权理论的核心,判断产权是否清晰主要是看产权主体是否清晰。私有产权的主体是具体的自然人,所以其产权是清晰的,而公共产权是国家或集体这种虚拟主体,因而产权主体是不清晰的。我国《宪法》将土地所有权规定:“农村和城市郊区的土地,除由法律规定属于国家所有的以外,属于集体所有;宅基地和自留地、自留山,也属于集体所有。”所以,土地所有权的主体不清晰,这恰好解释了在土地流转交易行为中所出现的土地行政性调整现象。当然，如何发挥国家和集体更好地保护私人产权，即避免“诺思悖论”是一个十分重要而又非常复杂的问题。

新制度经济学家认为，界定产权可以实现资源配置功能和收入分配功能，科斯(1960)在《社会成本问题》中指出：“在市场交易费用为零的情况下，产权安排对资源配置没有什么影响，因为，只要通过重新安排产权能够增加产值的最大化，就可能通过市场交易或人们之间的讨价还价改变最初的权利界定，使资源实现优化配置。具体来讲，如果市场交易费用为零，即使权利的初始安排不合理，由于不存在向新安排的摩擦阻力，所以，市场机制会自然而然地改变初始安排，将资源配置到更有效的地方，实现资源的最优配置。”由于在现实世界中，比如土地流转交易行为中，不可能交易费用为零，因而，通过市场机制完成有效的资源配置任重而道远。科斯同时分析了交易费用为正的情况下的产权安排，认为，“在交易费用大于零的现实世界中，产权的不同界定将对资源配置效率产生影响，因而产权界定和制度安排具有经济价值，这暗含着，如果产权的初始界定存在外部性，为了解决这一外部性而采取新的产权安排需要付出代价”。不但如此，在现实世界中，制度的产生往往是存在一定的建立成本，在交易成本大于零而且制度生产存在成本的情况下，制度生产本身的成本也会影响制度选择和经济效率。具体来讲，科斯认为，“由于制度本身的生产不是无代价的，因此，生产何种制度，选择何种制度将导致不同的经济效率。在交易费用为正的情况下，清晰的产权将有助于降低交易过程中的交易成本，改进经济效率，反之，若产权界定不清，即没有产权制度，则产权的交易与经济效率改善将很难发生。而且，当交易成本大于零时，通过分配界定清楚的产权所实现的福利改善明显优于通过交易实现的福利改善”。另外，产权的界定和实施还具有激励与约束的功能。因为，产权不仅意味着产权主体对资源的所用权，还意味着他从所占有的资源中获取收益的权利，或者说产权让他有了获取相应利益的稳定依据。这种利益会刺激产权主体充分调动积极性，使其行为的收益预期与其努力程度相一致。当然，如果其行为超出了所界定的范围，产权也就同时产生了对产权主体的约束功能。比如，在土地流转交易行为中，如果清楚界定了农户的土地产权，如所有权、承包权、使用权、占有权、抵押权、继承权等，则即使存在土地流转的交易成本，清晰的农地产权将激励农户农地投资行为，改进土地流转的经济效率，但同时，农户的土地流转交易行为受产权的约束，规定了农户获得收益的利益边界，如不能私自将农用地改为建设用地等，这限制了农户不可能从土地流转交易中得到更多“额外”收益。

二、土地产权制度安排相关描述

土地产权制度安排主要体现在土地产权自由度。关于土地产权自由度，主要包括土地产权充分度和农地产权稳定度。调查表明，样本村庄农户在决定作物种植类型和土地流转去向等方面拥有很大的自主权，土地使用权稳定度也相对较高，但仍明显低于土地使用权充分度。从各省土地产权充分度来看，山东和陕西土地产权充分度、稳定度相对较弱，而吉林、浙江充分度、稳定度较高，这恰好与各省平均土地调整的次数相对应。农户有权自行决定种植作物类型、把土地转给本村村民和外村村民的村庄比例分别高达 94%、90%和 81%，其中浙江和陕西三项权利比例都比较高，如表 4-3 所示。具体来讲，山东有近 19%和 31%的农户无权将土地转给本村村民或转给外村村民，他们只拥有自行决定种植作物类型的权利。而浙江除了有 8%的农户无权将土地转给外村村民外，他们在“自行决定种植作物类型”和“将土地转给本村村民”方面有相当充分的土地使用权，这或许由于浙江土地流转发展相对成熟，缓解农村人地矛盾更多地依靠市场手段而非村集体的行政调地，充分的土地产权成为土地流转发展的内在要求。而吉林作为中国的农业大省，农户土地家庭经营规模相对较大，土地也相对集中，农业收入成为农户收入的重要来源，相对充分的土地产权能够确保农户的农业投资收益，即土地的初始禀赋要求具有较高的土地产权充分度。在土地使用权稳定程度方面，尽管如前所述有不少村庄会针对村内农户家庭人口变化进行调地，但调地的来源也有可能来自村庄机动地，并非一定进行行政性土地调整，所以农户土地使用权稳定度整体较高，山东、陕西土地使用权稳定度相对较低，这与实地调查中山东、陕西土地调整相对较多的事实相一致，比较而言，吉林和浙江的土地稳定性相对较高。

表 4-3　样本地区村庄土地产权制度安排

	村庄数（个）	土地使用权充分度			土地使用权稳定度		
		有权自行决定种植作物类型	有权将土地转给本村村民	有权将土地转给外村村民	出嫁女儿不减地	娶媳妇不增地	生小孩不增地
所有村庄	52	94	90	81	85	79	79
山东	16	100	81	69	75	56	56
陕西	12	83	100	100	75	75	75
吉林	12	92	83	67	100	100	100
浙江	12	100	100	92	92	92	92

数据来源：作者根据调查数据统计整理。

第三节　农户土地流转行为相关描述

农户是农村微观经济的主体，在分析了农户关于土地流转相关政策的认知以及土地产权制度安排后，结合实地调查数据，我们进一步对下述问题展开讨论：(1)农户参与土地流转的原因是什么？(2)目前农户经营的土地是以经营集体分到的为主，还是以其他流转土地为主？(3)农户流转到的土地是与自家土地“连片”经营还是“不连片”？

一、土地流转原因

从我国农户的土地流转实践来看，土地流转大多以转包为主，家庭劳动力、土地经营成本与收益成为农户转包土地考虑的首要因素。①

首先，从农户角度来看，调查结果显示，农户家中劳动力是否充裕、土地农业生产的经济收益成为土地流转的主要原因，当然，国家的农业方针政策对农户土地使用权流转也有较大影响，具体而言：(1)转入土地方面，近60%的农户是由于“家中地少，劳动力相对充裕”，还有21%的农户由于“亲戚朋友闲置，帮忙耕种”。(2)从农户转出土地的原因来看，“自家劳动力不够”(55.5%)、“种地不赚钱”(45.5%)分别成为土地转出的首要原因。可见，农户是否转入、转出土地很大程度上受家中劳动力数量制约，这不但反映出当前农村农业生产仍主要靠劳动力的投入，而且也体现出农地成为剩余劳动力的就业保障，吸纳了过多的劳动力。从长远来讲，这不仅造成劳动力资源浪费，而且由于劳动力效率的损失还会引致土地效率低下。(3)如果进一步考察那部分转出又收回土地的原因，32%的农户是由于“农业税免了，想自己种”，其次是想通过种地“赚钱”的农户占27.3%，由此看出，农业税是农业生产成本的重要构成部分，对农业生产收益具有重要影响，所以制定相关政策降低农业生产成本，对刺激农民生产积极性具有重要作用。此外，上述分析似乎揭示了这样一个逻辑，由于农户转入或转出土地大体上取决于家中劳动力多少，而农村劳动力的多少从根本上取决于流动劳动力的就业的稳定性，当外出就业相对稳定时则脱离土地，当外出就业不稳定或终止时则返回农地，正是因为这种“兼业式”的就业特性，使农村剩余劳动力对土地有很强的“黏性”，进而影响到土地流转的活跃性。

其次，从地块层面来看，转出地想收回有三大原因：自家劳动力充足(43%)、农业税费都免了想自己种(28%)和别人不想种了(17%)，如表4-4

① 转包是“合同的转让”，指的是两户农民之间土地使用权的转移或流转，与土地租赁的概念相对(Loren Brandt, et al.2004)。转让一般是指农户之间使用权的永久性转移，具有使用权“卖”的外延。

所示。浙江转出地想收回的三大主因与总体完全一致，而山东转出地想收回最主要是因为农业税费都免了所以想自己种，因为该种原因而转出又收回的地占山东所有转出又收回地的67%，因为别人不想种了而收回的地也有23%。陕西和吉林所有转出又收回的地都是因为别人不想种了。四省28%的地块转出又收回是因为农业税费都免了想自己种，看来农业税改革确实发挥了一定作用。除山东外，陕西、吉林和浙江均有转入经营又交出的地，总体上这些地有67%是因为转包不合算而交出，或是由于自己又包了别的地不想种了，或是由于承包费太高，或是由于地产量太低。陕西所有转入经营又交出的地都是因为继续转包不合算而交出，吉林76%转入经营又交出的地是由于此原因。浙江转入地交出是因为转包期到期(80%)和别人想自己种(20%)，而因为转入经营产生纠纷交出农地的情况尚不多见。

表4-4 其他土地权利变更原因

单位:%

		所有地块	山东	陕西	吉林	浙江
转出地想收回的原因	纠纷	6	5	0	0	6
	农业税费都免了想自己种	28	67	0	0	18
	种粮食有补贴，想自己种	1	0	0	0	1
	别人不想种了	17	23	100	100	16
	赚钱	5	0	0	0	6
	自家劳动力充足	43	5	0	0	53
	总体	100	100	100	100	100
转入经营地又交出的原因	别人想自己种	9	—	0	12	20
	转包期到期	24	—	0	12	80
	其他	67	—	100	76	0
	总体	100	100	100	100	100

数据来源:作者根据调查数据整理统计。

二、土地流转状况

农户层面的调查数据表明,目前大多数农户仍以经营从村集体分到的土地为主,土地转入、转出的农户比例相对较少,流转主体主要是村民和村集体,流转的土地绝大多数来自村民,而且农户转入土地需求相对较多,转入土地农户比例高于转出土地农户比例。被调查农户家庭平均 4 口人,2008 年人均经营耕地面积 3.3 亩,其中吉林户人均经营耕地面积最多为 8.6 亩,而浙江最少为 0.8 亩。在被访的 619 户农户中,24%的农户转入土地,20%的农户转出土地,农户的土地转入行为大于转出行为。经济发达地区农户经营耕地面积相对较少,而经济相对落后地区经营耕地面积较多。农户流转的农用地绝大多数来自村民,其次是来自村集体。陕西情况不同,农户与村集体发生流转行为较为普遍。此外,农户间的自发流转行为相对普遍,而农户与村集体间的流转行为相对较少。具体来讲,在农户土地转入方面,吉林转入土地经营的农户比例最高,为 40%;而陕西农户转入比例最低,为 20%。整体上,农户转入的土地绝大多数来自村民(66%),其次是来自村集体(25%)。陕西情况不同,转入土地经营的农户 79%转自村集体。土地转出方面,浙江土地转出农户比例最高,达 59%;而陕西转出农户比例最低,为 7%。除浙江外,其他三个样本省份农户转入土地经营的比例大于农户转出土地经营比例。另外,转出的土地来自村民的占 48%,来自村集体的占 28%。在农户流转比例较高的吉林,基本上 69%的农户将土地转给村民,而土地流转发展相对滞缓的陕西,将土地转给村集体的比例为 55%,要远远大于转给村民的比例 18%,如表 4-5 所示。

表 4-5　农户土地经营状况和流转情况

	总体	山东	陕西	浙江	吉林
耕地和地块情况					
户人均经营耕地面积(亩)	3.3	1.5	2.7	0.8	8.6

续表

	总体	山东	陕西	浙江	吉林
块均经营面积(亩)	2.8	1.6	2.7	6	1.2
地块均值(块)	4.3	4	4.5	5.6	3.3
地块最小值(块)	0	0	1	0	0
地块最大值(块)	19	11	12	19	13
流转情况(%)					
转入土地农户比例	24	24	20	23	40
村民	66	47	21	79	75
村集体	25	47	79	12	14
转出土地农户比例	20	9	7	59	11
村民	48	4	18	47	69
村集体	28	3	55	36	1

数据来源:作者根据调查资料整理而得。

来自地块层面的调查数据显示,整体上,目前大多数农户仍以经营从村集体分到的土地为主,土地流转比例相对较少,不过,经济相对发达地区转出又收回土地的比例较高。另外,农户间土地转入比例明显高于农户从集体转入土地比例,如表 4-6 所示。在农户正在经营的 2593 块土地中,分到的占 81.84%,转入的仅占 15.85%,2005—2008 年各省从农户转入土地比例明显高于从村集体转入比例,其中,吉林最为明显,从农户转入比例为 16.29%,而从集体转入仅占 2.36%。

表 4-6 四省土地整体流转情况

	分到的地	换(兑)入地	曾转出又收回的地	2005—2008 年从其他农户转入	2005—2008 年从村集体转入	2005 年前从农户或集体转入	开荒	总计
总体(块)	2122	29	22	186	38	187	9	2593
占比(%)	81.84	1.12	0.85	7.17	1.47	7.21	0.34	100

续表

	分到的地	换(兑)入地	曾转出又收回的地	2005—2008 年从其他农户转入	2005—2008 年从村集体转入	2005 年前从农户或集体转入	开荒	总计
山东(块)	655	11	5	18	2	45	1	737
占比(%)	88.87	1.49	0.68	2.44	0.27	6.11	0.14	100
陕西(块)	559	4	1	5	16	34	3	622
占比(%)	89.87	0.64	0.16	0.81	2.57	5.47	0.48	100
吉林(块)	571	8	0	131	19	70	5	804
占比(%)	71.02	1.00	0.00	16.29	2.36	8.71	0.62	100
浙江(块)	337	6	16	32	1	38	0	430
占比(%)	78.37	1.40	3.72	7.44	0.23	8.84	0.00	100

数据来源:作者根据调查资料整理而得。

农户间转入比例大于农户集体间转入比例,除了由于村集体土地供给不足外,更深层次的原因是农户大多以非正式的方式将土地转给亲朋好友,从而规避土地流转产生的风险。有意思的是,浙江转出又收回的土地达 8.11%,尤为显著地高于山东的 0.5%,陕西的 0.1%,这或许由于经济发达地区对政府农业政策反应更为灵敏,取消农业税很大程度上促成了经济发达地区收回转出土地的意愿,而收回已转出的土地对土地流转究竟是阻力还是动力很值得做进一步研究。

为进一步深入了解农户土地转入、转出情况,我们对四省农户土地转入、转出行为中表现出的区域差异进行分析,从而进一步揭示土地流转的区域差异,具体分析如下。

（一）农地转入行为相关情况描述

对四省样本农户 2005—2008 年期间土地流转详细情况的调查数据表明，在中国农村，农用地转入发展仍然滞缓，农户土地转入行为活跃度不高。相对而言，吉林转入行为较为活跃。根据对样本农户 2008 年正在经营的农地产权（土地来源及方式）的调查，就农户而言，近 1/4（24%）的农户有转（兑换）入土地的情况，换句话说，至少有 24%农户在 2008 年之前有转入土地的行为。其中，吉林农户土地流转最活跃，有 40%的农户转入土地，山东、浙江和陕西有转入土地农户比例分别为 24%、23%和 20%。上述有转入地农户中，11%的农户（占有转入土地农户的 46%）是在 2005—2008 年期间转入的土地。其间，同样是吉林省土地流转最活跃，有 28%农户转入了土地，浙江其次，这一比例为 15%，陕西和山东该比例分别为 10%和 8%，如表 4-7 所示。

表 4-7　样本地区农户土地转入情况　　单位：%

	2008 年经营土地中有转入地农户比例	2008 年经营土地有转入地，并且是 2005—2008 年转入的农户比例
所有农户	24	11
山东	24	10
陕西	20	8
吉林	40	28
浙江	23	15

数据来源：作者根据调查数据整理统计。

表 4-8 列出了土地转入户 2005 年的家庭人口和耕地基本情况及 2005—2008 年土地转入情况。2005 年，所有样本农户人均耕地 2.76 亩，家庭人口 4.2 人，家庭劳动力非农就业比例为 27.8%，平均经营地块 4.1 块，2005—2008 年户人均转入耕地 0.49 亩。分省来看，耕地资源吉林最多，人均为 6.53 亩，浙江只有 0.77 亩；各省家庭人口相差不大；劳动力非农就业比例浙江最高，为 46.4%，吉林最低，只有 19.4%；户经营地块数吉林近 5 块，浙江只有 3.2 块；2005—2008

年期间，吉林农户人均转入地最多，人均 1.92 亩，陕西最少，人均 0.1 亩。

表 4-8　样本地区农户 2005 年家庭人口和耕地基本情况及 2005—2008 年转入耕地情况

	样本数（户）	2005 年户人均耕地面积（亩）	2005 年家庭人口（人）	2005 年家庭非农就业劳动力比例（%）	2005 年户经营地块数（块）	2005—2008 年户人均转入耕地面积（亩）
所有农户	617	2.76	4.2	27.8	4.1	0.49
山东	192	1.56	3.9	23.4	3.9	0.04
陕西	139	2.64	4.6	23.3	4.4	0.10
吉林	142	6.53	4.2	19.4	4.8	1.92
浙江	144	0.77	4.3	46.4	3.2	0.05

数据来源：作者根据调查数据统计整理。

就地块而言，调查显示，目前农户经营地块中，89.5%是土地初始分配的时候从村集体分到的，只有 10.4%正经营的地块是通过土地流转获取的①，其中有近 3.6%的地块（占目前所有转入地块的 35%）是 2005—2008 年期间通过流转获取的②，如表 4-9 所示。从土地转入来源和方式来看，在 2005—2008 年转入土地中，近 81%是从农户手里转过来的，8%是从村集体承包的，8%是曾经转出过、期间又收回的地，还有 3%左右是兑换入的地。

表 4-9　样本地区农户经营地块的产权状态和变化情况

产权状态和变化方式	所有地块	山东	陕西	吉林	浙江
分到的地	89.5	91.3	90.4	79.7	80.2
转入土地	10.4	8.7	9.3	20.1	19.8
2005 年以前转（兑）入的地	6.8	6.0	6.3	6.0	14.6

① 此处的流转不包括土地转入和土地兑换。

② 这一比例低于前面 2005—2008 年期间转入地农户 46%的占比，是因为有转入地的农户可能有多块地转入。

续表

产权状态和变化方式	所有地块	山东	陕西	吉林	浙江
2005—2008 年转(兑)入	3.6	2.7	3.0	14.1	5.2
换(兑)入的地	0.1	0.0	0.1	0.7	0.0
曾转出、现收回的地	0.3	0.1	0.0	0.0	2.6
从其他农户转入的地	2.9	2.4	1.7	12.0	2.5
从村集体承包的地	0.3	0.2	1.2	1.4	0.1
开荒地	0.1	0.0	0.3	0.2	0.0
所有地块	100	100	100	100	100

数据来源:作者根据调查整理而得。

分区域来看,吉林和浙江土地流转要明显比其他地区活跃得多,其中吉林目前农户经营地块有 20.1%是流转来的,浙江有 19.8%是流转来的。吉林土地流转活跃可能是因为该区域户均土地规模较大,土地收入对家庭比较重要,农户有动力更多转入土地扩大规模,而浙江则相反,因为该区域种地收入对于农户已经微不足道,家庭收入主要依赖于非农工作的农户非常容易把土地流转出去。①

调查表明,农户潜在转入需求较大,但转入土地难度很大,农村土地流转市场存在比较明显的供不应求的矛盾或交易障碍。被访问农户有 39%有转入土地的希望和潜在需求。特别是吉林和山东两地区,希望转入土地农户比例最高,分别为 67%和 49%,这与吉林和山东大多数地区农户土地收入占家庭收入比例较高,土地禀赋也较好,扩大规模与规模效益有关。而浙江非农经济发达,很少有人(只有 4%的农户)愿意转入土地经营,如表 4-10 所示。

① 事实上,用农户土地转入应该是低估了该区域土地的流转情况。根据作者的实地调查,在江浙发达地区,农户转出可能要更普遍,但主要是转给外地人,或者直接转给外地人,或者先交给村集体,再转给外地人,因此,看本地人转入土地可能低估这类地区的土地流转活跃程度。

表 4-10　农户土地转入意愿、转入可能性及原因

	所有样本农户	山东	陕西	吉林	浙江
希望转入土地农户比例(%)	39.0	49.0	20.0	67.0	4.0
转入地的可能性(农户比例%)					
不能	96.0	97.0	97.0	93.0	58.0
能	2.0	2.0	3.0	6.0	6.0
不知道能否	2.0	1.0	0	1.0	36.0
小计	100.0	100.0	100.0	100.0	100.0
不能转入地的原因(农户比例%)					
想转出地的农户很少	87.3	87.0	56.0	99.4	98.0
没有转出地与自家地相连	0.1	0	0	0	2.0
想转出的地没有比较好的	0.2	0	12.0	0.2	0
乡村有控制,太麻烦	2.1	2.4	0.3	0	0
不知道谁想转出农地	1.2	1.4	1.0	0	0
承包费太高	1.1	0.9	13.5	0.4	0
其他	8.0	8.3	17.2	0	0
小计	100.0	100.0	100.0	100.0	100.0

数据来源:作者根据调查数据统计整理。

不过,值得注意的是,被访问的希望转入土地的农户绝大多数(96%)却认为转包到土地的难度很大。浙江的情况略有不同,希望转入地农户只有58%的农户认为转不到地。农户难以转到地的原因主要是因为想转出地的农户很少,认为这是主要原因的农户比例高达 87.3%,还有 2.1%和 1.2%的农户分别是因为乡村有控制和不知道谁想转出土地。陕西的情况比较特殊,有12%认为是没有好的转出地,13.5%是因为承包费太高,这应该都与陕西除关中地区外的其他多数地区土地质量和生产力比较差有较大关系。农户想转入土地却没有足够的农地转出,其原因可能是多方面的,包括转入转出双方信息不对称、土地流转市场不健全、土地流转中间代理人缺失,还有由于转出地不符合转入方要求、转出者受乡镇政府或村集体约束、转包期较短等多方面原因

导致双方无法成交。

（二）农户农用地转出状况

样本农户家庭规模主要以两代为主，表现为农村大多青壮男性外出就业而老年人口在家务农，农业劳动力老龄化趋势明显。调查数据显示，被访的617户农户中，30%的农户家庭由4口人构成，如图4-4所示，家庭成员通常由1对“50后”（或“60后”）的夫妻和2个“80后”（或“90后”）的子女组成。其次，有近21%和20%的3口之家和5口之家，家庭成员通常为两代人构成。在收集到的2598人的基本信息中，纯务农人员占39.6%，有46.3%正从事非农就业，其中，进城务工的农民工平均年龄为29岁，63%为男性。另外，在调查总人口中，人口年龄结构表现出50岁及以上人口（27%）和26—29岁人口（22%）占绝大多数，16岁以下人口、30—39岁、40—49岁人口相差不多，各自约占17%，如图4-5所示。进一步从职业选择来看，16—29岁人口以非农就业为主，是新生代农民工的主体成分，而50岁以上人口则成为农业生产的主体力量，这一定程度上反映出我国农业劳动力年龄偏大且老龄化趋势日益显现。

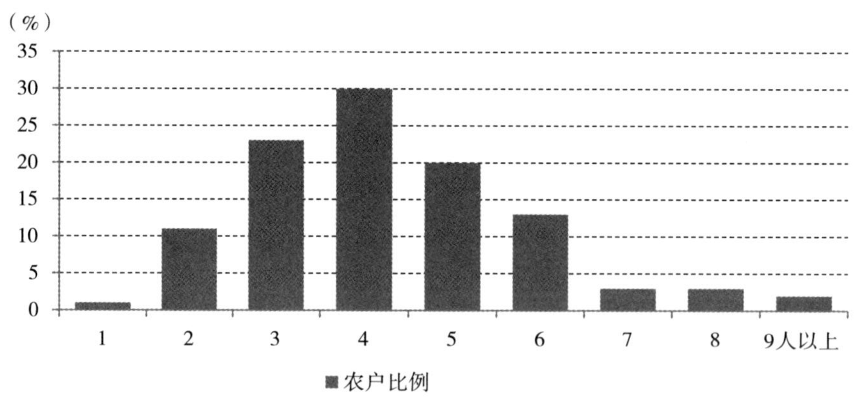

图4-4　农户家庭成员人口数

数据来源：根据调查整理。

在农业生产主导力量年龄结构偏大情况下，若从农户土地转出行为来分析土地流转市场的发展，数据结果显示，整体上，抽样农户土地转出比例不高，

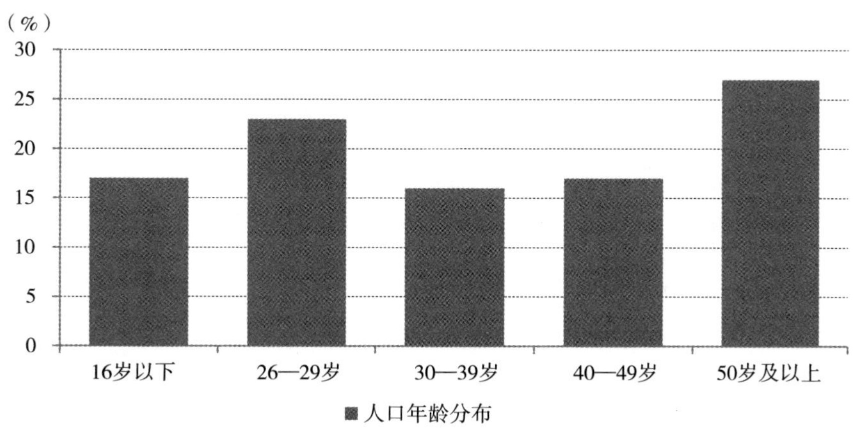

图 4-5　家庭人口年龄分布

数据来源：根据调查整理。

土地流转市场发展缓慢，而且区域发展不平衡，其中，家庭劳动力是否充裕成为土地转出与否的主要考虑。在调查的样本农户中，总体上仅有20%的农户参与了土地转出，如果与经济相对发达的浙江相比（59%），总体平均水平仅为浙江的1/3，总体发展水平空间不平衡，浙江参与土地转出的农户比例（59%）明显高于山东、陕西和吉林（9%、7%和11%）。从转出行为发展时间看，近几年有所发展，大多发生在2005—2008年（14%），其中，浙江农地转出实践起步相对较早。如果进一步分析，样本数据显示，浙江较高的土地转出比例（59%）与较低的劳动力比例（70%）相对应，而陕西情况恰好相反，较低的土地转出比例（7%）对应较高的家庭劳动力比例（88%）。这似乎说明家庭劳动力是否充足是土地转出与否的一个重要考虑。另外，较高的非农就业比例并非对应较高的土地转出比例。以陕西为例，尽管陕西非农就业比例为53%，接近于四省平均水平（56%），但陕西参与土地转出的农户仅有7%，远低于平均水平20%，而且，吉林非农就业劳动力比例最低（26%）仅为陕西非农就业比例的一半，但是从转出地农户比例来看，陕西土地转出比例比吉林参与比例（11%）低4个百分点。这或许和各省的土地禀赋有关，从人均耕地面积来看，吉林人均耕地面积相对较多为4.2亩，陕西为3.2亩，而且陕西农户经营的地块相对分散，平均每户有 5 块地，如表 4-11 所示。

表 4-11　转出土地农户家庭基本特征

	2008 年有转出地的农户比例（%）	其中：2005—2008 年期间转出农地的农户比例（%）	其中：非农就业劳动力比例（%）	家庭劳动力比例（%）	人均耕地（亩）	家庭土地总规模（亩）	地块数量（块）
山东	9	8	40	79	1.4	6.7	4
陕西	7	7	53	88	3.2	13.7	5
吉林	11	11	26	71	4.2	21.3	4
浙江	59	33	65	70	0.4	1.6	2
所有农户	20	14	56	73	0.9	3.9	3

数据来源：作者根据调查数据统计整理。

农户土地转出行为在参与流转地块层面的数据结果显示，农户转出的地块主要是转让给本村其他农户经营，也有一部分农户由于村集体进行土地调整或者土地被征用而转出农地。在 2005—2008 年所有转出地块中，近 39%土地主要转向本村农户，山东、吉林和浙江分别为 30%、57%和 44%，而陕西情况较为特殊，有 33%土地曾经转入经营又交回。值得注意的是，行政力量在土地转出中的作用较为明显，在 2005—2008 年转出的地块中，有近 38%的地块是"交回从村里分的地参与土地调整"，山东、陕西土地调整尤为突出，交回村里分到的地块的比例分别为 54%和 47%，远远高于转给其他农户经营的比例，浙江也有近 30%的地块被村集体收回进行土地调整，这似乎说明村集体的土地调整手段正代替土地流转市场发挥作用，并且大部分农户支持土地调整（龚启圣、刘守英，1998）。短期来讲，村集体的土地调整一定程度上缓解了农村人地矛盾，但长远来看会显著地抑制农户之间土地租赁交易的发生（赵阳，2007）。另外，浙江土地被征的比例最高，有近 18%的农地被征用，这与浙江在城市化过程中土地被征用矛盾相对突出的事实相符，如表 4-12 所示。

表 4-12　农户转出土地去向　　单位:%

2005—2008 年转出的地去向	所有地块	山东	陕西	吉林	浙江
换(兑)地	2	0	2	24	0
转给本村农户的地	39	30	5	57	44
2005—2007 年转入经营现在已经交回转出方	2	0	33	9	2
交回从村里分的地参与土地调整	38	54	47	0	30
被征用	11	4	0	0	18
交回 2005 年以前从村里或别的农户承包的地	3	11	12	8	0
自己把地租给他人作工业用地	2	1	0	0	0
其他	3	0	1	2	6
总计	100	100	100	100	100

数据来源:作者根据调查数据统计整理。

若进一步考察农户的土地转出意愿,抽样数据结果显示,整体上,农户土地转出意愿不高,对于转出又想收回土地的原因除了由于家庭劳动力充足外,还因为农业税费减免政策以及相关农业补贴政策等提高了农户的农业期望收益,因而土地转出动机减弱。当然也有一部分原因是由于转入方不想种了而被动收回。调查中,分到的地仅有 5%的地块农户想转出,陕西想转出的地块最多(21%)。转出又收回的地块中 43%是由于农户自家劳动力充足而被收回,浙江比例最高(53%)。另外,还有 28%是由于农业税费免征自己想种,山东最为突出(67%)。农地转出实践中,因为土地纠纷而收回土地的较少仅有 6%,原因可能是大部分农户在选择流转对象时倾向于将土地流转给亲戚或者信任度高的朋友。

三、土地流转效果

为了进一步考察农户转入土地和转出土地后的土地连片经营情况,我们在具体调查中还详细询问了转入地块与自家地连片的情况以及转出地块与对方家里连片的情况。这样做的原因是考察农户间自发流转农地的规模化经营趋势。如果农户转入的地块与自己原有地块相连,这凸显出农户土地连片经营,扩大农地经营规模,节约生产成本的意图。同样,如果农户转出的土地与对方家的自有地块相连,也显示出对方相同的经营目的。图 4-6 主要描述了农户转入地块与自家经营地块相连的比例以及农户转出地块与对方自己经营地块相连比例。

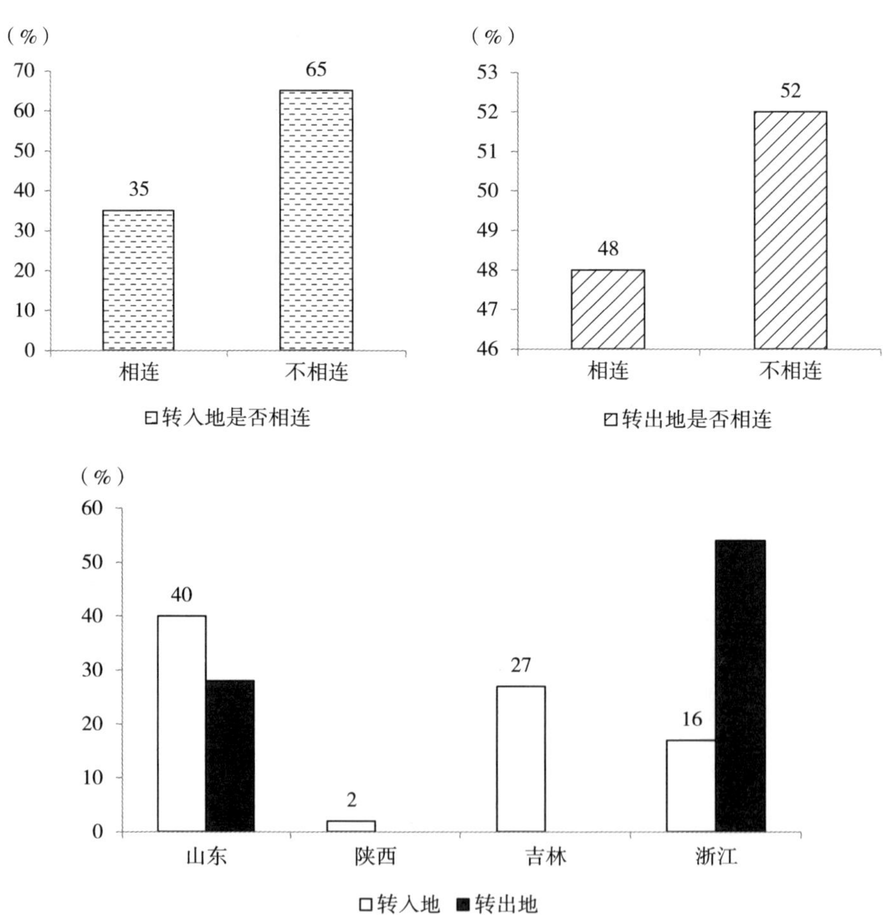

图 4-6 转入、转出地块与原有农地关系

数据来源:作者根据调查整理而得。

数据显示,农户转入的地块基本上与自家地块不相连,转出的地块与对方地块也大多不相邻。比较而言,转出方更容易与对方地块连片,而且经济发达地区转入、转出地块连片的比例较高。具体来看,在转入的地块中,仅有35%的地块与自家地块相连,经济发达的山东、浙江转入相连的比例分别为40%和16%,山东连片转入的比例要远大于浙江情况,这可能的解释是山东农业生产合作社发展起步较早,而且农业生产收入仍然在农户收入中占有很大比例,而非浙江非农收入显然成为农户主要家庭收入。另外,吉林转入相连比例为27%,连片转入比例相对较高的可能解释与吉林的农地禀赋相关。转出地块方面,总体上,有48%的转出地块与对方地块相连,其中,浙江转出地块与对方相连更为明显,占54%,这似乎反映出浙江较高的土地流转发展程度。

第四节　农户土地流转行为实证分析

一、土地流转行为理论分析框架及研究假说

(一) 土地流转行为理论分析框架

首先,农地转入方面:将基于一个农户理论模型建立的农户农地转入决策行为分析框架,讨论在现有农地产权制度安排下农户的农地转入决策行为的制度激励与约束。假设农户农业收入来自自有耕地和转入耕地两部分,农户家庭总劳动力数量为 L,非农就业劳动力为 L^{ofm},村内雇佣农业劳动力工资为 W,为方便分析但不失一般性,假设劳动力同质,每人每年劳作时间为 T,并且非农就业劳动力不从事农业劳作。再假设农户自有耕地面积为 A^{own},分成 n_1 块,转入耕地面积为 A^{im},分成 n_2块。不影响分析结论,进一步简单假设每个地块上只种植一种作物,单位面积产量为 Y,市场价格为 P,单位面积劳动投入为 l,除劳动以外的其他投入成本为 c,并假设农户其他要素投入不受资金

的约束，则这一转入地农户农业生产的利润 π 由自有耕地利润 π^{own} 和转入耕地利润 π^{im} 两部分组成：

$$\pi = \pi^{own} + \pi^{im} = \sum_{i}^{n_1} (P_i Y_i - Wl_i - c_i) A_i^{own} + \sum_{j}^{n_2} (P_j Y_j - Wl_j - c_j) A_j^{im}$$

$$st. \sum_{k}^{n_1+n_2} l_k = T(L - L^{ofm}) \tag{4-1}$$

在一个发育成熟的土地流转市场上，农户依据利润最大化原则，将根据家庭自有耕地、劳动力资源禀赋和非农就业状况来转入土地以谋取资源配置最佳和利润最高。假设农户只是市场价格的接收者，即产品价格 P 和要素价格 W 都不因为单个农户生产调整而受影响，还假设劳动力年劳作时间 T 不变，农户生产技术没有新的变化，在这种情况下，从公式（4-1）可以得到，除了市场决定的产品和要素价格的相对关系，农户利润最大化的最优农地转入数量 A^{im*} 主要取决于自有耕地数量，家庭劳动力禀赋，非农就业等因素的影响，①即

$$A^{im*} = f(L, L^{ofm}, A^{own}, n_1) \tag{4-2}$$

但是，在一个不完善的土地流转市场上（包括土地产权问题、市场供应和交易问题等），农户由于受到外部市场条件的制约，其最终实际转入的土地将是 A^{ima}，假设 A^{ima} 与最优农地转入数量 A^{im*} 之间的比例为 θ，并且该比例受村庄土地外部市场条件，主要是土地产权制度安排 r^v 和村内土地流转市场活跃程度 m^v 的影响，即

$$\theta = f(r^v, m^v) \tag{4-3}$$

因此，农户的实际转入地数量将为

① 严格来讲，公式（4-2）的影响因素中应该纳入产出品、劳动力和投入品价格，不过由于本书主要不是讨论市场价格对土地需求的影响，同时也为了简洁化并引出后面的计量经济模型，模型略去了这些因素。

$$A^{ima} = A^{im*} \cdot \theta = f(L, L^{ofm}, A^{own}, n_1, r^v, m^v) \tag{4-4}$$

此时,农户的实际利润为

$$\pi^a = \sum_{i}^{n_1} (P_i Y_i - Wl_i - c_i) A_i^{own} + \sum_{j}^{n_2} (P_j Y_j - Wl_j - c_j) A_j^{ima} \tag{4-5}$$

进一步,我们假设公式(4-4)中村庄农地产权制度安排 r^v 外生,村内土地流转市场活跃程度 m^v 受村庄农地产权制度安排 r^v 和整个村庄非农就业发达程度 ofm^v 的影响,即

$$m^v = f(r^v, ofm^v) \tag{4-6}$$

土地产权的稳定程度和充分程度对土地流转市场的发育和市场交易有积极的促进作用(田传浩,2005),而且,非农就业水平是流转市场活跃的重要前提(王兴稳、钟甫宁,2008)。公式(4-6)刻画了村庄非农就业发达程度和村庄土地产权制度安排与村内土地流转市场活跃程度的联系。

其次,农地转出方面:由于农用地转出行为主要是对流转农用地的供给行为,提供的是土地流转的“卖方”市场,而农用地转入行为主要是对流转农用地的需求行为,是土地流转的“买方”市场,所以影响农用地转出行为的关键因素不同于农用地转入行为,因而,不能完全用上述农用地转入行为分析框架来解释农用地转出行为。所以,除了考虑土地产权制度安排和土地流转市场活跃程度的制度激励外,由于土地产权制度安排诱致农业劳动力年龄结构变化,故从家庭人口老龄化角度考察土地产权制度安排在农用地转出行为的约束力,我们将在德韦恩·本杰明、洛伦·勃兰特(Dwayne Benjamin, Loren Brandt,2000)的农户劳动力需求模型基础上建立农户土地转出行为模型。

我们假设农户效用函数 U 是二阶可微的拟凹效用函数,$U=(c, l, oldn; e)$,主要取决于农户家庭消费 c,休闲 l,老年人口数 $oldn$ 和其他家庭农户特性 e(如家庭平均教育程度、家庭资产禀赋、家庭社会网络等)。同时,假设农户农业生产函数 Q 是二阶可微的凸函数,$Q=f(L, A; M)$,农户农业生产量主要决定于家庭中从事农业生产劳动力 L^f、家庭经营农地面积 A,其他外生的农业生

产条件变量 M（如农地质量、农地灌溉等）。其中，关于农户农业生产劳动力，简单起见，我们假设只存在自有劳动，不存在雇佣劳动，而且，家庭生产劳动力配置主要存在两种配置方式：从事农业生产活动 L^f 和从事非农就业活动 L^{off}。关于家庭经营农地面积，结合研究背景我们假设其主要取决于家庭农业劳动力供给，即 $A = f(L^f)$。

此外，农户面临的时间禀赋为 $T(e)$ 是农户特征函数，农户时间分配主要用于休闲、务农、从事非农劳动三种用途。简单起见，我们假设劳动力市场上从事非农就业劳动的单位工资收入与单位面积农地生产投入价格相同，都记作 w。同时，农业生产产出品被外生的初始收入禀赋 y 单位化为 1。在一个完全竞争的市场中，农户需要解决的问题是：

$$\text{Max } \mathrm{U}(c, l, oldn; e) \text{ w.r.t.} c, l, oldn, L^f, L^{off}, A$$

$$\text{s.t.} c = f(L^f, A; M) + \omega L^{off} + y - \omega A$$

$$\mathrm{T}(e) = l + L^f + L^{off}$$

$$\text{且 } L^f = f^{-1}(A) \tag{4-7}$$

在上述假设的基础上，我们通过改写农户面临的预算约束，得到农户预算约束的另一种表达形式：$c + \omega l = \mathrm{N}$。其中，$N \equiv y + \pi(\omega, A; M) + \omega T(e)$。即农户消费和休闲的总价值为 N，N 恒等于农户家庭初始收入禀赋与农业生产价值及与劳动力时间禀赋的价值之和。$\pi(\omega, A; M) = f(L^f, A; M) - \omega A - \omega L^f$。假设 N 取值固定，则可以得到间接效用函数：

$$U = \Phi(N, \omega, A, oldn; e) \tag{4-8}$$

通过最大化 N，我们可以得到新的间接效用函数：

$$U = \Phi[y + \rho(\omega, A; M) + \omega T(e), \omega, A, oldn; e] \tag{4-9}$$

其中，ρ 是农业生产利润最大化函数，这说明农业生产利润最大化独立于效用最大化，效用最大化的土地面积为 A^*，生产最大化的土地面积为 A'，如图 4-7 所示。

如图 4-7 所示，在效用最大化的土地面积和生产最大化的土地面积不一

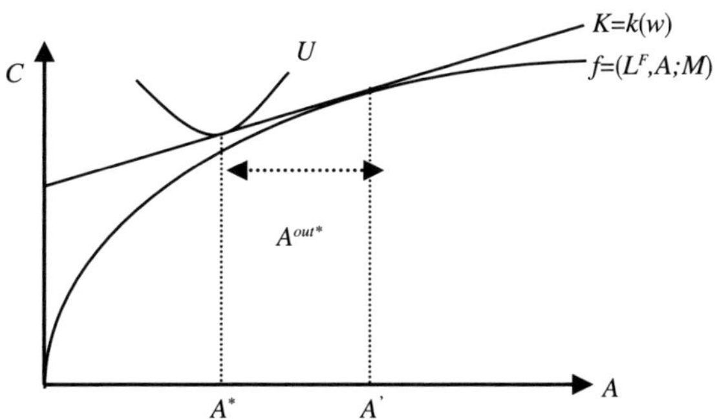

图 4-7 农户转出土地理论关系示意图

致的条件下,如果农地市场发育成熟,农户会依据效用最大化原则,很容易将剩余土地转让给其他农户经营,按照上述假设,农户转出土地面积为 A^{out*} 主要取决于原有耕地数量 A 和非农就业因素的影响,即

$$A^{out^*} = f(L^f, A) \tag{4-10}$$

正如在土地转入分析框架中所陈述的假设,如果存在土地产权不清晰等问题将致使土地流转市场不完善,在此情况下,农户实际转出的土地将是 A^{out},假设 A^{out} 与最优农地转出数量 A^{out*} 之间的比例为 θ,并且该比例受村庄农地外部市场条件——土地产权制度安排 r^v 和村内土地流转市场活跃程度 m^v 的影响,即

$$\theta = f(r^v, m^v) \tag{4-11}$$

则农户的实际转出地数量将为

$$A^{out} = A^{out^*} \cdot \theta = f(L^F, A, r^v, m^v) \tag{4-12}$$

进一步,如果村庄土地产权制度安排 r^v 外生,村内土地流转市场活跃程度 m^v 受村庄土地产权制度安排 r^v 和村庄非农就业发达程度 H^{ofm^v} 影响,即

$$m^v = f(r^v, H^{ofm^v}) \tag{4-13}$$

H^{ofm^v} 用整个村庄非农就业时间描述,如果进一步将农户家庭劳动力供给总量表示为总时间禀赋中非休闲劳动力,记为

$$L^s(\omega, N, oldn; e) = T(e) - l(\omega, y + \rho + \omega T(e), oldn; e) \tag{4-14}$$

农业劳动力的市场需求量记为

$$L^{*} = L^{*}(\omega;A - A^{out}) \tag{4-15}$$

在只考虑当家庭劳动力供给小于非农就业情况下的农业劳动力市场需求时，即

$$L^{s}(\omega,N,oldn;e) < L^{*}(\omega;A - A^{out}) + H^{ofm^{*}} \tag{4-16}$$

我们通过引入土地转出面积，重新改写农户面临的预算约束，即

$$c + \omega l = \omega H^{ofm^{*}} + y + \rho(\omega,A - A^{out};M) + \omega(T(e) - H^{ofm^{*}}) \tag{4-17}$$

此时转出土地经营面积为

$$A^{out} = A^{out^{*}}(\omega^{*};M) = -\frac{d\rho(\omega^{*};M)}{d\omega^{*}} \tag{4-18}$$

如果进一步考虑到农户家庭老年人口数对转出土地面积的边际影响，我们可以得到：$\frac{dA^{out}}{doldn} = -\rho_{11}\frac{d\omega^{*}}{dodldn}$，因为 $-\rho_{11} < 0$，所以 $\frac{dA^{out}}{doldn}$ 将取决于 $\frac{d\omega^{*}}{doldn}$，由于 ω^{*} 满足：

$$L^{s}(\omega,N^{*},oldn;e) = L^{*}(\omega^{*};A - A^{out}) + H^{ofm^{*}} \tag{4-19}$$

而 ω^{*} 等于 $F(L^{*},A - A^{out};M)$ 的一阶导数，即

$$\omega^{*} = F_{1}((L^{s}(\omega,N,oldn;e) - H^{ofm^{*}}),A - A^{out};M) \tag{4-20}$$

隐函数求导，可得：

$$\frac{d\omega^{*}}{doldn} = \frac{dL^{s}/doldn}{dL^{s}/d\omega - dL^{*}/d\omega} \tag{4-21}$$

因为，$dL^{s}/doldn < 0$，$dL^{s}/d\omega > 0$，且 $dL^{*}/d\omega < 0$，所以 $d\omega^{*}/doldn < 0$，进而，$dA^{out}/doldn > 0$。由于土地产权自由度 r^{v} 和村内土地流转市场活跃程度 m^{v} 对转出地的影响的理论证明较为复杂，我们只给出研究假说和实证检验，理论上不予证明，这也是该研究有待进一步完善之处。

（二）土地流转行为研究假说

上述分析理论上刻画了农户土地流转交易行为与其主要影响因素之间的

关系。接下来,我们将在对它们关系进一步分析和讨论的基础上,提出需要实证研究来检验的研究假说。根据上述土地流转行为理论模型分析,当土地流转市场不完善的时候,农户实际土地流转情况不仅取决于农户有无土地流转意愿,更重要的是取决于土地产权制度安排的激励与约束。

就土地流转行为而言,讨论农户的土地流转决策行为首先必须放在土地产权制度框架下。由于非农就业的收益明显高于农业,农户如果能获得非农就业机会,他们都会优先将劳动配置到非农部门。为了减少对土地的后顾之忧,农户会选择土地流转市场,重新配置土地资源。相对活跃的土地流转市场离不开土地产权制度安排的激励,只有当农户拥有较为充分和稳定的土地产权自由度时,才会顺利流转土地,将劳动力配置到非农部门。关于土地产权制度安排和村庄土地市场交易活跃程度这些土地流转外部市场条件对农户土地转入决策行为的影响。从现有文献来看,土地产权的稳定程度和充分程度被认为对农户参与土地流转有显著影响(田传浩,2005;黎霆等,2009)。农户对土地产权稳定的预期越高,土地使用权越明确充分,农户越有动机参与土地流转,对于土地流转市场的供需交易双方,一个活跃的市场是双方得以低成本成交的前提,而且,一个交易活跃的流转市场决定了市场上是否有足够的土地转出方和土地供其选择并使其能否成功转入所需土地。目前大多数研究都认为稳定的土地产权对农户农业生产投资、施肥等行为存在影响[格申·费德、汤格丽·昂尚(Gershon Feder,Tongroj Onchan,1987);萨拉·加维安、马塞尔·法天汉普斯(Sarah Gavian,Marcel Fafchamps,1996)],也有部分研究认为不存在影响[弗兰克·普拉切、彼得·黑兹尔(Frank Place,Peter Hazell,1993);费德等(Feder,et al.,1992)]。但可以肯定的是,如果农村土地产权制度安排引致比较完善的农用地流转市场,农户享受充分的土地流转自主权,比如作物种植权、农地转出对象选择权,并且如果能够从法律上确保农户拥有稳定的土地产权,则土地相对充裕的农户转出土地的可能性越大。

与此同时,土地产权制度安排在家庭土地经营规模、家庭土地细碎化程度、家庭劳动力分配方面体现出的制度约束,也会构成对土地流转行为的制约。比如,当农户家庭劳动力比较充裕且缺乏非农就业机会时,他们会考虑转入耕地,提高农业劳动生产率。

同时,由于农村大量青壮劳动力外出非农就业,老年人口成为从事农业生产的主体,如果从家庭生命周期来看,当老年人口的边际产出达到一定界限时,农户家庭的理性行为是将土地转给劳动力充裕的农户经营,所得总效用要远远大于自己经营土地效用。尽管土地经营规模受到劳动力禀赋的制约,但随着土地经营规模的扩大,以机械化为代表的农业新技术将打破小农经营劳动力与土地之间的配比关系,因此,对于那些初始土地经营规模已经比较大,农业收入对家庭收入比较重要的农户,他们有动机去转入土地扩大经营规模,谋求规模经济。这种规模经济可能来自三方面:一是土地经营总规模的扩大有利于农业生产要素采购成本的下降和农产品生产及销售环节的规模优势体现,降低单位产品成本;二是土地经营规模扩大可能有助于机械化水平的提高,提升农业劳动生产率;三是转入土地有可能使农户原来分散、细碎化的地块面积扩大,实现地块的规模经济。但是,土地小规模分散经营和细碎化意味着规模效率的损失,因此,一般认为扩大地块面积(哪怕只是换兑土地不增加总面积)将能更有效地发挥其他生产要素的作用、提高资源的报酬率[万、章(Wan,Cheng),2001]。所以,土地细碎化理论上会促使农户产生转入土地改善土地细碎化状况的动机。但在中国现阶段,农户土地经营规模很小并且高度分散,地块非常碎小,地块层面上的规模经济实际上只能是理论上的讨论,而且,由于村庄内部地块细碎化程度太高,农户转入或者兑换到与自己地块相连的土地的难度极大,交易成本极高(王兴稳、钟甫宁,2008)。相反,土地细碎化的另一个直接效应是会增加同等土地经营规模下农户的劳动力投入,同样的经营面积,细碎化和分散化至少会大大增加农户在不同地块之间的交通时间和成本,因此,土地细碎化会加剧和凸显农户家庭的劳动力约束。

综上所述,关于农户土地流转交易行为,我们需要检验的研究假说是:农户的土地流转行为本质上是土地产权制度安排激励与约束的结果。在农户土地流转行为(土地转入、土地转出)方面,受土地产权制度安排的激励,土地流转市场活跃度与非农就业机会对土地流转行为存在显著影响。同时,尽管农户土地产权自由度相对较高,但其约束力在家庭劳动力资源、土地经营规模、土地细碎化程度和农户家庭人口的老龄化方面的体现对土地流转行为决策存在显著影响。

二、土地流转行为计量经济模型

基于上述分析,我们建立以下计量经济模型来对上述研究假说进行实证检验:

$$A^{ima} = \alpha + \beta_1 L + \beta_2 L^{ofm} + \beta_3 A^{own} + \beta_4 n_1 + r^v \beta_5 + \beta_6 m^v + H\gamma + \mu_{tw} + \varepsilon \tag{4-22}$$

$$A^{out} = \alpha' + \beta_1' oldn + r^v \beta_2' + \beta_3' m^v + H\gamma' + \mu_{tw}' + \varepsilon' \tag{4-23}$$

上述计量经济模型的分析对象是农户,主要对农户 2005—2008 年期间的土地转入、转出行为的分析。被解释变量 A^{ima}、A^{out} 分别表示农户 2005—2008 年期间从其他农户转入、转出及从村集体承包、转包给村集体的农地数量,为消除家庭规模影响,用农户转入、转出地人均亩数来衡量。L、L^{ofm}、A^{own}、n_1、r^v、m^v、$oldn$ 是关键解释变量。

解释变量 r^v 在模型中用来表示土地产权制度安排包括两个关键指标,分别是 2005 年村庄土地使用权的充分度指标和稳定度指标。研究用以下三个问题来测度土地使用权的充分程度:(1)农户是否可以自行决定种植什么作物?(2)农户是否可以自行将土地转给本村的其他村民?(3)农户是否可以自行将土地转给外村村民?我们根据答案构建了一个土地使用权充分度指标,取值为 0—3,取值 3 表示农户充分拥有三项权利。研究用另外三个问题来测度土地使用权的稳定程度:(1)农户女儿出嫁,其地是否要被村集体收回?(2)农户家新娶媳妇是否可以从村里分到地?(3)农户家新生小孩是否可以从村里分到地？我们根据答案构建了一个测度是否“增人不增地，减人不减地”的土地使用权稳定度指标，取值为 0—3，取值 3 表示三种情况下都不调地。解释变量 m^v 是村庄土地流转交易活跃程度的衡量指标，用村庄 2005—2008 年被调查农户中有转入土地行为比例和有转出土地行为比例的平均值来测度。尽管指标 m^v 是村庄层面变量，而上述模型中的被解释变量是农户的土地转入行为，是农户层面变量，但由于两个指标是 2005—2008 年同期决定的变量，并且 m^v 是农户土地转入和转出行为的集合，因此，模型存在潜在的内生性问题。为了保证上述模型获得参数可靠的估计，模型参数除了用最小二乘法估计，还用工具变量法进行了估计。估计时我们用 2005 年村庄非农就业劳动力的比例来做 2005—2008 年村庄土地流转交易活跃程度 m^v 的工具变量。

解释变量 L 用 2005 年农户家庭总人口测度，用总人口而不用劳动力是因为农村人口只要身体健康，六七十岁的老年人都是像全劳动力一样从事农业劳作的，在农忙季节，上中小学的小孩也会参与简单的农业生产活动。变量 L^{ofm} 是 2005 年农户家庭非农就业劳动力比例；A^{own} 是 2005 年农户家庭经营的土地规模，为消除家庭规模影响，用人均经营土地面积来衡量；n_1 是 2005 年农户家庭经营的土地地块数量，衡量土地的细碎化程度。

解释变量 $oldn$ 用 2005 年农户家庭人口中 50 岁以上（不包括 50 岁）人口数目来表示。尽管国际上通常把 60 岁以上的人口占总人口比例达到 10%，或 65 岁以上人口占总人口的比例达到 7%作为国家或地区进入老龄化社会的标准。但是由于在外出的农民工中，16—29 岁所占比例达 58.4%，30—39 岁所占比例为 23.8%，40—49 岁所占比例为 13.1%，而 50 岁以上的仅占 4.7%，并且 50 岁以上人口中 80.2%从事农业生产活动。如果按照国际标准来估算农户家中老年人口数，不仅会缩小样本容量而且无法测度 50 岁以上、60 岁或 65 岁以下人口数对土地流转的影响，而他们恰巧是土地流转最主要的参与主体，他们在家庭总人口中所占比例正好刻画了家庭人口的老龄化程度对农户土地转出行为的影响。

H 是一组村庄及农户控制变量，包括 2005 年时村庄总户数、最远两个小组距离、土地中山地比例、耕地灌溉面积比例、机动地比例和村人均纯收入，2005 年农户户主性别、年龄、受教育年限、是否是村干部和家庭房产价值等。ε、ε' 是其他不可观测因素。α、β_1、β_2、β_3、β_4、β_5、β_6、γ 和 α'、β_1'、β_2'、β_3' 是模型待估参数，其中 β_5、β_2'、γ 和 γ' 因为对应的是一组变量，是参数矩阵，μ_{tw} 和 μ_{tw}' 是乡镇级不可观测因素，估计时用虚拟变量控制。具体变量如表 4－13 所示。

表 4-13 变量说明及预计影响方向

被解释变量			
A^{ima} 农户 2005—2008 年期间从其他农户转入从村集体承包、转包给村集体的土地数量			
A^{out} 农户 2005—2008 年期间从其他农户转出从村集体承包、转包给村集体的土地数量			
关键解释变量	具体说明	预计影响方向	
		y1	y2
农户社会信任	农户土地流转对象是否是自家亲戚（1＝是；0＝否）	－	＋
其他控制变量			
土地使用权充分度，取值范围（0—3）	（1）农户是否可以自行决定种植什么作物？（2）农户是否可以自行将土地转给本村的其他村民？（3）农户是否可以自行决定将土地转给外村村民？（1＝是；0＝否）	－	＋
土地使用权稳定度，取值范围（0—3）	（1）农户女儿出嫁，其地是否要被村集体收回？（2）农户家新娶媳妇是否可以从村里分到地？（3）农户家新生小孩是否可以从村里分到地？（1＝是；0＝否）	－	＋
村土地流转交易活跃程度	农户有转入土地行为比例和有转出土地行为比例的平均值来测度（％）	－	＋
非农就业劳动力比例	农户家庭非农就业劳动比例（％）	－	＋
农户控制变量			
农户家庭经营的土地规模	家庭经营土地人均面积（亩）	＋	＋

续表

家庭人口数	家庭总人口总数(人)	+	+
家庭经营土地地块数目	家庭经营的地块细碎化的程度(块)	-	-
户主年龄	周岁(岁)	+	+
户主受教育年限	接受素质教育的年限(年)	+	-
户主性别	(1=男;0=女)	-	-
户主是否是村干部	(1=是;0=否)	+	-
家庭房产评估值	家庭房屋不动产的现值(万元)	+	-
村庄控制变量			
村最远两个小组距离	如果村分小组两个相距最远的村小组距离(里)	+	+
村总户数	村庄总户数(按户籍统计)(户)	+	+
村土地中山地比例	村庄中,山地所占比例(%)	-	-
村耕地灌溉比例	耕地中有灌溉设施,能浇灌的比例(%)	+	-
村机动地比例	村庄机动地的比例(%)	-	-
村人均纯收入	村庄人均净收入(农业收入和非农收入)(元)	+	-

三、土地流转行为实证分析结果

农户农用地转入行为计量经济模型中各变量的描述统计见表 4-14,具体包括被解释变量、关键解释变量及其他控制变量。农户农用地转出模型中各变量的描述统计如表 4-15 所示。整体来看,数据质量较高,具有解释力。

表 4-14 模型所用被解释变量和解释变量的特征

变量	均值	标准差	最小值	最大值
被解释变量				
2005—2008 年户人均转入耕地面积(亩)	0.5	2.3	0.0	27.8
关键变量				
2005 年家庭人口数(人)	4.2	1.5	1.0	12.0
2005 年家庭非农就业劳动力比例(%)	27.8	23.9	0.0	100.0

续表

变量	均值	标准差	最小值	最大值
2005 年家庭经营农地地块数（块）	4.1	2.3	0.0	13.0
2005 年家庭经营农地人均面积（亩）	2.8	3.5	0.0	38.8
2005 年农地使用权充分度（0—3）	2.6	0.7	1.0	3.0
2005 年农地使用权稳定度（0—3）	2.3	1.2	0.0	3.0
2005—2008 年村土地流转交易活跃程度（%）	17.1	13.6	0.0	54.2
2005 年村非农就业劳动力比例（%）	38.1	28.4	2.5	100.0
农户控制变量				
2005 年户主年龄（岁）	49.6	10.7	22.0	84.0
2005 年户主受教育年限（年）	6.6	3.0	0.0	12.0
2005 年户主性别（1=男；0=女）	1.0	0.2	0.0	1.0
2005 年户主是否是村干部（1=是；0=否）	0.3	0.4	0.0	1.0
2005 年家庭房产估值（万元）	8.2	19.7	0.0	280.0
村庄控制变量				
2005 年村最远两个小组距离（里）	5.3	8.5	0.0	46.0
2005 年村总户数（户）	418.9	329.4	52.0	1536.0
2005 年村土地中山地比例（%）	23.6	29.4	0.0	94.0
2005 年村耕地灌溉比例（%）	54.0	40.5	0.0	100.0
2005 年村耕地机动地比例（%）	7.0	11.3	0.0	57.0
2005 年村人均纯收入（元）	3003.0	2230.0	600.0	9800.0

注：表中的样本量=617 户。

数据来源：作者根据调查数据统计。

表 4-15　模型所用被解释变量和解释变量的特征

变量	均值	标准差	最小值	最大值
被解释变量				
农户人均转出耕地面积（亩）	0.1	0.7	0.0	9.1
关键变量				
家庭 50 岁以上人口数（人）	1.2	1.1	0.0	5.0
农地使用权充分度（0—3）	2.6	0.7	1.0	3.0
农地使用权稳定度（0—3）	2.3	1.2	0.0	3.0

续表

变量	均值	标准差	最小值	最大值
村土地流转交易活跃程度(%)	17.1	13.6	0.0	54.2
村非农就业劳动力比例(%)	38.1	28.4	2.5	100.0
农户控制变量				
家庭经营农地人均面积(亩)	2.8	3.5	0.0	38.8
家庭人口数(人)	4.2	1.5	1.0	12.0
家庭非农就业劳动比例(%)	27.8	23.9	0.0	100.0
家庭经营农地地块数目(块)	4.1	2.3	0.0	13.0
户主年龄(岁)	49.6	10.7	22.0	84.0
户主受教育年限(年)	6.6	3.0	0.0	12.0
户主性别(1=男;0=女)	1.0	0.2	0.0	1.0
户主是否是村干部(1=是;0=否)	0.3	0.5	0.0	1.0
家庭房产评估值(万元)	8.2	19.7	0.0	280.0
村庄控制变量				
村最远两个小组距离(里)	5.3	8.5	0.0	46.0
村总户数(户)	418.9	329.4	52.0	1536.0
村土地中山地比例(%)	23.6	29.4	0.0	93.6
村耕地灌溉比例(%)	54.0	40.5	0.0	100.0
村机动地比例(%)	7.0	11.3	0.0	56.6
村人均纯收入(元)	3003.0	2229.9	600.0	9800.0

注:表中的样本量=617户。
数据来源:作者根据调查数据统计。

表4-16、表4-17报告了对公式(4-22)的计量经济估计结果,第2列是最小二乘法(OLS)估计结果,第3列是工具变量法(IV)估计结果,第4列是工具变量法估计的第一阶段估计结果,即检验村非农就业劳动力比例对村土地流转交易活跃程度偏效应的OLS估计结果。表4-16、表4-17展示了土地产权自由度(充分度和稳定度)和土地流转交易活跃度、家庭劳动力人口、家庭土地经营规模、土地细碎化程度、老年人口数等作为关键解释变量对农户土地流转面积影响的回归结果。考虑到我们主要解释变量可能存在某种程度的测

量误差问题，为了缓解测量误差对回归结果的影响，我们主要采用了稳健的最小二乘法（OLS）和工具变量法（IV）对土地流转模型中的解释变量进行稳健性检验。从统计角度来看，计量经济模型估计的拟合程度较高，主要解释变量参数多数都显著异于零。从关键解释变量参数的假设检验结果来看，针对农户土地流转行为的研究假说都得到了验证。

为了检验上述 OLS 估计结果的稳健性，模型估计时考虑了村庄土地流转交易活跃度这一变量的内生性问题并采用了工具变量估计法。相对于 2005—2008 年期间农户的土地流转行为，2005 年村庄的非农就业劳动力比例这一变量是一个前定变量，具有较好的外生性，同时，从工具变量法估计的第一阶段结果（IV 第一阶段）来看，该变量对农地交易活跃程度有非常显著的偏效应，因此，从技术上讲，该变量是一个比较有效的工具变量。在这种工具变量有效的情况下，IV 估计结果和 OLS 估计结果相差很小说明了内生性问题不是这个模型需要特别关注的问题。[①] 因此我们用 OLS 估计结果来进行讨论分析。

从实证检验结果来看，尽管土地使用权充分度和稳定度这两项土地产权制度安排对农户土地流转行为的直接影响不显著，但由于村土地流转交易活跃程度对土地流转行为有非常重要的促进作用，而充分且稳定的土地产权自由度对村土地流转交易活跃度存在非常显著的正向影响，所以土地产权自由度和充分度对土地流转行为存在制度上的激励。村土地流转交易活跃程度对农户人均转入、转出耕地面积的影响系数为 0.029 和 0.004，假设检验达到了显著水平。土地产权制度的安排对土地流转市场的活跃程度的制度激励成为农户土地流转能否顺利的关键决定因素，而村土地市场的活跃程度是农户是否积极参与土地流转活动的重要反映，也是土地流转交易实现和流转机制建

① 研究对 IV 估计结果和 OLS 估计结果也进行了 Hausman 统计检验，统计检验表明模型没有内生性问题。

立的基础,土地产权制度安排对村土地流转交易活跃非常显著的正面影响表明对于市场发展,制度和外部环境的建设仍然十分重要。

此外,从工具变量估计的第一阶段估计结果可以看到,村非农就业劳动力是村庄土地流转交易活跃的重要影响因素,而较高的农村非农产业发展水平离不开土地产权制度安排的激励(包宗顺等,2009)。这一结论对于未来土地流转市场的发展有重要启示。农村人口对非农就业市场的积极参与和向城市部门的永久性移民是根本性减少农业人口,促进土地市场供给增加的前提。

回归结果还显示,家庭总人口数量对农户流转土地数量有显著影响,达到了显著水平,平均而言,农户家庭人口每增加 1 人,转入土地人均要多 0.098 亩,转出土地人均减少 0.005 亩。同时,农户家庭劳动力非农就业比例对土地转入数量有显著的负影响,对土地转出数量影响不显著,当农户家庭非农就业比例每提高 10 个百分点,转入土地人均要减少 0.06 亩。土地转出数量影响不显著的原因,或许是在中国农村农民兼业化比较严重的情况下,整体上农民对土地的依赖还很强,即使从事非农就业仍然不放弃土地。但是,从农用地转出回归结果中看出,农户人口老龄化对土地转出有显著的正向影响,即农户家中老年人口越多,农户人均转出耕地面积越大,具体而言,农户家庭中 50 岁以上人口每增加 1 人,人均转出耕地面积增加 0.064 亩。由于农户青壮劳动越来越倾向于在外专职从事非农劳动,一方面无暇顾及农活,另一方面由于经常不干农活农业经验匮乏,这种情况下,农户家中老年人口随年龄增大受自身劳动能力限制倾向于将土地转给他人经营。当然,还有一种可能性是非农收入与农业收入差距较大,降低了农户农业收益预期,再加上新生代农民工的务工收入大多补贴家用以及土地转出会获得实物或现金补偿,这些都会促使 50 岁以上人口倾向于转出土地。还有,随着农村养老保险和医疗保险的逐步普及,老年人口减少了对土地社会保障的依赖开始转向依靠政府主办的社会保障。因此,农村老年人口随着年龄的增加在劳动力配置上更加理性,转出土地在休闲上分配多点时间是其改善农户福利实现效用最大化理性选择。

表 4-16　农户实际转入土地数量影响因素模型参数估计结果

	2005—2008 年户人均转入耕地面积		2005—2008 年村土地流转交易活跃程度
	OLS 估计结果(1)	IV 估计结果(2)	IV 第一阶段(3)
关键变量:			
2005 年家庭人口数	0.098	0.097	0.433
(人)	(1.83)*	(1.84)*	(2.31)**
2005 年家庭非农就业劳动力比例	-0.006	-0.006	0.001
(%)	(1.90)*	(1.90)*	(0.09)
2005 年家庭经营土地地块数	-0.109	-0.109	0.063
(块)	(2.61)***	(2.57)**	(0.41)
2005 年家庭经营土地人均面积	0.389	0.389	0.221
(亩)	(3.94)***	(3.98)***	(1.45)
2005 年土地使用权充分度	0.074	0.064	2.898
(0—3)	(1.01)	(0.57)	(4.87)***
2005 年土地使用权稳定度	-0.007	-0.014	2.139
(0—3)	(0.08)	(0.20)	(6.66)***
2005—2008 年村土地流转交易活跃程度	0.029	0.032	
(%)	(2.17)**	(2.04)**	
2005 年村非农就业劳动力比例		0.194	
(%)			(9.81)***
农户控制变量:			
2005 年户主年龄	-0.004	-0.004	-0.000
(岁)	(0.73)	(0.74)	(0.01)
2005 年户主受教育年限	-0.023	-0.023	0.046
(年)	(1.20)	(1.21)	(0.45)
2005 年户主性别	0.015	0.018	-0.695
(1=男;0=女)	(0.12)	(0.14)	(0.46)
2005 年户主是否是村干部	-0.152	-0.149	-1.225
(1=是;0=否)	(1.36)	(1.33)	(2.00)**
2005 年家庭房产估值	-0.000	-0.000	-0.003

续表

	2005—2008 年户人均转入耕地面积		2005—2008 年村土地流转交易活跃程度
	OLS 估计结果(1)	IV 估计结果(2)	IV 第一阶段(3)
(万元)	(0.43)	(0.43)	(0.24)
村庄控制变量:			
2005 年村最远两个小组距离	-0.072	-0.071	-0.240
(里)	(2.16)**	(2.00)**	(2.27)**
2005 年村总户数	0.000	0.000	-0.022
(户)	(0.04)	(0.13)	(9.83)***
2005 年村土地中山地比例	0.010	0.010	0.119
(%)	(1.84)*	(1.72)*	(6.50)***
2005 年村耕地灌溉比例	0.008	0.007	0.117
(%)	(1.58)	(1.48)	(6.63)***
2005 年村耕地机动地比例	0.010	0.009	0.319
(%)	(0.63)	(0.57)	(12.21)***
2005 年村人均纯收入	0.000	0.000	0.002
(元)	(0.76)	(0.80)	(4.90)***
乡镇级虚拟变量估计结果省略			
常数项	-1.339	-1.277	-22.606
	(1.64)	(1.65)*	(6.02)***
观测值	617	617	617
R^2	0.49***	0.49***	0.81***

注:括号内为参数估计 t 统计量的绝对值;*、**、***分别表示在 10%、5%、1%水平上显著。

另外,土地细碎化程度,即农户经营土地的地块数量对农户农用地转入行为有非常显著的负面影响,而对转出行为影响不显著。即农户经营的地块数量越多则转入经营的土地数量越少。农户平均每增加 1 块地,转入土地会减少 0.11 亩,可见,正如前文所述,在现有土地分配制度下,土地细碎化则通过强化劳动的约束而对农户土地转入有显著的负面影响。计量经济分析结果还显示,农户初始的家庭土地经营规模对其后续流转农用地数量有非常显著的正面影响,即农户初始土地经营规模较大则后续转入、转出土地数量相对较多。平均而言,农户初始土地经营规模人均面积每增加 1 亩,户人均转入耕地面积将增加 0.38 亩,户人均转出耕地面积将增加 0.03 亩。这一实证检验结果表明,农户转入土地扩大经营规模以获取规模效益是农户农地转入行为的重要经济激励。农户初始土地经营规模越大,不仅反映其家庭对土地收入的依赖程度越高,而且,进一步扩大经营规模潜在的规模经济促使他们通过土地流转进一步转入土地,扩大经营规模,谋求规模经济。

表 4-17　农户实际转出农地数量影响因素模型参数估计结果

	户人均转出耕地面积		村土地流转交易活跃程度
	OLS 估计结果(1)	**IV 估计结果(2)**	**IV 第一阶段(3)**
关键变量:			
家庭 50 岁以上人口数	0.063	0.064	0.143
(人)	(1.42)	(2.11) **	(0.50)
土地使用权充分度	0.029	0.058	2.737
(0—3)	(0.49)	(0.77)	(4.67) ***
土地使用权稳定度	-0.032	-0.010	2.286
(0—3)	(1.36)	(0.19)	(8.17) ***
村土地流转交易活跃程度	0.004	0.005	
(%)	(1.70) *	(1.66) *	
村非农就业劳动力比例		0.199	
(%)			(10.17) ***
农户控制变量:			
家庭经营农地人均面积	0.025	0.027	0.215
(亩)	(0.90)	(2.25) **	(1.42)
家庭人口数	-0.058	-0.054	0.430
(人)	(2.47) **	(2.69) ***	(2.26) **
家庭非农就业劳动比例	0.001	0.000	0.002

续表

	户人均转出耕地面积		村土地流转交易活跃程度
	OLS 估计结果(1)	IV 估计结果(2)	IV 第一阶段(3)
(%)	(0.13)	(0.19)	(0.17)
家庭经营农地地块数目	-0.010	-0.009	0.051
(块)	(0.80)	(0.60)	(0.33)
户主年龄	0.003	0.003	-0.007
(岁)	(0.96)	(0.84)	(0.24)
户主受教育年限	0.012	0.012	0.042
(年)	(1.40)	(1.31)	(0.42)
户主性别	0.056	0.049	-0.355
(1=男;0=女)	(0.91)	(0.31)	(0.23)
户主是否是村干部	0.030	0.023	-1.205
(1=是;0=否)	(0.53)	(0.37)	(1.95)*
家庭房产评估值	-0.000	-0.000	-0.005
(万元)	(0.49)	(0.24)	(0.47)
村庄控制变量:			
村最远两个小组距离	-0.004	-0.007	-0.263
(里)	(0.60)	(1.06)	(2.52)**
村总户数	-0.000	-0.000	-0.020
(户)	(1.03)	(1.44)	(9.06)***
村土地中山地比例	-0.001	0.001	0.132
(%)	(0.31)	(0.21)	(6.90)***
村耕地灌溉比例	0.000	0.001	0.116
(%)	(0.22)	(0.62)	(6.17)***
村机动地比例	-0.001	0.003	0.317
(%)	(0.13)	(0.52)	(11.92)***
村人均纯收入	0.000	0.000	0.002
(元)	(0.98)	(0.91)	(3.71)***
乡镇级虚拟变量估计结果省略			
常数项	-0.209	-0.384	-21.554

续表

	户人均转出耕地面积		村土地流转交易活跃程度
	OLS 估计结果(1)	IV 估计结果(2)	IV 第一阶段(3)
	(0.67)	(0.87)	(5.55)***
观测值	617	617	617
R^2	0.10	0.10	0.81***

注:括号内为参数估计 t 统计量的绝对值;*、**、***分别表示在 10%、5%、1%水平上显著。

总体上说,我国土地流转状况在经济转型期间表现出独有的复杂性和特殊性,农户所表现出的土地"黏性"使得土地流转交易行为发展速度较慢、流转程度不高、流转比例较低,具体表现在:首先,目前大多数农户仍以经营从村集体分到的土地为主,土地流转比例相对较少,经济相对发达地区转出又收回土地比例较高。农户家中劳动力是否充裕、土地农业生产的经济收益成为转入、转出土地的主要原因,当然,国家的农业方针政策对农户土地使用权流转也有较大影响。大多数农户既不愿意转入土地,也不愿转出土地,劳动力数量和种地成本是形成这一流转意愿的主要解释。其次,样本村庄农户在决定作物种植类型和土地流转去向等方面拥有很大的自主权,土地使用权稳定度也相对较高,但仍明显低于土地使用权充分度。从各省土地产权充分度来看,山东和陕西土地产权充分度、稳定度相对较弱,而吉林、浙江充分度、稳定度较高,这恰好与各省平均土地调整的次数相对应。清晰的土地使用权一定程度上可以减小土地流转的阻力,加速土地流转进程。农户对"农地承包经营权维持 30 年不变"的基本土地政策认知度较高,但对政府其他相关土地政策认知度较低且存在一定偏差。在土地承包经营权时间期限方面,农户的态度仍然是希望土地承包经营权"维持 30 年不变",稳定的土地承包经营权依然是农户对土地权利的根本诉求。大部分正经营的农地都有使用凭证,农户的土地使用权基本有所保障,但经济相对发达地区拥有比例相对较低。在农业补贴政策方面，大部分农户对农业补贴政策都一定认知，而且也享受过相关补贴政策，但就享受的哪种补贴政策并没有清楚认识。

自《农村土地承包法》颁布实施以来，土地流转供需不足的结构性矛盾始终困扰着中国农村土地流转市场的发展，成为我国城市化进程的重要制约因素。如何突破土地流转滞缓困境，建立促进土地流转市场发展的长效机制？关键在于如何发挥农地产权制度安排在土地流转交易行为中的制度激励作用，同时，还需要厘清农地产权制度安排在农户家庭劳动力资源、农地经营规模、农地细碎化程度和农户家庭人口老龄化、农户社会信任度方面所体现的约束力。我们基于新制度经济学的基本理论，通过建立一个农户土地流转交易行为理论分析框架，系统讨论了农地产权制度安排在农户土地流转交易行为决策中的激励与约束，并利用来自 4 省 13 县 600 多户农户 2005—2008 年期间土地转入情况实地调查数据检验了相关研究假说。研究得到的结论是：农户的土地流转交易行为是土地产权制度安排激励与约束的结果。具体来说：

首先，在农户土地流转行为（土地转入、土地转出）方面，尽管土地使用权充分度和稳定度这两项土地产权制度安排对农户土地流转行为的直接影响不显著，但由于村土地流转交易活跃程度对土地流转行为地有非常重要的促进作用，而充分且稳定的土地产权自由度对村庄土地流转交易活跃度存在非常显著的正向影响，所以土地产权自由度和充分度对土地流转行为存在制度上的激励。村非农就业劳动力是村土地流转交易活跃程度的重要影响因素。而约束力主要体现在，家庭总人口数量对农户流转农地数量有显著影响，达到了显著水平，平均而言，农户家庭人口每减少 1 人，转入农地人均要减少 0.098 亩，转出农地人均增加 0.005 亩。同时，农户家庭劳动力非农就业比例对土地转入数量有显著的负影响，对土地转出数量影响不显著，当农户家庭非农就业比例每提高 10 个百分点，转入土地人均要减少 0.06 亩。农户人口老龄化对土地转出有显著的正向影响，即农户家中老年人口越多，农户人均转出耕地面积越大，具体而言，农户家庭中 50 岁以上人口每增加 1 人，人均转出耕地面积增加 0.064 亩。土地细碎化程度，即农户经营土地的地块数量对农户农用地转入行为有非常显著的负面影响，而对转出行为影响不显著。即农户经营的地块数量越多则转入经营的土地数量越少。农户平均每增加 1 块地，转入农地会减少 0.11 亩。另外，农户初始的家庭农地经营规模对其后续流转农用地数量有非常显著的正面影响，即农户初始农地经营规模较大则后续流转农地数量相对较多。平均而言，农户初始农地经营规模人均面积每增加 1 亩，户人均转入耕地面积将增加 0.38 亩，户人均转出耕地面积将增加 0.03 亩。

值得注意的是，在描述分析农户土地流转交易行为现状以及不同经济发展程度省份土地流转行为方面的区域差异，可以发现土地流转交易行为存在以下问题：首先，从土地流转行为来看，在我国农村，尽管农户土地转入、转出行为日益普遍，时常发生，但是农户农用地转入、转出行为发展滞缓，流转比例不高，这一现状似乎与土地产权制度安排存在的制度激励与约束密切相关。具体来讲，似乎土地产权的充分度和稳定度所产生的制度激励在直接或间接地作用于农户的土地流转行为。与此同时，土地产权制度安排在家庭人口老龄化、经营土地面积、土地细碎化程度这些关键因素方面的制度约束力，对农户的土地转入、转出行为的影响，成为需要进一步实证检验的重点。同时，由于不同省份经济发展程度差异，所导致的非农就业程度、农地经营方式等方面的发展程度不同，使农用地转入、转出行为呈现出不同的区域差异，表现为流转行为的空间不均衡，因而在政策制定上，普适性的支持政策或许会难以实现政策效果，比如，农业税的免征和农业补贴政策促进了“曾经转出又收回”的流转行为的发生。要理解这种区域差异，也需要进一步探讨土地产权制度安排在非农就业程度、土地流转活跃程度方面的制度激励，以及土地产权制度安排体现在家庭土地经营规模、劳动力资源状况、人口老龄化等方面对农户土地流转行为形成的约束。

在土地流转市场发展滞缓背景下，我们从土地产权制度安排的激励与约束角度，为国家进一步推进农村土地流转市场的发展提供了微观基础。有理由相信，随着城市化进程的深化和关系城乡劳动力流动的相关制度的进一步改革，农村劳动力将有更多参与非农部门和城市部门活动的机会并促进农村家庭和社会的分化，这种分化的一个明显表现是农村劳动力和人口在经济活动上向农业和非农业两个部门的分化和专业化分工，因此，理论上讲，对于那些未来专业化于农业部门的农村劳动力和家庭，土地产权制度安排提供的制度激励，实现土地流转交易，应该不是一个问题。当然，还需要进一步探索农户享有充分土地使用权的内涵和外延，例如土地抵押权等对土地流转行为的刺激，以及深入了解即从事农业劳动又从事非农就业兼业者的土地流转意愿，这些都是与农户土地转出行为密切相关并且亟须回答的问题。

然而，导致土地流转滞缓的主要原因可能来自流转土地供给层面，而非需求层面，表现为长期以来土地流转市场上的需求大于供给（钱忠好，2003）。因此，现阶段和未来很长一段时期，克服土地产权制度安排的约束力的主要阻力和障碍将来自农村土地流转市场的供给层面。建立规范化的土地流转机制，克服土地细碎化劣势、发挥规模化经营优势、合理引导农村老龄人口的土地流转行为，一方面需要为新生代农民工创造更多的城市就业机会，确保他们稳定就业，减少对农村土地依赖以逐步完成农民市民化，需要继续健全农村社会保障体系，尤其是养老保险，使农村老年人口减少对土地社会保障的依赖；另一方面还需要农户土地流转对象从以亲戚为主体向其他村民、合作社、企业转移。以血缘关系为依托的社会信任不足以支撑土地流转中的社会信任需求，因此，需要探索建立农村社会信任的新渠道，建议加强农村文化社团，生产合作协会等建设力度，增强村民的集体凝聚力和合作意识，这是发挥社会信任在土地流转交易中的积极作用的重要举措。另外，社会信任在减少土地流转交易时间方面需要注意与交易成本相结合，如果社会信任仅仅是减少了农户土地流转的交易时间而增加了交易成本，比如农户口头流转协议随后若产生违约行为而增加的交易成本，那更需要重视社会信任对土地流转交易质量的效果，而非仅仅是流转效率的提高，所以，有关三者之间关系的研究将是以后进一步研究的重点。还有,为农民工提供平等、公平的就业机会,创造稳定的就业环境和就业岗位是进一步减少土地流转交易成本的必然选择,比如非农就业比例越高,土地流转交易成本越高的根本原因是城市非农就业没有产生稳定的收益预期,因而对农村土地寄予厚望增加了土地流转交易成本。

第五章　土地流转交易成本及流转绩效评价

农户的土地流转行为必然伴随着一定的交易费用，交易费用的多少直接体现出土地流转行为完成农户所需付出的代价。正如新制度经济学家所言，“只要我们生活的世界不是鲁滨逊所生活的个人世界，交易费用就必然发生。没有交易费用的世界就如同没有摩擦力的世界，现实中是不存在的”。交易费用的实质就是交易本身所耗费的稀缺资源。早在大卫·休谟和亚当·斯密时期，交易费用的经济思想就已初见端倪，但在古典和新古典经济学中，人们将注意力主要集中在生产成本对人类稀缺资源的损耗，而忽略了交易行为所产生的损耗。随后新制度经济学的创始人科斯通过赋予交易行为“稀缺”的内涵，将其纳入统一的资源配置理论框架中进行讨论。科斯认为，与生产行为一样交易行为也需要消耗稀缺的时间、空闲、资金等资源，不同的交易行为付出不同程度的经济代价，而经济代价的大小直接影响到资源配置效率的高低。若按照张五常(2002)在《经济解释》中的理解，交易费用其实就是一系列制度成本，具体来说，包括信息成本、谈判成本、起草成本和实施合约的成本、界定和实施产权的成本、监督管理的成本和改变制度安排的成本。诺思(1994)在《经济史中的结构与变迁》中进一步将交易费用定义为：“规定和实施构成交易基础的契约的成本”，因而交易费用不仅包括市场交易中产生的成本，也包括交易中包含的政治和经济组织及政治型和管理型的成本。其中，市场交易费用主要包括：(1)搜寻和信息费用，即寻找潜在的买者或卖者信息所产生的成本；(2)当为了解买者和卖者的保留价格，所进行的谈判成本；(3)双方签订合同,规定彼此权利义务的成本;(4)对合约双方的监督管理,确定是否违约的成本;(5)当发生违约行为时的强制执行合同和寻求赔偿的成本;(6)保护双方产权,以防止第三方侵权的成本。他进一步强调:“要重视经济交换的昂贵代价就要将交易费用的分析方法与传统理论的分析方法区分开来。传统的专业化和劳动分工获取交易收益的理论一直是分析交易行为理论基石,如专业化可以扩大市场规模,其产生的直接影响是世界经济的成长和劳动分工变得更加专一,随之进一步促使经济交换扩大,但是经济学家几乎都忽略了交换过程本身所产生的高昂代价”(诺思,1994)。需要注意的是,高昂的交易费用可能会减少或消除原本有利的交易,正如科斯所言,“任何一定程度的交易成本都足以使许多在无需成本的定价制度中的交易变为泡影”,虽然交易费用无法彻底消除,但是减少交易费用的可能性却很多。在新制度经济学家看来,制度和技术是减少交易费用的两种重要力量。比如,如何寻找一种有效的制度安排,减少交易信息搜寻、监督管理和强制执行合同方面的成本,就一定程度上减少了交易行为所产生的成本。

从我国农户土地流转交易的实践来看,土地流转交易成本直接影响到土地流转市场的发展,进而影响到我国土地资源的配置效率。从交易费用角度来看,为了提高土地资源的配置效率,我们需要深入了解当前我国土地流转期限及流转对象是什么?土地流转信息如何获取?在土地流转交易过程中是否签订交易合同?土地流转费用多少?完成土地流转交易需要多长时间?土地流转有哪些补偿方式?农户流转到的土地质量如何?土地资源配置过程中,难免会发生土地纠纷,为解决土地冲突,村集体往往会依据村情进行土地调整,在此过程中农户参与土地调整的主观意愿如何?本章将结合实地调研数据对上述问题给予解释,并在此基础上,从理论上对农户土地流转交易成本的影响因素进行实证分析,探讨社会信任在提高农户土地流转效率中的作用,目的是为相关决策部门提供降低土地流转交易成本的决策依据。

第一节　土地流转期限及对象

一、土地流转期限

土地流转期限是指农户转入、转出土地的经营期限，它一定程度上反映了农户土地依赖性大小，而农户土地依赖性又直接影响到土地流转阻力的大小，调查结果表明，目前绝大多数农户土地流转期限仍不确定。具体来说，50%—70%的换(兑)地、转出地及转入地流转年限不确定，其中，换(兑)地的流转年限相对较长，而转出地、转入地流转期限较短，以1—6年为主，如图5-1所

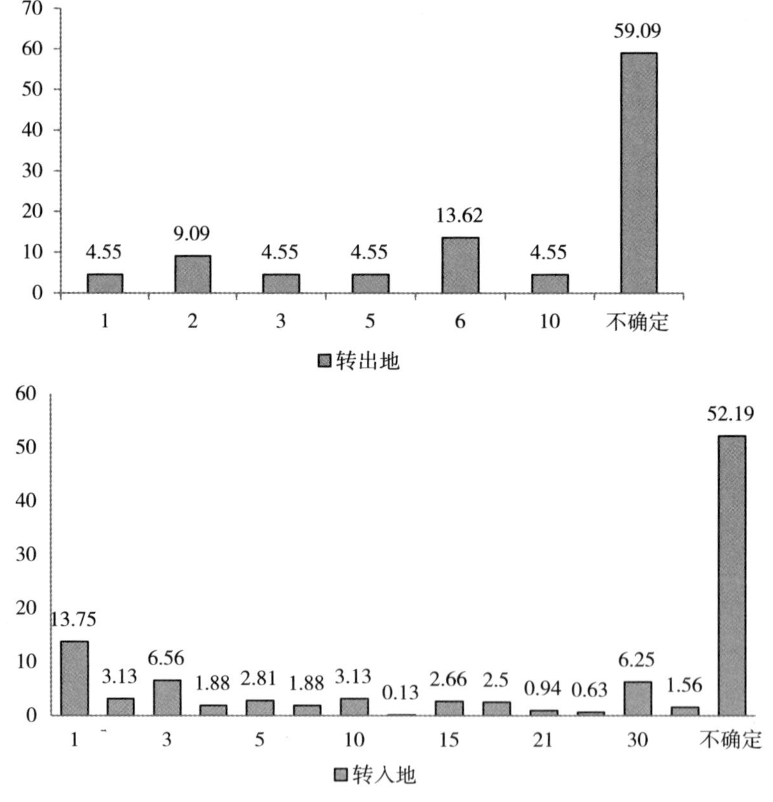

图 5-1　转出地、转入地流转年限

数据来源:作者根据调查整理而得。

示。土地流转年限不确定的根本原因是农户对未来收入没有稳定预期，城乡二元经济结构背景下，农村剩余劳动力单身、往返、“候鸟式”的非农就业模式，很难为农户提供稳定的收入预期，再加上受城市劳动力市场分割的影响，他们大多非正式就业，医疗保险、养老保险等社会保险的缺失，使他们寄后望于农村土地，为土地加载了就业保障、收入保障等更多功能，一旦非农收入相对稳定，土地收入对农户而言微不足道，相应的农地的依赖也就薄弱，转出土地的期限也就较长。

二、土地流转对象

土地流转对象是指农户转入、转出的土地的来源主体。调查数据还显示，农户土地流转对象的主体正逐渐从亲戚、朋友为主要参与对象向更广泛的主体范围扩展。农户土地流转对象是亲属朋友的占近 36%，而非亲属朋友占 64%，如图 5-2 所示。这与邓大才(2009)2005 年对全国 21 个省(自治区、直辖市)的土地流转情况的抽样调查结果基本相近，从流转的农户数量来看，父母兄弟之间转让的比重为 14. 34%，亲戚之间流转的比重为 22. 18%，两者合计 36. 52%，尽管明显高于农户与企业之间的流转(1. 02%)，但是显著低于与普通农户之间的流转(62. 46%)。从流转的耕地数量来看，父母与兄弟之间的流转为 6. 85%，亲戚之间的流转为 23. 34%，两者合计 30. 19%，也显著低于普通农户之间流转的为 63. 75%。由此可见，普通农户之间的土地流转将逐渐成为土地流转交易市场的主体。进一步来讲，与普通村民比较，农户更信赖自家亲戚，在中国信任的基石是建立在亲戚关系或家庭式的纯粹个人关系之上(马克斯・韦伯，1997)，农村更是如此，农户的信任圈也仅建立在亲戚朋友之间，中国农村在本质上是一个“熟人”的社会(费孝通，1997)，这在资金短缺时表现的更为突出，大多数农户出现资金周转问题时，首先考虑的是向信任度较高的亲戚朋友借资金的占 63%(中科院农业政策研究中心，2012)，所以我们在后续分析中选用“是否是你家亲戚”作为农户社会信任的代理变量。尽管有些学者认为村庄养狗的比例、寺庙的比例,“是否觉得大多数人是可信的”来度量社会信任的指标(高虹,2005),但这些指标对研究土地流转交易成本时存在比较严重的内生性问题,不适用于我们的研究。

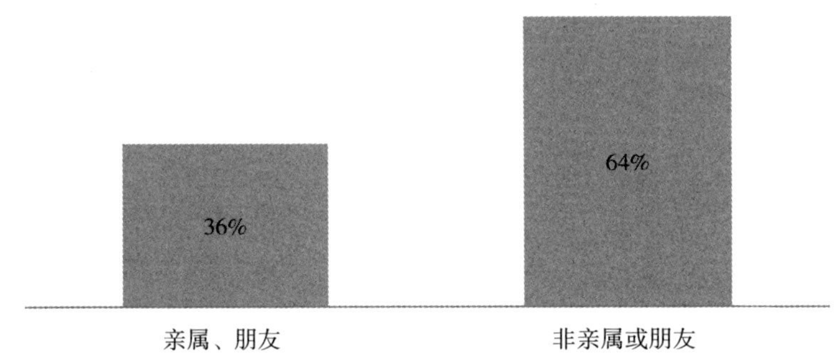

图 5-2 土地流转参与对象

数据来源:作者根据调查资料整理而得。

第二节 土地流转信息获取及合同签订

一、土地流转信息获取方式

相对城市居民而言,农户居住地域广阔而分散,随着外出进城务工人员的增加,信息获取渠道更显狭窄。那么转入、转出土地的农户是如何获取土地流转信息的呢?通常获取信息主要分为被动接受信息和主动搜寻信息两种。无论是转入方还是转出方,大多都是土地流转信息的接受者,也有一部分是自己主动寻找流转信息或者从第三方了解到流转信息。从转入方来看,转出户“该村民主动找我的”占 26%,“村干部告诉的”占 23%,而自己主动寻找流转信息的占 19%,还有近 15%转入者从其他村民处间接获取流转信息,如表 5-1 所示。另外,土地流转交易转出方方面,大多数转出户是其他村民主动联系(45%),而自己主动寻找转入信息的占 33%,还有一部分是相互聊天中了解对方有转入需求的，占 11%；十分明显的是村干部在农户转出土地信息中介的作用不大，村干部主动传递农地转出信息仅占 1%。从各省情况来看，越是经济相对发达地区在传递转出土地流转信息方面越是被动，而不是主动散布土地转出信息。比如山东有 64%的转出地块是通过转入户主动获取转出信息，浙江也有高达 41%的转出地块是通过转入户主动获取转出信息，而经济相对落后的陕西、吉林大多是自己主动找对方谈，分别占 57%和 84%。

表 5-1　转入、转出土地如何获得信息　　单位：%

		所有地块	山东	陕西	吉林	浙江
转入土地如何获得信息	找村干部了解到	6	8	10	0	0
	找其他村民处了解到	11	13	0	8	2
	自己主动找到他的	19	14	17	31	30
	村干部告诉的	23	30	13	5	4
	其他村民告诉的	15	14	14	12	23
	该村民主动找我的	26	21	45	43	40
	其他	0	0	1	1	1
转出土地如何获得信息	找村干部了解到	3	2	0	0	3
	找其他村民处了解到	7	11	16	1	6
	自己主动找到他的	33	2	57	84	40
	村干部告诉的	1	2	27	3	0
	该村民主动找我的	45	64	0	12	41
	其他	11	19	0	0	10

数据来源：作者根据调查资料统计整理。

二、签订流转合同情况

农户土地流转大多以非正式流转为主。无论是换（兑）地、转出地还是转入地，农户间签订合同的比例较低，大多都没有签订合同。具体来看，在

2008 年发生过换(兑)土地和转出土地的 51 户中,近 90%都没有签订合同。在转入土地经营的 320 个农户中也有近 69%的农户没有签订合同,如表 5-2 所示。这说明,现阶段农户土地流转大多数是以口头协议的非正式流转为主,尽管这种非正式流转一定程度上简化了农户土地交易过程,减少了土地流转的交易时间,但是从长远来看也积蓄了土地流转相关的土地纠纷隐患。

表 5-2　土地流转合约

	换(兑)地		转出地		转入地	
	样本(个)	比例(%)	样本(个)	比例(%)	样本(个)	比例(%)
没有签合同	26	89.66	20	90.91	219	68.44
签了合同	3	10.34	2	9.09	101	31.56
总计	29	100	22	100	320	100

数据来源:作者根据调查资料整理而得。

在土地流转实践中,农户将在综合考虑流转对象,流转期限及价格等因素后作出是否土地流转签订合同以及是否到村委会登记备案的决定,而且,随着土地流转对象的扩展和流转范围的扩大,农户签订合同的可能性也会随之增加。调查过程中,我们发现,土地流转大多是村民间的自发流转行为,村委会在流转中发挥一定的监督管理作用,但作用有限,与村委会监督相比,农户更倾向于选择签订土地流转合同。另外,转入地签订承包合同的比例以及到村委会办手续的比例明显高于转出地的比例。在流转块地中,41%的转入地转出地签订了流转合同,有 26%的转入地转出地到村委会办理相关手续,如表 5-3 所示。从各省情况来看,山东签订土地流转合同的比例最高,为 60%,而浙江相对较低,签订土地流转合同的比例仅为 4%,这或许说明浙江拥有比签订合同更加有效的约束准则,是社会信任?还是个人信誉?有待进一步研究。

表 5-3 土地流转合同签订情况 单位:%

	山东	陕西	吉林	浙江	所有地块
转入土地					
要到村委会办手续	28	16	14	4	23
签承包合同	36	6	27	1	32
转出土地					
要到村委会办手续	2	0	7	3	3
签承包合同	24	0	11	3	9

数据来源:作者根据调查资料整理而得。

第三节 土地流转交易时间、补偿方式交流转地质量

一、土地流转交易时间

土地流转交易时间是指农户有土地流转意向后,从第一次正式谈到土地流转相关事项到交易成功所消耗的时间。数据结果显示,农户的土地流转交易时间整体上都比较短,即从第一次正式谈到土地流转到交易成功所消耗的时间都相对较短,但比较而言经济发达地区交易时间相对较长。从参与流转的地块角度来看,无论是转入地块还是转出地块,总体上交易时间大多在 1 天之内,从第一次谈到正式转入或转出所花时间为 1 天的地块比例分别为 62%和 76%。在转入地块中,有近 10%的地块流转交易成功需要 2 天,仅有 7%的转入地块需要 15 天完成流转交易。分省抽样数据也反映出相似的结论,如山东、陕西、吉林和浙江分别有 59%、97%、90%和 51%的地块转入时只需 1 天便成功实现转入交易,当然也不排除经济相对发达的山东还分别有 14%和 9%的地块转入交易需要 2 天,还有近 3%成功实现土地转入交易需要一星期和一个月才能完成。同样,浙江有近 12%的地块转入交易成功需要 4 天,甚至还有近 4%的地块成功达成转入交易需要 4 个月。在转出地块中,76%的地块达成

转出交易只需要 1 天，转出地块的交易时间明显低于转入地块的交易时间，而且交易时间也相对集中，如图 5-3、图 5-4 所示。

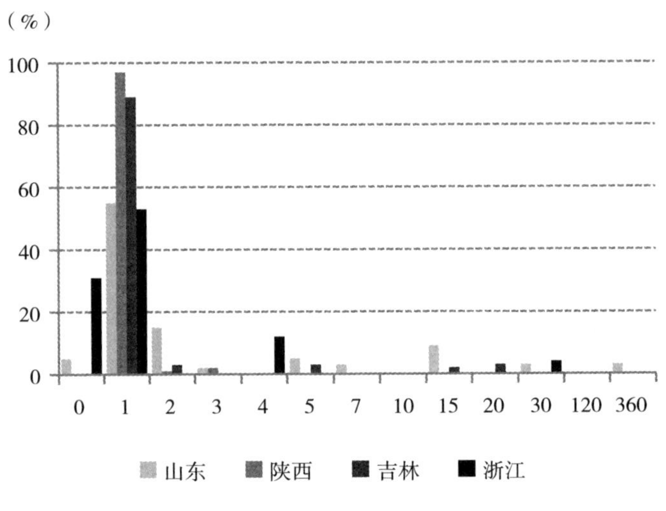

图 5-3 转入土地谈判时间图

数据来源：作者根据调查资料整理而得。

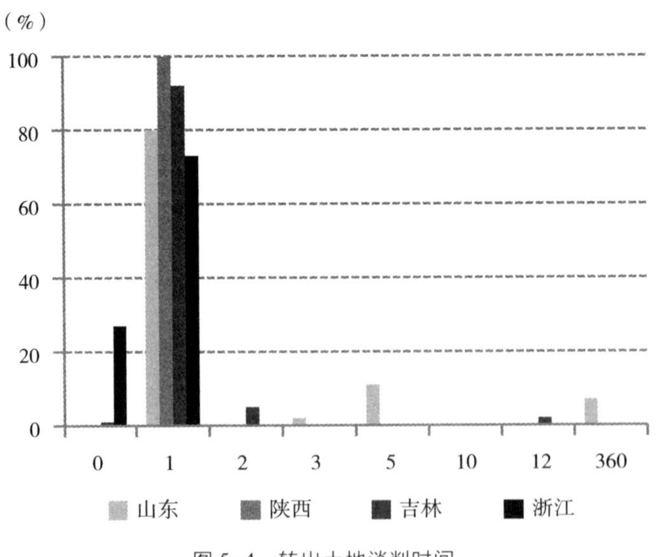

图 5-4 转出土地谈判时间

数据来源：作者根据调查资料整理而得。

二、土地流转补偿方式

土地流转补偿方式是指土地转入、转出所付出的代价，包括现金或实物等补偿方式。我们的调查表明，现金补偿是土地流转的主要补偿方式，而且转入地补偿比例低于转出地补偿比例，转入地块现金补偿成本较低。在抽样调查的农户转入、转出地块中，整体来看，无论是转入地块还是转出地块，现金补偿方式是土地流转的主要补偿方式，80%—90%的转入、转出地块都需要现金补偿，如表5-4所示。从各省情况来看，转入、转出地块的现金或实物补偿方式存在明显差异。例如，转入地块方面，浙江现金补偿方式仅为65%，明显低于山东、陕西和吉林（98%、100%和92%）。浙江在转入地块经营方面实物补偿比例较高（35%），可能的原因是，转入地较低的现金补偿是以较高的实物补偿为条件，浙江非农就业比例较高，非农收入相对较高，转出土地的农户或许在现金收入和粮食效用之间更偏好粮食带来的直接效用。而转出地块方面，吉林现金补偿方式最低，为29%，而实物补偿为70%，即吉林转出的地块要求粮食补偿占有相当大的比例，这或许由于吉林是粮食大省，对粮食价格的敏感性较高，因而比较固定收益和粮食价格波动所得的变动收益，更倾向于变动收益。另外，抽样调查的四省数据显示，61%的转入地块需要补偿，转出地块需要补偿的比例为66%，相对而言，转入地块的补偿比例低于转出地块。分省数据显示，除了山东转入地块补偿比例（67%）高于转出地块补偿比例（54%）外，其他三省（陕西、吉林和浙江）的转入地块补偿比例（55%、76%、11%）明显低于转出地块比例（61%、89%、68%）。此外，在转入地块且需要补偿的地块中，有14%是一次性给付补偿，平均每亩地补偿3071元。浙江转入地一次性补偿的比例非常高，达33%，每亩地一次性补偿14286元。陕西转入地块需补偿的都是非一次性补偿，每亩地每年补偿62元，不仅远少于山东的277元和平均水平的254元，也远少于转入地非一次性补偿时每亩地每年补偿水平最低的浙江（127元）。转出地块方面，大多数地块都是非一次性补偿,平均每亩地每年补偿528元。从各省调查数据来看,浙江需补偿的转出地每亩每年补偿608元,在四省中转出地块每亩补偿水平最高,而与之形成鲜明对比的是陕西,补偿水平最低,需要补偿的转出地每亩每年只补偿34元。

表5-4　土地补偿方式

	转入地块					转出地块				
	需要补偿的比例(%)	补偿方式(%)			非一次性付款,每年所付补偿(元)	需要补偿的比例(%)	补偿方式(%)			非一次性付款,每年所得补偿(元)
		只现金	只实物	现金和实物			只现金	只实物	现金和实物	
所有地块	61	96	3	1	254	66	80	20	0	528
山东	67	98	2	0	277	54	100	0	0	374
陕西	55	100	0	0	62	61	100	0	0	34
吉林	76	92	0	8	177	89	29	70	1	217
浙江	11	65	35	0	127	68	80	20	0	608

数据来源:作者根据调查资料统计整理。

三、流转地质量

我们之所以考察流转土地的这些特征,是因为农户流转土地的质量是农户土地经营决策的重要依据。如果转入或转出的土地质量不高,农户改变其农地经营决策的激励也就不足,从而一定程度上延缓土地规模化经营的进度。表5-5数据结果显示,转入、转出农户双方对土地灌溉和质量评价不同,而土地坡度方面评价基本相同。转入方认为转入的土地大部分是不能灌溉、土地质量中等偏下的平地。而转出方似乎过高评价参与流转的地块,认为转出的地块绝大多数是能灌溉、土地质量较高的平地。农户过高评价自己转出土地的可能原因是希望提高对方的土地预期收益,从而增加流转地的租金收益,降低交易成本。而农户过低评价自己转入农地的可能原因是降低对方的土地转让预期收益，减少自己转入农地的租金成本，降低流转土地的交易成本。另外，就流转土地能否灌溉来方面，转入农户认为转入的地中52%的地块不能灌溉，而在转出地中，农户认为仅有20%的地块不能灌溉。从流转的土地质量来看，转入方认为34%的地是中等或者差地，而转出方认为61%的地是好地。土地坡度方面，双方都认为无论是转入地块还是转出地块都是平地。

表5-5　转入、转出土地的灌溉水平、土地质量和坡度情况　　单位：%

	能否灌溉		土地质量			土地坡度	
	是	否	好	中	差	是	否
转入地	48	52	32	34	34	34	66
转出地	80	20	61	22	17	12	88

数据来源：作者根据调查资料整理而得。

第四节　土地流转交易成本影响因素分析

一、土地流转交易成本理论分析框架及研究假说

（一）土地流转交易成本理论分析框架

土地流转行为中，一旦农户土地流转供需匹配，土地流转交易行为也随之发生，但土地流转交易能否达成，主要受制于土地流转交易成本和交易效率。若土地流转交易成本过高，则高昂的交易成本遏制了土地流转行为的继续，交易效率过低也使得土地流转行为滞缓。在土地流转市场中，土地流转交易（土地转入、土地转出）的实现过程不仅产生如租金、补偿费、交通费等容易估量的资金成本，同时也产生“事前”的信息搜集、合同签订及“事后”的合同执行和监管等较难估量的土地流转交易成本。交易成本是一种经济摩擦损失，

降低交易成本是提高交易效率的必要手段,我们将通过考察社会信任对土地流转交易成本的影响机制,寻求降低土地流转交易成本的有效途径。所以,为了从一般意义上给出社会信任对土地流转交易成本影响的理论分析框架,我们首先用新制度经济学一直强调的:(1)信息搜寻成本;(2)合同签订成本;(3)第三方(中间方)监督成本来定义土地流转交易过程中所产生中的交易成本,简单起见,其他交易成本在本研究中忽略不计。首先,信息搜寻成本是土地流转交易得以实现的前提,因为,农户只有在获取土地转入需求或土地转出意愿信息的基础上,才能识别潜在转入方或转出方,然后锁定土地流转交易目标,实践土地流转交易行为。土地流转信息搜寻成本具体包括:哪个农户有转出土地的意愿,该户是本村还是外村的,该农户预期转出的土地地块区位、质量、面积、预期租金等。其次,合同签订成本主要是指在获取土地流转交易信息后,土地流转交易双方通过谈判、议价,就交易双方的权利义务达成共识,并最终形成土地流转合同所产生的交易成本。通常土地流转交易合同内容包括:土地流转期限,保护、施肥、投资和粮食补贴、违约责任,等等。最后,第三方监督成本主要是农户为保证土地流转合同的实施和执行,由村委会作为中间方监管和担保合同效果所产生的成本,也包括当合同一方发生违约行为村委会对违约方监督问责行为所产生的成本。按照上述分析,首先,我们先假设农户土地流转市场不存在流转交易成本,土地流转市场只包括土地转入市场和土地转出市场。简单起见,将土地转入市场看作土地转出市场的逆过程,也就是说土地转入市场与土地转出市场是对称的,而我们仅以土地转出市场分析为主。若农户土地转出不存在交易成本时的净收益为 R^*(仅指土地流转过程中的所产生收益),而存在交易成本时的净收益记作 R,显然 R 和 R^* 之间的差异主要由交易成本所致,用公式表示为

$$R = g(R^*) \tag{5-1}$$

其中,g 表示土地转出过程中的发生的交易成本反应函数的形式,为了便于讨

论我们假设 g 为单调递增的线性函数。如果土地转出市场中不存在交易成本，即 $R=R^*$，此时 g 的斜率为 1，如图 5-5 所示，45°对角线 OR' 表示。

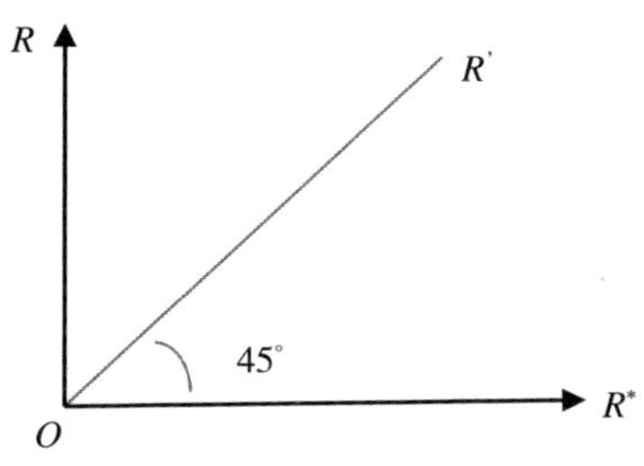

图 5-5 土地流转交易收益

图 5-5 中 $R'OR^*$ 部分，即 45°以下区域是我们的有效区域，其临界值是 $R=R^*$（OR' 射线）及 $R=0$（OR^* 射线）。如果 g 是非零的截距，斜率小于 1，反映出土地流转中存在的交易摩擦，即存在诸如信息搜寻、合同签订、村委会监督这些交易成本。考虑到实际土地流转交易中，土地产权制度安排对农户土地流转对象选择的制度约束力，由于农户倾向于选择农户间流转，主要考虑还是农户信任。简单起见，假设仅有农户信任和农地状况（如质量、灌溉水平和坡度等）影响土地转出净收益 R^*，其他因素影响忽略不计。则农户土地转出净收益表示为

$$R^* = f(T,P) \tag{5-2}$$

公式（5-2）表示农户转出土地的净收益，T 代表农户信任，P 代表农地禀赋特征，具体指土地质量，土地灌溉水平和土地坡度等土地条件。$f(\cdot)$ 是 T 和 P 的单调递增的线性增函数。由公式（5-1）和公式（5-2），可得 R 的一阶泰勒展开式近似值为

$$R = (g'f_p)P + (g'f_T)T + C \tag{5-3}$$

其中，$g' = \frac{dg}{dR^*}$，代表交易成本反应函数的斜率，f_p 和 f_T 分别代表土地转出净收益对土地禀赋特征和农户信任的边际反应，C 是常数项。而且，由公式

(5-3)可进一步得：

$$\frac{dR}{dT} = g'f_T + (g''f_T + g'f_{TT}) \quad T > 0 \tag{5-4}$$

接下来，我们进一步假设，当土地转出交易中仅存在前文中提到的信息搜寻成本时，此时，农户的土地流转出净收益为 $R = R^* - C(c_1)$ ，其中 $C(\cdot)$ 是土地转出过程中产生的交易成本函数，$C' > 0$, $C'' < 0$。由此可得：

$$\frac{dR}{dc_1} = - C' < 0 \tag{5-5}$$

同理，当土地转出交易中仅存在合同签订交易成本时，$R = R^* - C(c_2)$ ，可得：$dR/dc_2 < 0$。当土地转出交易中仅存在第三方(村委会)监督成本时，$R = R^* - C(c_3)$ ，可得：$dR/dc_3 < 0$。因为，$dR/dT > 0$, $dR/dc_i < 0$，所以：

$$\frac{dC}{dT} = \frac{dR/dT}{dR/dC} < 0$$

即农地转出中，社会信任度越高，农地转出的交易成本越低。另外，如果在签订合同过程中，双方讨价还价的时间成本也加入合同签订的交易成本 C_2中，此时土地转出的净效益为

$$R = R^* - C(c_2, c_{time}) \tag{5-6}$$

因为 $dC/dT < 0$，而 $dR/dc_{time} = - C'dC/dT$ ，所以，$dR/dc_{time} < 0$。若进一步考虑社会信任对谈判交易时间的影响：由于 $dR/dT > 0$, $dR/dc_{time} < 0$，而：$\frac{dc_{time}}{dT} = \frac{dR/dT}{dR/dc_{time}}$ ，所以 $dc_{time}/dT < 0$，即社会信任越高，谈判交易时间越短。

（二）有关土地流转交易成本的研究假说

从土地流转的交易成本来看，土地流转期限不确定，流转行为的不规范都将进一步成为流转交易行为的牵绊。由于现阶段以短期流转期限为主，流转交易大多未签订流转合同或到村委会办理相关备案手续，这很大程度上是由于土地流转交易主要发生在农户之间，而非农户与村集体或其他组织之间。农户自发的选择这种土地流转交易方式与流转对象是否与村民的社会信任程

度有关,社会信任在农地交易行为中发挥了怎样的作用,这都需要我们做进一步的探讨。具体来讲,一旦农户有土地转入需求,而且存在土地转出供给,农户希望顺利完成土地流转交易,试图减少土地流转中的交易成本的意图就会表现在土地流转交易对象的选择上。通常,农户会首选亲朋好友作为流转对象,即便选择不了,也会将本村村民作为流转对象,社会信任在这一决策中扮演何种角色,是否减少了土地流转交易的成本,提高了土地流转的交易效率,这需要进一步深入研究。

在土地产权制度安排的引导下,农户倾向于农户间的流转交易。由于在中国农村,通常信任度较高的农户往往由于信誉度较高,违约的风险较低,所以土地流转实践中大多数通过口头协定来完成土地流转交易,这不但简化了土地流转交易合同签订程序,而且省略了村委会监督成本步骤。由于信誉较高的农户其行为往往在农村集体社区中具有一定影响力,一旦该农户有流转土地的潜在需求,流转交易需求消息会及时、广泛散播,其他农户大多会主动上门搜集土地流转交易信息,从而使得信息搜寻成本也相对较低,最后表现为信任度较高,土地流转的交易成本较低。而且,如果农户的社会信任度越高,对于对方的道德风险和存在的违约规定相对较少,土地流转交易时更多的是将交易谈判时间安排在租金等实质性的讨论上,而非重点关注发生违约行为后相关的问责、处置方面,所以一旦土地流转交易时间中省去或淡化了这一环节,产生的直接效果是缩短了土地流转交易的时间。

综上所述,关于农户土地流转交易成本,我们需要检验的研究假说是:受土地产权制度安排得激励与约束,农户的社会信任程度所发挥的作用是不但可以降低土地流转的交易成本,而且还可以减少土地流转交易时间,提高土地流转交易效率。

由于交易成本的模糊性,通常较难清楚界定,所以寻找测度土地流转交易成本的合理变量也就成了我们面临的实际困难。在中国农村,由于农户间的土地流转行为大多是农户间的自发流转，具有很强的随意性，而且缺乏中介机构组织协调，所以在客观因素的制约下很难使用像王（N.Wang，2003）和科林斯、法博齐（Collins，Fabozzi，1991）及麦坎纳（Laura McCanna，2005）等所提到的货币经济中用经纪人佣金和竞标等有形价值估计交易成本的方法。结合上述理论分析，考虑到土地流转交易成本的具体构成，我们采取的研究方法是：首先，将我们要估量的农户土地流转交易成本分解为三个重要组成部分。依据上述理论分析，将土地流转交易成本具体界定为土地流转交易信息搜寻成本、土地流转签订合同成本以及土地流转交易过程中村委会作为中间方的监督成本三部分。然后，我们通过设计"是否主动获取土地流转信息（1=是；0=否）""是否签订流转合同（1=是；0=否）""是否要到村委会办理备案等相关手续（1=是；0=否）"三个问题作为土地流转交易成本三个组成部分的代理问题。最后，通过三个问题答案的总和来确定土地流转交易成本等级的大小。如果 Q=0，表示三个问题的答案都为"否"，即土地流转交易既不需要主动获取信息，也没有签订合同，也不需要到村委会办理手续，表示土地流转交易成本的等级处于最低等级；如果 Q=1，表示三个问题的答案中有一个问题的答案为"是"，即土地流转交易或者需要主动获取信息，或者需要签订合同，抑或需要到村委会办理手续，表示土地流转交易成本的等级相对 Q=0 时较高；如果 Q=2，表示三个问题的答案中有两个问题的答案为"是"，即土地流转交易或者是既需要主动获取信息又需要签订合同，或者是既需要主动获取流转信息又需要到村委会办理手续，抑或是既需要签订流转合同又需要到村委会办理手续，表示土地流转交易成本的等级相对 Q=1 时较高；如果 Q=3，表示三个问题的答案都为"是"，即土地流转交易不但需要土地流转需要主动获取信息和签订流转合同，同时也需要到村委会办理手续，此时，土地流转交易成本的等级最高。以此类推，当 Q=0，Q=1，Q=2，Q=3 时，分别表示交易成本的等级最低、一般高、较高、最高，具体如表 5-6 所示。

表 5-6　交易成本等级问题及取值

答案	Q_1“是否主动获取土地流转信息”	Q_2“是否签订流转合同”	Q_3“是否要到村委会办理备案等相关手续”	答案加总 Q 的取值范围
是	1	1	1	Q=0,Q=1,Q=2,Q=3 土地流转交易成本等级逐步增高
否	0	0	0	

上述分析提供了测度农户土地流转交易成本等级的分析基础，表 5-7 列出了农户土地流转交易成本各等级的样本量和所占比例。从统计结果可以看出，农户土地流转的交易成本等级以“较低”和“一般高”为主，分别占 31.8% 和 34.3%，而交易成本“较高”“非常高”共占 3 成多，农户土地交易成本整体不高的事实或许和农村社会关系网络相关，更进一步讲，或许和农户的土地交易对象密切相关。

表 5-7　交易成本等级情况

交易成本等级	0=较低	1=一般高	2=较高	3=非常高	总体
样本量(块)	64	69	47	21	201
所占比例(%)	31.84	34.33	23.38	10.45	100

数据来源：作者根据调查资料整理而得。

二、土地流转交易成本计量经济模型

在分析农户土地流转交易成本的影响因素及评价土地流转交易效率时，我们将主要利用有序逻辑模型(Odered Logit)和运用最小二乘法(OLS)，考察社会信任在减少农户土地交易成本和提高土地流转交易效率中的关键作用。具体来讲，我们通过建立以下计量经济模型来实证检验：

$$Tran_i = \alpha + \beta_1 trust_i + \beta_2{}' H_i + \varepsilon_i \qquad (Tran_i = 0,1,2,3) \tag{5-7}$$

$$Time_i = \alpha_e + \beta_{e1} trust_i + \beta_{e2}{}' H_i + \varepsilon_{e\ i} \tag{5-8}$$

其中,被解释变量 *Tran* 表示农户的交易成本等级是离散变量,正如前文所述,将土地流转交易成本具体界定为土地流转交易信息搜寻成本、土地流转签订合同成本以及土地流转交易过程中村委会作为中间方的监督成本三部分。然后,我们通过设计"是否主动获取土地流转信息(1=是;0=否)""是否签订流转合同(1=是;0=否)""是否要到村委会办理备案等相关手续(1=是;0=否)"三个问题作为土地流转交易成本三个组成部分的代理问题。最后,通过三个问题答案的总和来确定土地流转交易成本等级的大小,其取值范围为集合{0,1,2,3}中的任意一值,下标 i 表示第 i 个农户。

被解释变量 *Time* 表示农户的土地流转交易时间,下标 i 表示第 i 个农户。我们具体用"从双方正式谈流转土地相关事宜到交易成功共用了几天?"来表示农户的土地流转交易时间,从而考察农户的社会信任对交易效率的影响。所谓"正式谈土地流转的时间",具体是指农户有土地流转意向时,无论是土地转入者还是土地转出者,正式开始商议流转土地的流转期、租金等其他相关事宜的起始时间。而"交易成功"是指双方达成流转协议,土地使用权正式移交,双方进入履行合同约定的时刻。

正如本章第一节土地流转对象的描述,解释变量 *trust* 表示农户的社会信任,我们用"流转对象是否是自家亲戚(1=是;0=否)"来表示,关于解释变量 *trust*,控制变量 H_i 的说明同土地流转模型中的一样,ε 和 ε_e 是其他不可观测因素,α、β_1、β_2 和 α_e、β_{e1}、β_{e2} 是模型待估参数,其中 β_2 和 β_{e2} 是参数矩阵。在此不赘述。各变量预计影响如表 5-8 所示。

表 5-8 变量说明及预计影响方向

被解释变量
y1.农户土地流转交易成本等级 1. 是否主动获取土地流转信息(1=是;0=否);2. 是否签订流转合同(1=是,0=否);3. 是否要到村委会办理备案等相关手续(1=是;0=否)。用三个答案总和取值范围{0,1,2,3}中的任意一值来衡量土地流转交易成本等级,0 代表交易成本等级最低,3 代表交易成本等级最高

续表

被解释变量			
y2.农户土地流转交易效率 从双方正式谈流转土地相关事宜到交易成功共用了几天			
关键解释变量	具体说明	预计影响方向	
		y1	y2
农户社会信任	农户土地流转对象是否是自家亲戚(1=是;0=否)	-	+
其他控制变量			
土地使用权充分度,取值范围(0—3)	1.农户是否可以自行决定种植什么作物? 2.农户是否可以自行将农地转给本村的其他村民? 3.农户是否可以自行决定将农地转给外村村民? (1=是;0=否)	-	+
农地使用权稳定度,取值范围(0—3)	1.农户女儿出嫁,其地是否要被村集体收回? 2.农户家新娶媳妇是否可以从村里分到地? 3.农户家新生小孩是否可以从村里分到地? (1=是;0=否)	-	+
村土地流转交易活跃程度	农户有转入土地行为比例和有转出土地行为比例的平均值来测度(%)	-	+
非农就业劳动力比例	农户家庭非农就业劳动比例(%)	-	+
农户控制变量			
农户家庭经营的土地规模	家庭经营农地人均面积(亩)	+	+
家庭人口数	家庭总人口总数(人)	+	+
家庭经营土地地块数目	家庭经营的地块细碎化的程度(块)	-	-
户主年龄	周岁(岁)	+	+
户主受教育年限	接受素质教育的年限(年)	+	-
户主性别	(1=男;0=女)	-	-
户主是否是村干部	(1=是;0=否)	+	-
家庭房产评估值	家庭房屋不动产的现值(万元)	+	-
村庄控制变量			
村最远两个小组距离	如果村分小组两个相距最远的村小组距离(里)	+	+
村总户数	村庄总户数(按户籍统计)(户)	+	+

续表

被解释变量			
村土地中山地比例	村庄中，山地所占比例(%)	-	-
村耕地灌溉比例	耕地中有灌溉设施，能浇灌的比例(%)	+	-
村机动地比例	村庄机动地的比例(%)	-	-
村人均纯收入	村庄人均净收入(农业收入和非农收入)(元)	+	-

三、实证结果分析

从交易成本等级和社会信任关系的描述性统计结果来看，图 5-6 显示了不同土地流转交易成本等级下的社会信任分布。从图 5-6(a)中可以看出，当土地流转交易成本等级较低时，农户土地流转对象是亲戚的比例大于土地流转交易成本等级较高时的情况。具体来讲，当土地流转交易成本等级为 0 时，土地流转对象是亲戚的比例为 35.9%，明显高于土地流转交易成本等级为 1 和 3 时是亲戚的比例 34.7%和 14.2%。在交易时间方面，图 5-6(b)土地流转交易时间与社会信任的分布图，主要反映了土地流转对象是亲戚朋友和不

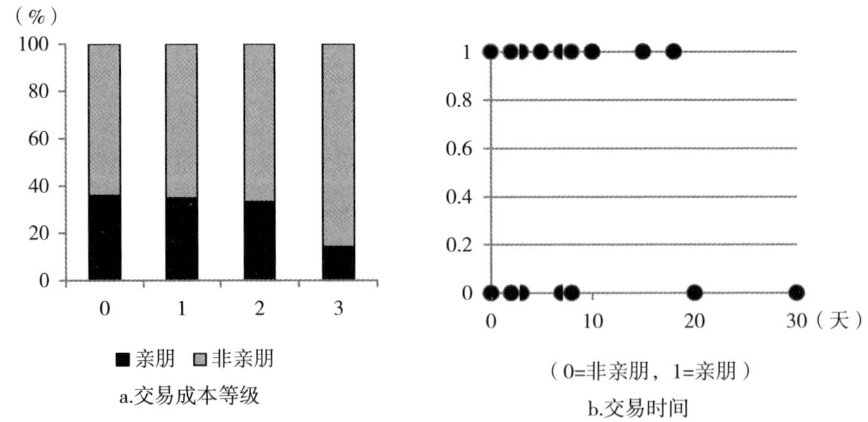

图 5-6　不同土地流转交易成本等级下的社会信任分布

数据来源：作者根据调查数据统计。

是亲戚朋友两种情况下的土地流转交易时间分布。从图 5-6(b)中可以看出,如果土地流转对象是亲戚朋友土地流转交易时间主要集中在较短的时间段,反之,不是亲戚朋友则交易时间主要集中在较长的时间段。

在社会信任对土地流转交易成本大小影响的实证分析中,我们假设先前的实证模型的似然函数共包含 21 个参数变量。最大似然函数是通过最小化受限因变量得以实现。因变量交易成本等级的值取值范围为 0—3,我们运用 OLogit 模型对模型估计。表 5-9 报告了土地流转交易成本的估计参数。估计结果在拟合度、符号和显著水平上都比较令人满意。回归结果中,变量系数的似然比假设检验的统计量基本上为零,显著拒绝原假设。统计检验值在零假设下通过了临界值,图 5-7 报告了回归的残差分布,残差服从正态分布,模型估计结果较好。

表 5-9　农户土地流转交易成本等级及交易效率影响因素模型参数估计结果

	土地流转交易成本等级	土地流转交易效率
	Ologit 估计结果(1)	OLS 估计结果(2)
关键变量:		
土地流转对象是否是自家亲属	-14.278	-2.337
(1=是;0=否)	(11.97)***	(1.69)*
其他控制变量		
2005 年土地使用权充分度	-0.361	-0.500
(0—3)	(1.98)**	(1.70)*
2005 年土地使用权稳定度	-0.449	-0.200
(0—3)	(2.24)**	(2.47)**
2005—2008 年村土地流转交易活跃度	-0.021	-0.003
(%)	(1.67)*	(1.79)*
家庭非农就业劳动力比例	0.031	-0.012
(%)	(1.93)*	(2.20)**
农户控制变量:		

续表

	土地流转交易成本等级	土地流转交易效率
	Ologit 估计结果(1)	**OLS 估计结果(2)**
家庭经营农地人均面积	0.111	0.052
(亩)	(1.37)	(0.45)
家庭总人口	0.198	0.104
(人)	(1.51)	(0.40)
2005 年家庭经营土地地块数	-0.081	0.229
(块)	(0.89)	(1.17)
2005 年户主年龄	0.030	0.020
(岁)	(1.81)*	(1.66)
2005 年户主受教育年限	0.117	0.041
(年)	(2.16)**	(1.87)*
2005 年户主性别	0.937	-0.195
(1=男;0=女)	(1.13)	(2.12)**
2005 年户主是否是村干部	-0.040	0.472
(1=是;0=否)	(1.75)*	(0.63)
2005 年家庭房产估值	0.081	-0.045
(万元)	(2.12)**	(1.95)*
村庄控制变量:		
2005 年村最远两个小组距离	-0.152	0.011
(里)	(1.92)*	(2.26)**
2005 年村总户数	-0.001	0.002
(户)	(0.62)	(0.57)
2005 年村土地中山地比例	0.009	0.012
(%)	(0.61)	(0.35)
2005 年村耕地灌溉比例	0.022	-0.016
(%)	(1.67)*	(2.52)**
2005 年村耕地机动地比例	-0.012	-0.017
(%)	(0.69)	(3.16)***
2005 年村人均纯收入	0.000	-0.052

续表

	土地流转交易成本等级	土地流转交易效率
	Ologit 估计结果(1)	OLS 估计结果(2)
(元)	(0.54)	(2.15)**
乡镇级虚拟变量估计结果省略		
常数项	—	-0.529
	—	(0.09)
观测值	199	199
R^2	—	0.23

注:第1列括号内为参数估计Z统计量的绝对值;*、**、***分别表示在10%、5%、1%水平上显著。第2列括号内为参数估计t统计量的绝对值;*、**、***分别表示在10%、5%、1%水平上显著。

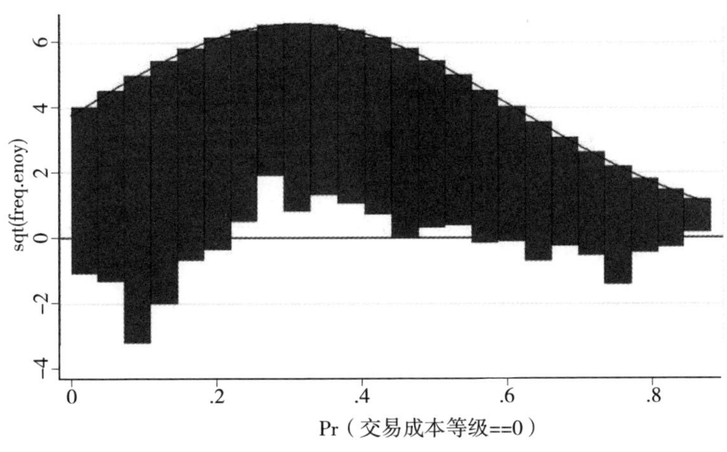

图5-7　残差分布图

回归结果显示,土地使用权充分度和稳定度这两项土地产权制度安排对农户土地流转的交易行为存在显著影响,土地产权充分度和稳定度对交易行为存在制度上的激励。具体来讲,土地产权越充分、越稳定,土地流转的交易成本等级越低,交易效率越高。从计量结果来看,如果土地使用权的充分度增加一个单位,则农户的土地流转交易时间减少0.5天,土地使用权的稳定度每增加一个单位,农户的土地流转交易时间减少 0.2 天。

此外,社会信任对土地流转交易成本存在显著的负方向影响,即社会信任度越高,土地流转的交易成本越低。这表明如果土地流转交易双方社会信任有所提高将会降低土地流转中的交易成本。这一分析结果与购买者的信任度越高,交易双方的事前、事后交易成本越低的假设相一致[戴尔等(Dyer, et al.,2003)]。在我国农村,土地流转交易中较高的社会信任或许来源于土地流转交易对象大多是本村村民或者是自家亲戚,村民对自家所在生活的集体区域中的评价赋予更重要的社会价值。所以,当交易双方对彼此信誉有较高评价时,自然降低了交易前的讨价还价、协商和签订合同,以及交易后的监督和管理相关程序。如果信任度较低,可能的结果是双方终止土地流转交易或者用土地流转交易合同、村委会的监督等手段来约束双方的土地流转交易行为,而这种来自外部的监督约束力量难免会产生相对较高的交易成本费用。

关于社会信任对交易时间的影响,从回归结果来看,社会信任对交易效率有显著的反方向影响。社会信任越高,土地流转的交易时间越低,交易效率越高。土地流转交易双方社会信任较高时,意味着双方拥有较低的违约风险,所以在具体土地流转交易中省去了关于违约行为的讨论时间,有时双方较高的社会信任,甚至会减少交易价格谈判时间和签订合同的时间,这些都成为土地流转交易时间减少的直接原因,产生的直接效果是土地流转的效率提高。但是需要注意的是,农户间非正式的流转交易形式,如流转对象为亲戚时的土地流转口头协议尽管减少了交易时间,表现为较高的交易效率,但也存在增加流转农地的违约风险的可能,所以,有时较高的交易效率并不意味着较低的交易成本。

另外,实证分析还发现一些有意思的影响土地交易成本的变量。非农就业比例对交易成本存在显著的正面影响,家庭非农就业人口越多,交易成本越高。由于现阶段农民工非农就业不稳定,进城务工人员对非农收入难以形成稳定预期,因而对土地流转行为更加谨慎。由于大多农民工从事建筑业,对土地未来价值有更高预期,这也会提高流转的交易成本。还有,村庄土地流转市场越活跃,土地交易成本等级越低。户主的年龄越大、受教育程度越高,土地流转的交易成本也越高。有意思的是,如果户主是村干部,则流转交易成本越低。这可能的解释是目前村干部是村民选举产生,信任度相对较高,相关交易手续简化因而交易成本相对较低。家庭净资产越多者,交易成本越高,这或许由于财产越多的农户,对财产越敏感,土地作为一项重要的家庭资产,保护意识较强,因而流转交易成本较高。交易土地离家越远,交易成本越低,由于离家较远的地,耕作成本相对较高,因而农户流转时更容易将离家远的土地参与流转,所以交易成本较低。更重要的是,越是能够灌溉的土地,交易成本越高。可灌溉的土地属于土地质量较高的土地,农户在流转过程中相对谨慎。

从农户的土地流转交易效率的回归结果我们还可以发现,农户家庭非农就业比例对土地流转交易效率有显著的反向影响,即非农就业比例越高,土地流转所需的交易时间越短。当然,毋庸置疑,村庄土地流转市场越活跃,土地流转交易时间越短。但是,值得注意的是,如果户主受教育程度越高,则土地流转交易所需时间越长,这或许由于教育程度较高的农户更加注重土地的收益权,进而增加了土地流转交易讨价还价时间。与女性相比,男性的土地流转交易效率相对较高。而且,相对富裕的农户家庭,土地流转交易所需时间越短,土地流转交易效率相对较高。此外,除了离家越远的土地流转交易所需时间较长外,处于村里可灌溉耕地充裕、机动地比例较高以及相对富裕的村集体的农户,土地流转交易时间均相对较短。

第五节　土地流转行为绩效评价

一、流转绩效评价的理论分析框架及研究假说

农村土地流转现象日益普遍,为考察农户土地流转规模化趋势,我们通过

构建一个简单的农户土地流转交易效果评价模型提供理论分析基础。首先，我们假设一个村庄有 N 个农户，记作 $i=1,2,\cdots N$，每个农户种植相同的作物，生产相同的农产品，农产品市场是一个完全竞争市场且面临外生固定价格 P，而且农户在土地质量、灌溉条件、劳动技能等农户土地禀赋，劳动力特征等方面的情况基本相同。农户土地流转交易仅限于本村而且只存在两种土地流转交易选择 C_{in}、C_{out}：C_{in} 表示农户是否从本村其他农户或集体转入土地经营，如果转入则 C_{in}取值为 1，不转入则记为 0；同理，C_{out}表示是农户是否将自己经营的土地转给本村集体或其他农户经营，转出记为 1，不转出记为 0。

其次，假设 $W_i(i=0,1)$ 表示农户农地转入（$i=0$）或转出（$i=1$）行为发生后的土地经营面积。$W_0=H_0+T_0C_{in}$，其中，W_0表示农户转入土地行为影响下的土地经营面积，H_0表示转入土地行为发生前农户初始经营的土地面积，T_0表示转入情况下的土地变动量。$W_1=H_1+T_1C_{out}$，其中，W_1表示农户转出行为影响下的土地经营面积，H_1表示转出土地行为发生前农户初始经营的土地面积，T_1表示转出土地情况下的土地变动量。

然后，假设农户转入、转出土地后，正在经营的土地地块数目是土地转入、转出行为的函数，分别记作 $N_0(C_{in})$、$N_1(C_{out})$，此时，两种情况下的块均经营面积分别为

$$A_0=\frac{W_0}{N_0(C_{in})}=\frac{H_0+T_0C_{in}}{N_0(C_{in})}=\frac{H_0}{N_0(C_{in})}+\frac{T_0C_{in}}{N_0(C_{in})} \tag{5-9}$$

$$A_1=\frac{W_1}{N_1(C_{out})}=\frac{H_1+T_1C_{out}}{N_1(C_{out})}=\frac{H_1}{N_1(C_{out})}+\frac{T_1C_{out}}{N_1(C_{out})} \tag{5-10}$$

每亩单产 Y_i 是规模报酬不变的 Cobb-Douglas 生产函数，函数形式为

$$Y_i(W_{ji},M_i)=QW_{ji}{}^{a}M_i{}^{b},\quad j=0,1$$

其中，W_i 为农户土地经营面积；$j=0$，表示农户转入土地经营；$j=1$，表示农户转出土地经营；M_i 为农户家庭特征；由于规模报酬不变，满足 $a+b=1$。在单产 Y_i 下，农户的农业生产净利润为

$$\pi_i(Y_i) = PY_i(W_{ji}, M_i) - KW_i, \quad j = 0,1, \tag{5-11}$$

其中，P 是单位产量价格，K 是单位经营土地的固定生产投入。追求农业生产利润最大化的农户需要解决的问题是：①

$$Max\pi_i(Y_i) = PY_i(W_{ji}, M_i) - KW_{ji} \quad j = 0,1$$
$$s.t. Y_i(W_{ji}, M_i) = QW_{ji}{}^{a} M_i{}^{b}$$
$$W_o = A_0 N_0, W_1 = A_1 N_1 \tag{5-12}$$

进一步求解，可得：$\frac{dA_0}{dC_{in}} > 0$，$\frac{dA_1}{dC_{out}} > 0$。

在上述理论分析的基础上，我们提出的研究假说是：在土地规模化经营绩效方面，土地流转行为对土地规模化经营有显著影响。具体来说，如果农户转入土地经营，在规模化经营意识下，农户会扩大土地经营面积，表现为农户越是转入土地经营，农户经营耕地的块均经营面积将有所增加。农户转入经营的地块，对农户块均经营面积的贡献是增加了块均经营面积而非因为经营地块数目增多使得地块更加分散，这种经营土地流转效果无非体现了农户规模化经营的潜意识。通常，如果农户转出土地不考虑土地的规模化经营，则土地块均耕地面积并不会因为地块的减少而有所增加，相反，如果农户转出土地行为对农户块均经营面积的影响为正，即农户转出土地带来的直接效果是增加了原有地块的平均面积，则说明转出行为具有减少地块分散、增加地块经营面积的规模化经营意识。

二、土地流转绩效评价的计量经济模型

在农户土地流转交易行为绩效评价的理论分析框架基础上，我们建立以下计量经济模型评估农户土地流转交易绩效，实证检验农户土地流转行为对

① 需要说明的是，在理论分析框架中，我们省略了农户家庭特征对农户土地块均经营面积影响的分析，但在实证分析中我们具体讨论了农户家庭特征对农户土地块均经营面积的现实影响。

农户经营地块平均面积的影响，通过考察农户土地流转交易后的块均农地经营规模，揭示农户土地流转交易行为的规模化经营趋势。

$$PLA = \alpha + \beta_1 L_{in} + \beta_2 L_{out} + H\gamma + \varepsilon \qquad (5-13)$$

被解释变量 PLA 表示农户经营的每块耕地的平均面积，即经营土地的块均耕地面积。具体用农户家庭正在经营的耕地面积总亩数除以地块总数来衡量，若参与土地流转后，地块平均面积大，则表明规模化趋势较强，反之，若地块平均面积较小，则表明土地较为细碎。因为，按照现存的土地分配制度，村集体出于对维护农村稳定，土地分配公平的要求，土地分配时需要将土地“插花”式的分配，即将肥力不同的土地好坏搭配、远近搭配，这就容易导致农户地块的零碎化和分散化，结果农户所经营的土地的块均土地面积较为细碎。如果在自愿互利的原则下，农户通过自己的土地转入、转出行为改变原有的土地分配格局，将土地连片集中，扩大块均耕地面积，则一定程度上凸显了农户土地流转规模化趋势。

在公式（5-13）中，我们用 L_{in} 和 L_{out} 分别表示农户转入土地行为和农户转出土地行为，关键解释变量是二元虚拟变量，取值为 1=是，0=否，这里的土地转入行为不仅包括从本村其他村民、外村其他村民转入土地的行为，还包括从村集体转入土地经营的行为。而转出行为不仅是指将土地转给本村或外村农户的转出行为，而且还包括转给公司企业、农民合作组织等集体组织的转出行为。

H 是一组村庄及农户控制变量，包括 2005 年村庄总户数、最远两个小组距离、土地中山地比例、耕地灌溉面积比例、机动地比例和村人均纯收入，2005 年农户户主性别、年龄、受教育年限、是否村干部和家庭房产价值等。ε、ε' 和 ε_s 是其他不可观测因素。α、β_1、β_2、α'、β_1'、β_2' 和 β_3' 是模型待估参数，其中 β_3' 对应的是一组变量，是参数矩阵，μ_{tw} 和 μ_{stw} 表示地区虚拟变量，主要是用来控制地区差异的虚拟变量。关于土地流转交易行为绩效的变量说明，如表 5-10 所示。

表 5-10　相关变量说明及预计影响方向

被解释变量		
农户土地经营块均面积:用农户家庭正在经营的耕地面积总亩数除以地块总数来衡量		
关键解释变量	具体说明	预计影响方向
土地转入	从其他农户或村集体转入土地经营	+
土地转出	将土地转给其他农户或集体	+
其他控制变量		
土地使用权充分度,取值范围(0—3)	1. 农户是否可以自行决定种植什么作物;2. 农户是否可以自行将农地转给本村的其他村民;3. 农户是否可以自行决定将农地转给外村村民	+
土地使用权稳定度,取值范围(0—3)	1. 农户女儿出嫁,其地是否要被村集体收回;2. 农户家新娶媳妇是否可以从村里分到地;3. 农户家新生小孩是否可以从村里分到地	+
村土地流转交易活跃程度	农户有转入土地行为比例和有转出土地行为比例的平均值来测度	+
非农就业劳动力比例	农户家庭非农就业劳动比例	
农户控制变量		
农户家庭经营的农地规模	家庭经营土地人均面积	+/-
农户农地质量	农户的客观评价	-
家庭人口数	家庭总人口总数	+/-
家庭经营农地地块数目	家庭经营的地块细碎化的程度	+/-
户主年龄	周岁(岁)	+/-
户主受教育年限	接受素质教育的年限	+/-
户主性别		+/-
户主是否是村干部		+/-
家庭房产评估值	家庭房屋不动产的现值	+/-
村庄控制变量		
村最远两个小组距离	如果村分小组两个相距最远的村小组距离	-
村总户数	村庄总户数(按户籍统计)	-
村土地中山地比例	村庄中,山地所占比例	-

续表

被解释变量		
村耕地灌溉比例	耕地中有灌溉设施,能浇灌的比例	-
村机动地比例	村庄机动地的比例	-
村人均纯收入	村庄人均净收入(农业收入和非农收入)	+

三、土地流转行为绩效评价的实证分析结果

在调查到的 619 户抽样农户中,除去家中没有土地、不经营土地的 19 户后,还剩 600 户抽样样本,平均而言,每户块均面积为 2.79 亩,转入农户有 144,占 24%,转出农户有 120,占 20%,土地流转农户占近 50%。另外,与实证模型相关的解释变量包括:土地使用权充分度和稳定度、非农就业劳动力比例、农户家庭经营农地规模、农户家庭人口数目、户主特征、家庭资产、村庄土地质量和人均收入等,为了进一步控制各个村庄块均面积的差异,我们加入了村庄虚拟变量。图 5-8 报告了 2008 年农户经营土地块均面积的相关统计特

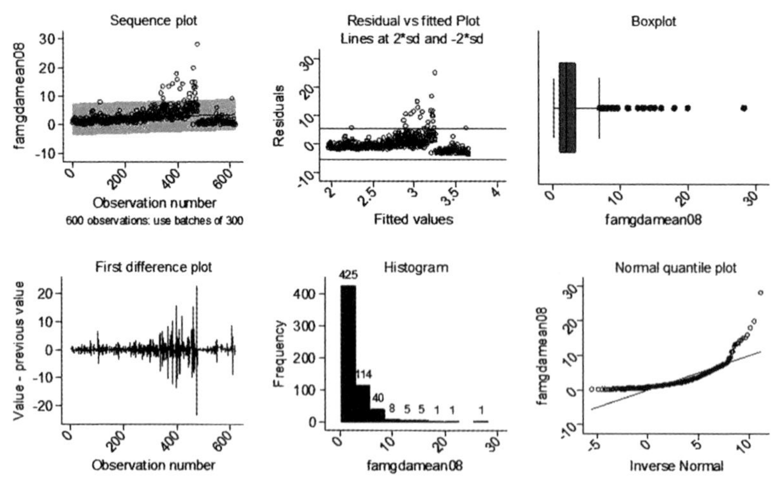

图 5-8 农户块均耕地面积数据特征

数据来源:作者根据调查数据统计。

征，包括观测值顺序分布图、残差与拟合值分布图、箱状图、一节差分图以及观测值柱状图和正态分位数图，从图 5-8 中可以看出大部分观测值都在有效区域内，数据质量较高。

其他解释变量的统计特征如表 5-11 所示，从数据均值、标准差、大小值分布来看，数据代表性较高。我们主要采用稳健的 OLS 估计方法，考察农户土地流转交易行为对农户块均经营面积所产生的影响。

表 5-11 主要解释变量说明

变量	均值	标准差	最小值	最大值
被解释变量				
2008 年农户块均经营面积(亩)	2.7	2.5	0.2	18
关键变量				
农户是否转入土地	0.2	0.4	0	1
农户是否转出土地	0.1	0.3	0	1
其他控制变量				
2005 年土地使用权充分度(0—3)	2.6	0.7	1	3
2005 年土地使用权稳定度(0—3)	2.3	1.2	0	3
2005—2008 年村土地流转交易活跃程度(%)	16.9	13.3	0	54.2
2005 年农户非农就业劳动力比例(%)	27.8	23.8	0	100
农户控制变量				
土地质量	1.39	0.59	1	3
家庭经营土地人均面积(亩)	2.7	3.1	0	38.8
家庭人口数(人)	4.2	1.5	1	12
家庭经营土地地块数目(块)	4.1	2.3	0	13
2005 年户主年龄(岁)	49.6	10.7	22	84
2005 年户主受教育年限(年)	6.6	3.0	0	12
2005 年户主性别(1=男;0=女)	1.0	0.2	0	1
2005 年户主是否是村干部(1=是;0=否)	0.3	0.4	0	1
2005 年家庭房产估值(万元)	8.2	19.8	0	280
村庄控制变量				

续表

变量	均值	标准差	最小值	最大值
2005 年村最远两个小组距离(里)	5.3	8.5	0	46
2005 年村总户数(户)	418.4	330.6	52	1536
2005 年村土地中山地比例(%)	23.7	29.5	0	93.6
2005 年村耕地灌溉比例(%)	54.4	40.5	0	100
2005 年村耕地机动地比例(%)	6.7	10.8	0	56.6
2005 年村人均纯收入(元)	3011.0	2237.6	600	9800

注:表中的样量本=600 户。
数据来源:作者根据调查数据统计。

表 5-12 报告了模型的 OLS 估计结果,R^2 为 0.68,模型整体拟合度高,具有很好的解释力。从表 5-12 估计结果来看,在控制了其他变量不变的情况下,土地流转交易行为中农户是否转入土地经营对农户块均经营面积有显著的正向影响,即与不转入土地的农户相比,转入土地经营的农户将使得平均每块地的面积有所增加。而农户是否转出土地对农户块均经营面积影响不显著。农户转入土地行为对块均经营面积会产生两种影响,一种是改变原有的地块数目,另一种是改变农户经营地的面积。进一步讲,若转入地块与原有耕地合并,减少了地块数目,则随着耕地面积的增加,耕地块数的减小必然会增加块均面积,这正是农户连片流转规模化经营的反映。而且,块均面积的增加可以提高农户机械化水平,发展规模化种植,提高劳动力的边际产出。当然如果地块数目增加的比例远远大于耕地面积增加的比例,则表现为块均经营面积的减少,此转入土地行为对农户块均经营面积则有反方向影响,表现为土地更加细碎化经营。

从估计结果来看,农户的转入行为一定程度上促进了农户块均经营面积的增加,农户规模化经营的意识体现其中,农户转入土地的经营行为比不转入土地的行为可以促使农户块均经营面积增加 0.3 亩。比较而言,农户的转入土地经营行为更能体现农户规模经营的意图,而转出行为的规模化趋势相对不明显。关于农户转出地行为对农户块均经营面积的影响不显著的可能解释,需要在农户农用地调整意愿方面寻找原因。

表 5-12　农户土地交易效果评估实证结果

	农户块均耕地面积
	OLS 回归结果
关键变量:	
是否转入土地经营	0. 295
(1=是;0=否)	(1. 79)*
是否转出土地经营	-0. 379
(1=是;0=否)	(1. 89)*
其他控制变量	
2005 年土地使用权充分度	-0. 020
(0—3)	(0. 19)
2005 年土地使用权稳定度	0. 142
(0—3)	(2. 23)**
2005—2008 年村土地流转交易活跃程度	0. 005
(%)	(0. 82)
农户家庭非农就业劳动力比例	-0. 002
(%)	(0. 80)
农户控制变量:	
2005 年家庭经营农地人均面积	0. 564
(亩)	(22. 26)***
农户农地质量	-0. 015
	(1. 22)
家庭人口总数	0. 453
(人)	(10. 28)***
2005 年家庭经营农地地块数	-0. 476
(块)	(15. 01)***
2005 年户主年龄	-0. 005
(岁)	(0. 83)
2005 年户主受教育年限	0. 004

续表

	农户块均耕地面积
	OLS 回归结果
(年)	(0.17)
2005 年户主性别	0.241
(1=男;0=女)	(0.67)
2005 年户主是否是村干部	0.095
(1=是;0=否)	(0.67)
2005 年家庭房产估值	-0.001
(万元)	(0.20)
村庄控制变量:	
2005 年村最远两个小组距离	-0.022
(里)	(2.78)***
2005 年村总户数	0.001
(户)	(2.17)**
2005 年村土地中山地比例	-0.008
(%)	(3.24)***
2005 年村耕地灌溉比例	-0.006
(%)	(3.29)***
2005 年村耕地机动地比例	0.014
(%)	(2.29)**
2005 年村人均纯收入	-0.000
(元)	(3.30)***
乡镇级虚拟变量估计结果省略	
常数项	1.380
	(2.28)**
观测值	591
R^2	0.68

注:括号内为参数估计 t 统计量的绝对值;*、**、***分别表示在 10%、5%、1%水平上显著。

另外,土地产权制度安排的激励作用同样反映在回归结果中,从回归结果来看,稳定的土地使用权对农户块均耕地面积产生显著的正向影响。这一定程度上也说明，农户渴望土地产权稳定而不是土地调整。所以这一结果也要求我们进一步考察农户的农用地调整原因，为土地流转交易行为绩效提供有效解释。

第六节　农户参与土地调整的主观意愿

一、村集体土地调整

我国农村家庭联产承包责任制的推行，不但使农民成为具有独立经济利益的市场主体，而且村集体也成为基层政权，发挥政府的许多公共职能和参与管理基层政策性任务。在农村土地流转市场缺失或发展不完善条件下，村集体通过土地调整试图实现农地资源的优化配置。抽样调查数据表明，村集体的土地调整不但存在而且较为频繁。从调查到的48个样本村数据来看，四省第二轮承包期较为同步，都开始于政府推行的1997—2007年左右。但自第二轮土地承包期到2013年年初，无论是大调整还是小调整都有发生，至于大调整大部分都要获得乡政府同意才能调整，土地调整次数整体不多且以小调整为主。从各省情况来看，山东第二轮土地承包不但开始较晚而且土地调整次数较多，平均调整2.4次，最高次数达20次，其中90%为小调整。其次是陕西，陕西突出的特点是大调整较多，达40%，远远高于其他三省。而浙江的土地调整基本上都为小调整。相对而言，吉林土地承包权最为稳定，无论是大调整还是小调整都没有发生。这是或许由于吉林是我国的农业大省，拥有耕地面积47.63万公顷，农业人口人均占有耕地面积3.2亩，是全国农村人均耕地面积的2倍左右，因而吉林农村人地关系相对舒缓。另外，关于土地大调整，近80%都获得了乡级政府批准，其中陕西土地大调整管理较为严格，91.4%都获得批准，而吉林管理相对松散，只有58%左右的土地大调整获得上级部门的批准，如表5-13所示。可见不同的省份在土地大调整方面有不同的安排和不同的灵活处理方式。

表 5-13　土地调整相关情况

省份	调整年限及次数(次)				调整类型				大调整要乡里批准(%)
	第二轮土地承包期(年)	平均次数	最大次数	最小次数	大调整(次)	平均调整年限(年)	小调整(次)	平均调整年限(年)	
总体	1996—2003	1.0	20	0	16	2.4	84	1.5	76.7
山东	1999—2003	2.4	20	0	10	2.1	90	1.5	87.5
陕西	1997—1999	0.4	2	0	40	3.5	60	2.3	91.4
吉林	1997	0.0	0	0	—	—	—	—	58.3
浙江	1996—1999	0.3	3	0	0	3.8	100	2.0	66.7

数据来源:根据调查资料整理而得。

既然土地调整时有发生,说明农村人地关系矛盾依旧紧张,数据显示,农户之间的局部小调整成为缓解人地矛盾的主要方式,而村集体的机动地功能主要倾向于获取承包经营收益。即使村集体土地小调整行为存在,但基本上仍然遵循“增人不增地,减人不减地”的原则。所谓“增人不增地,减人不减地”,具体是指农户家中新增人口,如娶进儿媳、生了小孩等,以及农户家中嫁了女儿,有老人去世都不减少农户的原有承包地的数量,这一定程度上可以维护农村土地承包关系稳定。曾经国家为了缓解人地矛盾,解决新增人口的土地问题,所以,准许村集体预留一部分机动地,但必须控制在耕地总面积的5%的限额内。但是,整体上,村庄主要提倡在承包期内实行“增人不增地,减人不减地”的土地分配原则,并鼓励在坚持土地集体所有和不改变土地农业用途的前提下,通过建立土地承包经营权流转机制,来缓解农村紧张的人地关系,从而减少人地紧张引发的土地冲突。

表 5-14 的数据统计结果显示，总体上，2013 年近 60%的村集体都有一部分机动地，但约占 73.8%的机动地主要用途是获取土地承包收益以用来支付村集体的日常管理费用，而用于土地调整的仅占 22.9%。

表 5-14　村集体机动地用途

单位：%

省份	有机动地的比例	机动地的用途			以下情况都不调地		
		土地调整使用	改为建设用地	土地租赁	嫁女儿	娶媳妇	生孩子
总体	59.3	22.9	3.3	73.8	84.8	82.9	80.9
山东	43.8	71.4	—	28.6	75.0	68.8	62.5
陕西	74.1	0.0	0.0	100.0	75.5	75.5	75.5
吉林	75.0	0.0	0.0	100.0	100.0	100.0	100.0
浙江	50.0	33.3	16.7	50.0	91.7	91.7	91.7

数据来源：根据调查资料整理而得。

从样本省份情况来看，山东情况与其他三省不同，尽管山东机动地最少，仅有 43.8%，但山东机动地 71.4%都用于土地调整，而陕西、吉林尽管有机动地的比例较高，分别为 74.1%、75.0%，但基本都用于获取承包经营收益而非用于土地调整。另外，调查数据显示，村集体基本上都遵循“增人不增地，减人不减地”的原则，无论是嫁女儿还是娶儿媳，抑或是生孩子 80%左右都不调整土地，但村集体的调地行为仍时有发生。

二、农户土地调整意愿

对于村集体的这种局部小调整在多大程度上能缓解农村人地关系矛盾，关键取决于农户对于村集体的调地行为的态度。样本数据结果显示，农户对农地小调整态度基本上是维持原来的土地承包关系稳定，不应该根据人口变动调整土地而应该“增人不增地，减人不减地”。在被访问的 619 户农户中，83.5%的农户认为应该“增人不增地，减人不减地”，16.4%的农户认为可以根据人口变动调整土地。从各省情况来看，吉林 24.3%的农户认为应该根据人口变动作出调整，这一比例显著高于山东、陕西和浙江的 10.4%、7.9%和 7.6%，这种区域差异是否与吉林土地资源禀赋有关，或者由于吉林小调整的情况较少发生，村民感性认识不如其他省份认识深刻有关？关于这方面的研究还有待进一步深入。另外，在经济相对发达的浙江，近 86%的农户希望维持承包经营权稳定，不希望作出土地调整。这或许与浙江土地流转机制相对发达有关，浙江相对成熟的土地流转体制代替了村集体的土地行政调整。

农村土地流转程度低与农户土地流转主观意愿密切相关，我们的调查结果显示，大多数农户既不愿意转入土地，也不愿转出土地，劳动力数量和种地成本是形成这一流转意愿的主要解释。在实地调查过程中，一方面，我们通过"您是否想转入土地经营"这一问题来进一步了解农户土地流转的潜在需求，统计结果表明，基于劳动力不足和种地成本太高，大多数农户都不愿转入土地。619 个被访农户中 68%的农户都不想转入土地经营，67.38%是由于家里劳动力不够，另外约有 16.43%农户认为种地成本高而不想转入土地，如图 5-9 所示。而对于 32%的想转入土地的人来说，36.18%家中劳动力多而地少，27.14%认为种地有规模优势而转入土地经营。另一方面，在农户正耕种的 2122 块分到的土地中，92.84%的农户都不愿意转出，问到不愿意转出的原因，近 60%认为"劳动力够用，自己忙得过来"，还有 12.93%选择"种地有补贴，又不用交钱，所以自己种"。这一调查结果与张照新（2002）对河北、山西、四川、浙江、安徽、湖南等 6 省的调查结果一致，在他们的调查中，54.4%的农户都没有转入土地的意愿，85.3%的农民都不愿转出土地。对于大多数农户不愿转入土地的事实表明中国农村剩余劳动力大量外流，农业劳动力不足的现状，这一定程度上反映出农村剩余劳动力的蓄水池渐趋干涸，劳动力无限供给的时代已经结束的趋势越来越明显，进而为研究刘易斯拐点是否到来提供新的视角。而对于大多数农户不愿转出土地这一现象，深层次原因是农户对家中劳动力充裕的稳定预期及土地对农户的社会保障功能。在农户看来，在外从事非农就业的劳动力，他们的就业与收入是不稳定的，一旦他们失去了工作和收入，土地就成了他们的就业保障，农业收入成为收入保障。

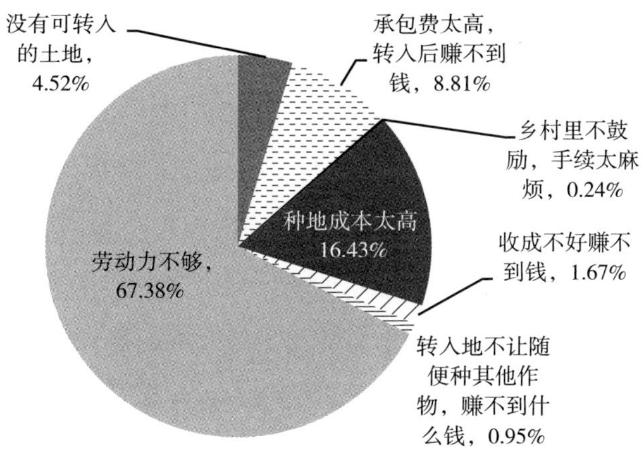

图 5-9　农户不想转入土地的原因

数据来源：作者根据调查资料整理而得。

总体上看，57%的转入地到期后农户都想继续承包，40%的地到期后农户不想继续承包。山东和浙江情况与总体完全一致，而吉林转入地到期后想继续转包的地块更多，有 65%，吉林只有 28%的地块到期后不想继续承包。陕西的情况与总体有些不同，该省 52%的转入地到期后农户都不想继续转包，想继续转包的地块只有 44%，也许是陕西种地成本相对较高所致，如表 5-15 所示。

表 5-15　农户土地续包及转出意愿

单位：%

转入地到期后是否还想继续承包	否	40	42	52	28	39
	是	57	56	44	65	55
	不确定	3	2	4	7	6
	总体	100	100	100	100	100
分到地想转出		5	5	21	1	4
转出又收回的地，还想继续转出	24	23	0	100	24	

数据来源：作者根据调查资料整理而得。

对于目前正经营的集体分到的地大多农户都不想转出，想转出的地块只有5%。除陕西外，山东、吉林和浙江农户正经营着的分到的地想转出的都很少，尤以吉林突出，其想转出的集体分到的地只有1%；但陕西21%的农户目前仍经营着的集体分到的地都想转出，是因为土地质量不好，还是气候原因，还是省经济发展大环境所影响？总的来看，转出又收回的地只有24%想继续转出，山东和浙江分别有23%和24%的转出又收回地想继续转出。陕西和吉林则是两个极端：陕西转出又收回的地没有想继续转出的，而吉林所有转出又收回的地都想继续转出。我们知道陕西农户转入土地时很重视土地质量，那么我们是不是可以认为此处陕西所有转出又收回的地都不打算继续转出是因为这些土地质量太差没有人愿意转入从而农户也不想转出了？而吉林由于户均土地规模和人均耕地都很多，其流转土地的规模效益比较明显，所以转出户也乐意继续转出土地促进规模效应的发挥。

三、土地调整意愿影响因素的实证分析

（一）理论分析框架与研究假说

值得注意的是，如果要客观有效地评价土地流转行为绩效，需要结合农村普遍发生的农用地调整行为分析。因为，从理论上讲，土地流转行为一定程度上可以缓解紧张的人地关系矛盾，是农用地行政调整的一种有效替代手段，然而，现阶段村集体农地行政调整行为的发生，对土地流转行为产生一定程度的冲击，进而影响到土地流转效果。进一步来讲，如果农用地调整合乎民意，符合现实经济社会发展情况，则农用地调整对土地流转将起到积极的促进作用。反之，如果农用地调整与现实农村非农就业等情况不符，则势必会对土地流转行为产生负面影响。目前，中国农村绝大多数农户经营的土地是按照农户家庭农业人口户籍平均分配获得。对于新增无地人口，村集体用机动地予以分配，没有机动地的村庄，村集体会根据实际情况选择土地的大调整或小调整。由于当前大部分村集体要么没有机动地，要么机动地主要用来获取承包经营

收入用于村集体行政经费，所以对于村庄户籍人口变动所产生的农村人地矛盾，村集体通常的一种做法是：每隔5—6年将村庄土地收回打乱重分。这种所谓的农地“大调整”，其弊端在于对农民在土地上进行长期投资的积极性、土地资源的保护性使用以及农村经济发展将产生不利影响[温(Wen)，1995；普罗斯特曼等(Prosterman，et al.)，1996；张红宇，2002]。所以，如果农村人地矛盾仅限于个别农户之间，村集体更为普遍的做法是就个别农户间土地分配作出局部“小调整”。毋庸置疑，无论是“大调整”，还是“小调整”都不仅动摇了农户对土地承包权的稳定预期，影响了土地流转交易行为绩效，而且，一定程度上也违背了中央政府一贯所坚持的维护土地承包经营权稳定的旨意。对于村集体的农地行政调整行为农户主要产生两种调地态度：一种是愿意调整的配合态度；另一种是不愿意调整的被动接受态度。两种不同的土地调整态度将产生不同的土地生产效率。因此，在上述背景介绍的基础上，本章建立农户土地调整意愿评估模型的主要思路是：将村集体农业产出最优化模型建立在比较农户自愿接受土地调整状态下的农业产出期望效用和非自愿状态下的最优化结果基础之上。

首先，假设一个村庄有 N 个农户，$N=1,2,\ldots$，村集体土地拥有总量为 A，每个农户的土地拥有量为 l_i。每个农户都只种植一种作物，故仅有一种农业产出品，该农产品面临完全竞争的农产品市场，以给定价格 P 销售。其次，假设在外生给定价格 P 下，农户生产函数为指数形式：$y_i=l_i^{ai}$，其中，y_i 为第 i 个农户的农业产出。为了便于理解，我们假定每个农户的劳动力、化肥等生产成本投入是外生固定的，则每个农户的单位土地产出净利润用价格减去可变成本（假定每个农户的土地产出的可变成本不变），用 r_i 表示。最后，我们假定每个农户的土地没有其他用途，要么用来种植作物，要么闲置。村集体土地等于每个农户土地的加总，即如果村集体想最大化它的农业净收入，它所面临的问题是求解：

$$\max \sum_i r_i y_i$$

$$s.t. y_i = l_i^{\eta_i}, A = \sum_i l_i \quad 其中, i=1,2,3,\dots,N \tag{5-14}$$

进一步简化可得：

$$\max \sum_i r_i l_i^{\eta_i}$$

$$s.t. A = \sum_i l_i \quad 其中, i = 1,2,3,\dots,\mathrm{N} \tag{5-15}$$

由此可知拉格朗日生产函数为

$$L = \sum_i r_i l_i^{\eta_i} + \lambda\left(A - \sum_i l_i\right) \quad 其中, i=1,2,3,\dots,N \tag{5-16}$$

由 $\frac{\partial L}{\partial l_1} = r_1 \eta_1 l_1^{\eta_1 - 1} - \lambda = 0$ 此，可得一阶条件为

$$\frac{\partial L}{\partial l_2} = r_2 \eta_2 l_2^{\eta_2 - 1} - \lambda = 0$$

$$\cdots$$

$$\frac{\partial L}{\partial l_N} = r_N \eta_N l_N^{\eta_N - 1} - \lambda = 0$$

$$\frac{\partial L}{\partial \lambda} = A - \sum_i l_i = 0 \quad 其中, i=1,2,3,\dots,N \tag{5-17}$$

由此可得：

$$r_1 \eta_1 l_1^{\ \eta_1 - 1} = r_2 \eta_2 l_2^{\ \eta_2 - 1} \cdots = r_N \eta_N l_N^{\ \eta_N - 1} \tag{5-18}$$

即每个农户的土地边际利润相等。这说明当村庄中每个农户的土地边际利润相等时，整个村庄的农业产出利润达到最大化。然而，如果村庄发生土地行政性调整，农户对土地行政调整后的农业生产利润将产生两种期望效用：一种是不愿意参与土地调整状态下的农业生产利润期望收益 $U_{un\,will}$；一种是愿意参与土地调整下的农业生产期望收益 U_{will}。为了简化模型，我们将不愿意参与土地调整看作愿意参与土地调整的可逆过程，而且假设村庄只有一个农户（类似于鲁滨逊和黑猩猩的假设）。接下来的分析则主要以愿意参与土地调整为主。假设 $U_{will} = (\theta_{off} L)^{\alpha_1} (\rho_{land} W)^{\alpha_2}, \alpha_1 > 0, \alpha_2 > 0$，其中，$\theta_{off}$ 表示农户劳动力的非农比例，L 表示农户家庭劳动力的数量，ρ_{land} 表示农户土地经营权的

充分度，W 表示农户经营的土地面积。农户要最大化愿意参与土地调整的农业生产期望收益需要求解的问题是

$$\max U_{will} = U(\theta_{off}, L, \rho_{land}, W)$$

$$s.t. 0 \leqslant \theta_{off} \leqslant 1, \rho_{land} \geqslant 0, L \geqslant 0, W \geqslant 0 \tag{5-19}$$

进一步简化可得：

$$\max U_{will} = (\theta_{off} L)^{a^1} (\rho_{land} W)^{a^2}$$

$$s.t. 0 \leqslant \theta_{off} \leqslant 1, \rho_{land} \geqslant 0, L \geqslant 0, W \geqslant 0$$

进一步可得一阶条件为

$$\frac{\partial U_{will}}{\partial \theta_{off}} = a_1 \theta_{off}^{a_1 - 1} L^{a_1} (\rho_{land} W)^{a^2}$$

$$\frac{\partial U_{will}}{\partial \theta_{land}} = a_2 (\theta_{off} L)^{a^1} \rho_{land}^{a^2 - 1} W^{a^2} \tag{5-20}$$

最终可得：

$$\frac{\partial U_{will}}{\partial \theta_{off}} < 0, \frac{\partial U_{will}}{\partial \rho_{land}} < 0 \tag{5-21}$$

基于上述理论分析，我们给出的研究假说：农用地行政调整手段对土地流转交易市场手段的干预影响了土地流转交易行为绩效程度，因为，在土地产权制度安排激励下，农户拥有的土地承包经营权越充分、非农就业比例越高越不愿意农地调整。具体来说：由于城市非农就业的不稳定，让他们更加觉得农村土地的重要性，因而渴望更加稳定的农村土地承包经营权，而土地的频繁调整一定程度上动摇了土地经营权的稳定性，影响到土地流转交易规模化经营动机。再加上，非农就业不仅产生改善农户生活的收入效应，而且一定程度上开阔了农户视野，使他们更加重视拥有的土地财产权，尤其是土地承包经营权的未来预期收益。这从农户对土地承包经营权长期稳定的认知中可以看出，绝大多数农户都赞成土地承包经营权长期不变。充分的土地权利使得农户在土地用途、土地投资、土地流转等方面拥有更大的自主权，在土地上的投资信心

更强烈，所以农户通常不希望土地产权有所变动。农用地行政调整无疑破坏了农户土地投资的稳定预期，土地用途范围也因为土地调整而变得狭小。充分的土地权利使得农户更愿意通过市场调控而非行政调整的方式来获取土地价值。也就是说，农户更希望提高土地资源配置效率用土地流转行为方式取代土地行政调整方式。

（二）农户土地调整意愿的计量经济模型

为了寻找土地流转交易行为绩效的有效解释，我们采用 Logit 模型估计了农户农地调整意愿方程。

$$ADL_i = \alpha' + \beta_1' L_i + \beta_2' r_i + H\beta_3' + \mu_{tw}' + \varepsilon' \tag{5-22}$$

被解释变量 ADL_i 表示农户 i 的土地调整意愿，主要是用家庭农业生产决策者的土地调整意愿来代表整个家庭的农户调整意愿，ADL 的取值取决于"是否愿意家里新娶了儿媳，新出生小孩增了人口村里不分地；家里嫁了姑娘，老人离世村里不收回其土地?"的回答，1 = 愿意，0 = 不愿意。由于将农户的土地调整意愿模型化是一个相对复杂的过程。首先，面临的现实困难是要选择能够代表整个农户家庭土地调整意愿的合理指标。用户主的态度代替整个家庭的态度是相关研究通常使用的方法（郭铁民等，1993），可是这种方法的弊端是，从农村劳动力分工来看，外出进城就业人员主要从事建筑和服务行业，行业性质决定了男性青年劳动力就业机会较多，相应地，留在农村务农的机会成本较高。由于他们往往是家庭户主，若以他们的土地调整意愿代表农户家庭的土地调整意愿，显然有失偏颇。因为农业生产的主体已经由种植经验丰富的留守妇女或老人承担，留守妇女或老人群体相对于男性和中青年选择在家务农具有较高的比较优势，而且他们进城务工的机会相对男性较少且收入较低，比较而言，留在农村务农的机会成本较低（杜鹏、武超，2004）。总之，真正从事农业生产的主体通常不是户主，因而用其态度代表整个农户家庭的态度会产生选择性偏差。其次，如何通过设计合理的问题测度农户土地调整意愿会严重影响到分析结果的客观性。由于务农人员的平均受教育年限不足 8 年,对问题的理解关系到数据质量,因而在问题设计上应选择一些农户具有感性认识的问题,这样有助于获取较为客观的农户土地流转意愿。在选择大调整还是小调整方面,考虑到大调整发生的周期大概是 5 年,时间周期较长,一些农户甚至没有经历过大调整,所以很难有感性认识,因而在意愿回答方面存在偏差。而小调整的时间周期基本为 3 年,甚至期限更短,因而大多数农户都有感性认识,所以,在实地调研过程中,我们首先选择用家庭农业生产决策者的回答代表整个农户的土地调整意愿,而后用"是否应该增人不增地,减人不减地"来测度农户的土地调整意愿。选择被访者是家庭农业生产决策者是因为他/她是农地经营管理者,不仅熟悉农翻地、播种、耕种、田间管理、施肥、收获等各项农业生产操作环节,而且对农业各项补贴政策有广泛了解,这些都直接关系到农户对土地的生产态度。选择土地小调整测度农户调地意愿是因为大多数农户都直接或间接地经历过迎娶新人、嫁姑娘、小孩出生、老人离世等迎新送旧事件,对此类事件也积累了一定的感性认识,因而,对于"您是否愿意家里新添家庭成员(如新娶儿媳,新生小孩)村里不分地,或者家里家庭成员减少(如嫁了姑娘,老人离世)村里不收回他们的土地?"的回答会更加客观。

在公式(5-22)中,L_i和 r_i是关键解释变量。L_i表示农户非农就业①比例,其取值范围为[0,1]。r_i表示解释变量表示农户的土地使用权的充分度。我们用村庄层面的土地使用权充分度来代替农户土地使用权充分度,因为整个村庄农户在土地使用权方面具有一致性,我们主要用以下三个问题来测度土地使用权的充分程度:(1)农户是否可以自行决定种植什么作物;(2)农户是否可以自行将土地转给本村的其他村民;(3)农户是否可以自行将土地转给外村村民。我们根据答案构建了一个土地使用权充分度指标,每个问题的答

① 非农就业包括:从事农、林、牧、渔业外,并且就业时间超过 1 个月的,有经营收入的工作,包括家庭经营副业。

案都为 1=是,0=否,如果三项都为否,则三个问题答案加总为 0,表示农户的土地使用权不充分,即不能自行决定种植什么作物,不能将土地转给其他村民,不能将土地转给外村村民。r_i取值范围为[0,1,2,3],取值越大表示土地使用充分度越高,如:取值为“3”表示农户充分拥有三项权利。

H 是一组村庄及农户控制变量,包括 2005 年时村庄总户数、最远两个小组距离、土地中山地比例、耕地灌溉面积比例、机动地比例和村人均纯收入,2005 年农户户主性别、年龄、受教育年限、是否村干部和家庭房产价值等。ε、ε' 和ε_s是其他不可观测因素。α、β_1、β_2、α'、β_1'、β_2'和 β_3'是模型待估参数,其中 β_3' 对应的是一组变量,是参数矩阵,μ_{tw}和 μ_{stw} 表示地区虚拟变量,主要是用来控制地区差异的虚拟变量。

该方程包含的关键解释变量和控制变量的相关统计特征如表 5-16 所示。需要说明的是,619 个抽样农户中除去没有土地的 6 个样本以及 25 个拒绝回答被解释变量问题的样本外,最终样本量为 588 户有效样本。农户经营地面积的方差为 11.9,均值为 10.9,数据较为离散,具体原因是吉林农户户均耕地面积较多,明显高于其他三省,正如前文所述人均耕地面积更是其他三省的 6 倍左右。家庭非农就业比例方差为 20.03,均值为 13.55,家庭房产方差为 13.5,均值为 7.16,主要原因是浙江非农就业比例较高,农户家庭成员近 90%非农就业,而且在具体采访中,浙江农户住宅为别墅的概率也较高。总体来看,数据精确度较高能够很好地满足统计推断的需要。

表 5-16　模型所用被解释变量和解释变量的特征

变量	均值	标准差	最小值	最大值
被解释变量				
是否应该“生不增,死不减”	0.87	0.34	0	1
关键变量				
2005 年家庭非农就业劳动力比例(%)	13.55	20.03	0	100
2005 年土地使用权充分度(0—3)	2.58	0.74	1	3

续表

变量	均值	标准差	最小值	最大值
土地质量(1=好;2=中;3差)	1.39	0.62	1	3
2005年家庭经营土地地块数(块)	4.36	2.62	0	19
2005年家庭经营土地面积(亩)	10.92	11.90	0	120
农户控制变量				
家庭人口数(人)	4.21	1.51	1	12
2005年户主年龄(岁)	49.6	10.7	22	84
2005年户主受教育年限(年)	6.63	2.96	0	12
2005年户主性别(1=男;0=女)	0.97	0.16	0	1
2005年户主是否是村干部(1=是;0=否)	0.28	0.45	0	1
2005年家庭房产估值(万元)	7.16	13.50	0	140
村庄控制变量				
2005年村最远两个小组距离(里)	5.3	8.5	0	46
2005年村总户数(户)	418.9	329.4	52	1536
2005年村土地中山地比例(%)	23.6	29.4	0	94
2005年村耕地灌溉比例(%)	54.0	40.5	0	100
2005年村耕地机动地比例(%)	7.0	11.3	0	57
2005年村人均纯收入(元)	3003	2230	600	9800

注:表中的样本量=588户。
数据来源:作者根据调查数据统计。

(三)实证结果分析

表5-17报告了模型的OLS回归结果和Logit的边际效应回归结果,两种情况下回归结果基本一致,关键解释变量都在90%的置信水平显著,模型的整体检验F值顺利通过检验,为了控制模型扰动项异方差、自相关及异常值的可能影响,模型都采用了稳健估计。从统计角度来看,表5-17中的计量经济模型估计的拟合程度都很高,模型的参数估计的R^2达到48%,主要解释变量参数多数都显著异于零。可以看到,公式(5-22)Logit估计结果和OLS估计结果基本一致,没有显著差异,我们接下来主要用Logit估计结果来进行讨论分析。

回归结果显示,充分的土地产权对农户土地调整意愿有显著的正向影响,农户拥有的土地经营权越充分,农户越不愿意调整土地。

表 5-17　农户土地调整意愿影响因素模型参数估计结果

	是否应该"生不增,死不减"(1=是;0=否)	
	OLS 估计结果(1)	Logit 估计结果(dy/dx)(2)
关键变量:		
2005 年家庭非农就业劳动力比例	0.001	0.017
(%)	(2.02)**	(2.01)**
2005 年土地使用权充分度	0.054	0.605
(0—3)	(1.98)**	(1.91)*
土地质量	-0.035	-0.326
(1=好;0=其他)	(1.42)	(1.55)
2008 年家庭经营土地地块数	-0.006	-0.057
(块)	(0.93)	(1.05)
2005 年家庭经营土地面积	0.002	0.018
(亩)	(0.98)	(1.06)
农户控制变量:		
家庭总人口	-0.006	-0.057
(人)	(0.63)	(0.72)
2005 年户主年龄	-0.000	-0.003
(岁)	(0.48)	(0.56)
2005 年户主受教育年限	0.009	0.082
(年)	(1.69)*	(1.68)*
2005 年户主性别	0.010	0.148
(1=男;0=女)	(0.11)	(0.17)
2005 年户主是否是村干部	0.000	0.005
(1=是;0=否)	(0.01)	(0.01)
2005 年家庭房产估值	-0.001	-0.012
(万元)	(1.01)	(1.33)
村庄控制变量:		

续表

	是否应该"生不增,死不减"（1=是;0=否）	
	OLS 估计结果（1）	Logit 估计结果（dy/dx）（2）
2005 年村最远两个小组距离	-0.456	0.003
（里）	（2.34）**	（0.07）
2005 年村总户数	0.004	0.001
（户）	（0.74）	（0.53）
2005 年村土地中山地比例	0.067	0.013
（%）	（0.58）	（0.37）
2005 年村耕地灌溉比例	0.102	-0.014
（%）	（2.54）**	（0.46）
2005 年村耕地机动地比例	-0.727	-0.011
（%）	（3.06）***	（0.25）
2005 年村人均纯收入	-0.002	-0.000
（元）	（1.36）	（0.23）
乡镇级虚拟变量估计结果省略		
常数项	0.819	1.336
	（5.22）***	（0.79）
观测值	588	566
R^2	0.48	—

注：括号内为参数估计 t 统计量的绝对值；*、**、***分别表示在 10%、5%、1%水平上显著。

当农户土地产权充分度每增加 1%时，农户土地不愿意调整的可能性增加 60%。关于土地产权充分度对农户土地调整意愿影响的研究假说也得到了验证。充分的土地经营权保障了农户在土地使用上享有投资、生产、获取收益等更充分的自主权，而土地调整会使得土地上一切投资、附加值产生变动，不稳定的土地预期使得农户土地上的投资信心受损以及和土地相关的产权交易也受损，因而农户在更充分的土地产权情况下不愿意土地调整时有发生。

农户家庭非农就业比例对农户是否愿意调整土地有显著的正方向影响。

平均而言,农户非农就业比例每提高10%,农户不愿意调整土地的可能性增加17%,研究假说得到了检验。即农户非农就业比例越高,越希望土地承包经营权稳定,不愿意调整土地。可能的解释是:一方面,从工作稳定性和工资收入角度来讲,非农就业不稳定,非农收入不固定,农户无法对非农收入形成稳定的预期,尽管农业收入在家庭收入中的比例日益下降,但是土地在非农就业市场不景气的时候解决了劳动力隐性失业问题,吸纳了闲置劳动力,而非农就业对农户而言只是暂时性的工作,因而农户在非农就业背景下更希望土地承包经营权稳定,确保农业生产的收入保障功能,通过土地经营权的稳定性来规避城市非农就业的风险。另一方面,随着城市化进程的加快,农村变化巨大,土地被征用的可能性日益增加,农户对土地征用的预期经济收益较高,稳定的土地经营权可以确保未来土地预期收益。

另外,从回归结果还可以看出,被访者受教育程度越高越不愿意调整土地。这是否因为受教育程度高对财产权的保护意识更强烈,较高的教育程度使他们意识到稳定的土地承包经营权不但可以确保土地上的投资收益而且可以确保土地的未来收益权,农户将以更加长远的眼光看待自己拥有的土地承包经营权,具体来讲就是更加重视土地承包经营权的长期受益而非短期利益。

自《农村土地承包法》颁布实施以来,土地流转供需不足的结构性矛盾始终困扰着我国农村土地流转市场的发展,成为我国城市化进程的重要制约因素。如何突破土地流转滞缓困境,建立促进土地流转市场发展的长效机制?关键在于如何发挥土地产权制度安排在土地流转交易行为中的制度激励作用,同时,还需要厘清土地产权制度安排在农户家庭劳动力资源、土地经营规模、土地细碎化程度和农户家庭人口老龄化、农户社会信任度方面所体现的约束力。我们基于新制度经济学的基本理论,通过建立一个农户土地流转行为绩效评价理论分析框架,系统讨论了土地产权制度安排在降低土地流转交易成本中的激励与约束,并利用来自4省13县600多户农户实地调查数据检验了相关研究假说。目前绝大多数农户土地流转期限仍不确定,换(兑)地的流转年限相对较长，而转出、转入地流转期限较短。农户土地流转对象的主体正逐渐从亲戚、朋友为主要参与对象向更广泛的主体范围扩展。无论是转入方还是转出方，大多都是土地流转信息的接受者，也有一部分是自己主动寻找流转信息或者从第三方了解到流转信息。从各省情况来看，越是经济相对发达地区在传递转出土地流转信息方面越是被动，而不是主动散布土地转出信息。农户土地流转大多以非正式流转为主。无论是换（兑）地、转出地还是转入地，农户间签订合同的比例较低，大多都没有签订合同。农户的土地流转交易时间整体上都比较短，即从第一次正式谈到土地流转交易成功所消耗的交易时间都相对较短，但比较而言，经济发达地区交易时间相对较长。土地流转期限一定程度上反映了农户土地依赖性大小，而农户土地依赖性又直接影响到土地流转阻力的大小。现金补偿成为土地流转的主要补偿方式，而且转入地补偿比例低于转出地补偿比例，转入地块现金补偿成本较低。农户转入的地块基本上与自家地块不相连，转出的地块与对方地块也大多不相邻。比较而言，转出方更容易与对方地块连片，而且经济发达地区转入、转出地块连片的比例较高。村集体的土地调整不但存在而且较为频繁，无论是大调整还是小调整都有发生，至于大调整大部分都要获得乡政府同意才能调整，土地调整次数整体不多且以小调整为主。农户对土地小调整态度基本上是维持原来的土地承包关系稳定，不应该根据人口变动调整土地而应该“增人不增地，减人不减地”。

需要强调的是，土地使用权充分度和稳定度这两项对土地流转交易成本存在制度上的激励。土地产权越充分、越稳定，土地流转的交易成本等级越低，交易效率越高。从计量结果来看，土地使用权的充分度和稳定度增加一个单位，农户的土地流转交易时间减少 0.5 天和 0.2 天。同时，社会信任对土地流转交易成本存在显著的负方向影响，即社会信任度越高，土地流转的交易成本越低。而且，社会信任越高，土地流转的交易时间越低，交易效率越高。村庄土地流转市场越活跃，土地交易成本等级越低，土地流转交易时间越短。户主的年龄越大、受教育程度越高，土地流转的交易成本也越高，所需时间越长。有意思的是，如果户主是村干部，则流转交易成本越低。与女性相比，男性的土地流转交易效率相对较高。家庭净资产越多者，交易成本越高，但土地流转交易所需时间越短。

在我国农村的大部分区域，伴随非农就业的进一步发展，农业劳动力供给约束产生的直接效应是土地流转现象日益普遍，土地流转显然已成为原有土地分配制度的一种改进和补充方式。而农户间的自发土地流转交易行为是否一定程度上促进了土地的规模化经营，是评价土地流转交易行为绩效需要回答的关键问题。通过对中国四省农户实地调查发现，在控制了其他变量不变的情况下，土地流转交易行为中农户是否转入土地经营对农户块均经营面积有显著的正向影响，即与不转入土地的农户相比，转入土地经营的农户将使得平均每块地的面积有所增加。而农户是否转出土地对农户块均经营面积影响不显著。稳定的土地使用权对农户块均耕地面积产生显著的正向影响。

当农用地行政调整手段对土地流转交易市场手段存在干预的情况下，我们需要从农户土地调整意愿出发，来为土地流转交易行为绩效提供有效解释。研究发现，充分的土地产权对农户土地调整意愿有显著的正向影响，农户拥有的土地经营权越充分，农户越不愿意调整土地，而且，农户家庭非农就业比例对农户是否愿意调整土地也有显著的正方向影响，农户非农就业比例越高，越希望土地承包经营权稳定，不愿意调整土地。

上述研究结果带给我们的启示是：在土地流转市场发展滞缓背景下，从土地产权制度安排的激励与约束角度，理解农户土地流转交易成本影响因素，为我国深入推进农村土地流转市场的发展提供了微观基础。有理由相信，随着城市化进程的深化和关系城乡劳动力流动的相关制度的进一步改革，农村劳动力将有更多参与非农部门和城市部门活动的机会并促进农村家庭和社会的分化，这种分化的一个明显表现是农村劳动力和人口在经济活动上向农业和非农业两个部门的分化和专业化分工，因此，理论上讲，对于那些未来专业化于农业部门的农村劳动力和家庭，土地产权制度安排提供的制度激励，实现土地流转交易，应该不是一个问题。当然，还需要进一步探索农户享有充分土地使用权的内涵和外延，例如土地抵押权等对土地流转行为的刺激，以及深入了解既从事农业劳动又从事非农就业兼业者的土地流转意愿，这些都是与农户土地转出行为密切相关而且亟须回答的问题。

然而，导致土地流转滞缓的主要原因可能来自流转土地供给层面，而非需求层面，表现为长期以来土地流转市场上的需求大于供给（钱忠好，2003）。因此，现阶段和未来很长一段时期，克服土地产权制度安排得约束力的主要阻力和障碍将来自农村土地流转市场的供给层面。建立规范化的土地流转机制，克服土地细碎化劣势、发挥规模化经营优势、合理引导农村老龄人口的土地流转行为，一方面需要为新生代农民工创造更多的城市就业机会，确保他们稳定就业，减少对农村土地依赖以逐步完成农民市民化，需要继续健全农村社会保障体系，尤其是养老保险，使农村老年人口减少对土地社会保障的依赖；另一方面还需要农户土地流转对象从以亲戚为主体向其他村民、合作社、企业转移。以血缘关系为依托的社会信任不足以支撑土地流转中的社会信任需求，因此，需要探索建立农村社会信任的新渠道，建议加强农村文化社团，生产合作协会等建设力度，增强村民的集体凝聚力和合作意识，这是发挥社会信任在土地流转交易中的积极作用的重要举措。另外，社会信任在减少土地流转交易时间方面需要注意与交易成本相结合，如果社会信任仅仅是减少了农户土地流转的交易时间而增加了交易成本，比如农户口头流转协议随后若产生违约行为而增加的交易成本，那更需要重视社会信任对土地流转交易质量的效果，而非仅仅是流转效率的提高，所以，有关三者之间关系的研究将是进一步研究的重点。还有，从我们一些有意思的发现中可以看出为农民工提供平等、公平的就业机会，创造稳定的就业环境和就业岗位是进一步减少土地流转交易成本的必然选择，比如非农就业比例越高，土地流转交易成本越高，其根本原因是城市非农就业没有产生稳定的收益预期，因而对农村土地寄予厚望增加了土地流转交易成本。

随着我国城市化进程的不断加快，非农就业比例将会不断上涨，与此同时农户更加渴望稳定的土地承包经营权，我国农村人口约5.6亿，占总人口的40%。受现实生产力发展水平的制约，我国城市现阶段还不足以为更多的农村剩余劳动力创造稳定就业岗位，相关社会保障和福利制度的不健全也凸显出城市承载力的有限水平，所以考虑到维持农村社会稳定的重要性，中央政府一贯强调土地承包责任制稳定的重大现实意义。如果村集体不考虑农户的切身感受依旧频繁调整土地，产生的直接后果将是进一步激化农村人地关系矛盾，加剧土地冲突形成而非缓解人地紧张关系，更严重的后果是，农用地的行政性调整手段将对土地流转的市场交易手段产生不良干预，势必会影响到土地流转规模化经营绩效。土地产权制度安排在土地流转交易行为中的激励作用由于不稳定的土地调整预期将难以发挥作用。所以建议，首先，建立健全土地流转市场发展，通过土地流转手段而非土地调整手段实现土地资源优化配置。比如，在维持农户土地产权充分度的基础上，积极探讨土地产权充分度的外延，如土地抵押权、土地入股权等，丰富农户土地承包经营权的内涵，实现农地资源的固化形式向土地承包经营权流动形式转变。其次，制约农户土地流转交易发展的并不是进城务工人员的“土地养老”诉求，农户的土地流转行为本质上是农民的就业保障问题。因此，在今后很长一段时间内，政府应主要在提高农村进城就业人员机会、扩大农民工就业范围等方面下大功夫。特别是，在当前我国制造业产业结构升级的背景下，政府应充分发挥服务业就业吸纳能力强的优势，在推进城市化的过程中，逐步放宽对三产服务业的垄断和管制，促进我国三产服务业的快速发展，提升其在国民经济中的比例，从而为农民工创造更多的就业机会。此外，政府在扩大外出农民就业机会的同时，需要建立和完善外出务工人员的就业信息网络渠道，在完善相关社会保障措施的基础上，降低他们对农村土地的依赖程度，从而减少他们对农村土地流转的阻力。当然，与此同时，政府也应在农村内部制定更多切实有效的土地政策，使农地逐步向种粮大户和种地能手集中，在获取农业的规模收益、实现土地经营机械化的同时，使农业生产释放出更多的农村劳动力，进而从根本上改变我国农村人地关系，为我国城市化提供劳动主力军，最终实现我国城市化的良性发展和城乡协调进步。

结　语

自党的十九大报告提出实施乡村振兴战略以来，社会各界都在积极探讨实现“产业兴旺、生态宜居、乡风文明、治理有效、生活富裕”总要求的实现机理和发展路径，都在思考如何实现城乡融合，缩小城乡差距，让农村生活也变得智慧化、现代化、生态化，都在探索推动城乡人才、技术、资本等资源要素的共享、共建机制，其共同目标是最终实现城乡人民对美好生活的向往和追求。伴随经济持续稳定发展，我国农村人口迁移将会在教育、医疗、社保、就业等方面拥有更多有利迁移条件，从而彻底完成农村流动人口市民化的融合进程。

在实现上述目标的进程中，我们将面临一系列新的资源配置方式改变，也将面临一些新的传统生产方式向新方式的转变。无论是农村人口格局，还是农村土地格局都将随之发生新的变化和调整。人地关系的重新调整难免会产生一些不协调问题，比如农村流动人口非永久性、往返式、单身流动的流动方式对乡村和城市的生产、生活管理成本的影响；还比如，这样的流动特点对城乡就业、医疗、社会保障、教育等政策执行产生的重要影响，更深入地讲，这一问题如果得不到合理解决将最终成为国家整体城乡发展战略实现的“绊脚石”。

上述问题的背后的逻辑无非是：如何适应时代发展要求解决农村人口与土地资源配置矛盾，如何优化我国农村人口和土地资源配置，提高资源配置效率。具体来讲：一方面，我们要理清农村流动人口实现永久性迁移，除了要开展政策设计和制度改革等相关政策研究外，更为重要的是，我们摸清这一群体在城市的就业生活境况如何？他们的流动特征近年来有何变化？他们在城市之间流动的频率和次序怎样？职业转换频率和提升情况如何？影响因素他们就业选择的因素有哪些？我们还要进一步深入了解这一群体的家属随同情况如何？举家迁移意愿和需求怎样，对他们的需求和态度起关键影响的因素是什么？另一方面，我们亟须摸清农户对“生于斯、长于斯”的土地生产、生活方面存在哪些新的诉求和新态度？在常见的土地流转现象背后，要释放土地制度改革的红利，除了需要深入了解农户土地流转（转入、转出）行为及面临的制度激励与约束外，还需要研究清楚农户的土地流转交易成本、交易效率、交易意愿有何特征？土地产权制度安排将如何激励农户土地流转行为（土地转入、土地转出）？农户社会信任程度如何影响土地流转的交易成本与交易时间。土地流转交易行为的规模化经营绩效如何？土地行政调整手段对土地流转交易市场手段的干预将受到土地产权制度安排激励还是约束？

针对上述一系列现实问题，我们开展的相关研究，无非是想揭开农村人口和土地资源配置的新格局和发现这种自发调节背后更多的新问题，从根本上为实现我国城乡发展战略提供一些决策方向和依据。

一、主要结论

（一）农村人口迁移方面

1. 未来5—10年，农村人口自由流动、大迁移的基本态势仍将持续

受城市就业环境和机会影响，农村人口流动将继续由经济洼地向经济高地流动。与以往非正式迁移相比，在政府人口政策和教育、医疗、就业等相关配套政策的“组合拳”效应下，农村流动人口将更多选择流向本省的省会和经济比较活跃的地级城市，这将迫切需要打破原有的城乡劳动力市场分割现状，在就业、医疗、教育、社会保障等领域继续创造城乡融合条件，为流动人口创造更多的就业稳定性预期，提高其就业机会，培养其可持续收入能力，牢牢把握

这些城乡融合的关键突破口。但在此过程中，我们必须要正视“非正规就业”“候鸟式”、短期、单身“非举家外迁”流动仍将持续一段时间，我们在关注城乡融合大战略的同时，仍须完善这部分群体的过渡性政策，比如户籍政策改革要进一步深化，对于一些从户籍身份上来看他们是农民，但他们中大部分长期在城市就业、生活，已彻底远离农村的生产和生活方式的农村流动人口尽快落实人口登记，确认户籍选择，以方便后期的教育、医疗、社会保障等政策方案的顺利执行。随着农村流动人口流动主体的年轻化和受教育水平提高，举家外迁、新生代为主体的流动特征也日益明显，了解新生代群体的人口流动需求、进行相关政策方面的“供给侧”改革也显得尤为重要和迫切。

2. 农村流动人口就业行业结构有所升级，行业领域有所拓展，从以前的制造业和服务业发展为现在服务业、制造业和建筑业，服务业占比高

服务业发展成为农村流动人口就业的“蓄水池”，服务业发展好坏直接关系到农村流动人口的就业能力和就业空间。所以政府出台相关政策加快发展服务业是顺应农村流动人口就业要求的现实选择，也是保障和改善农村流动人口民生、增加农村流动人口福祉的重大举措。除了就业方面，农村流动人口的居住条件目前仍以单位提供宿舍和自己租房两种方式为主，自己租房日益成为农村流动人口的首要选择。“安居乐业”后，农村流动人口才会考虑到配偶或小孩随同。有配偶和小孩随同的农村流动人口主要是那些城市就业经验比较丰富、工作相对较稳定、收入较高、年龄相对较轻的就业人口。配偶、小孩随同是举家外迁实现市民化的内在要求。考虑到文化风俗、生活习俗等众多问题，在当地县城工作的农村流动人口配偶和小孩随同率较高，进一步凸显出城乡融合有效途径之一就是尽快建立健全小城镇的就业、教育、医疗及社会保障相关配套措施，增加当地中小城镇对农村流动人口的融入能力。如果他们的就业所在城市有鼓励外来人口留城定居的政策，一定程度上激励了这一群体定居城市的信心和决心。在城乡融合进程中，人力资本（受教育程度和非农工作经验）依旧发挥着决定性作用，人力资本越高的农村流动就业人口越

有较强的留城定居意愿。

与我们最初所设想的有所不同，在我们看来受城市就业条件等因素限制，农村流动人口或许会频频变换工作或工作地点，但实际上他们大多并不频繁变换工作和城市。只有那些素质教育水平较高、较为年轻的男性变换工作或工作地点比较活跃。在考察人力资本的影响力后，我们发现素质教育和职业教育对农村流动人口的就业流动性有不同影响，素质教育较高的人口流动性较强，专业性比较强（如受过非农技能培训）的则相反。如果进一步考察人力资本和社会资本对于新生代农民工收入的影响，我们发现：不仅人力资本和社会资本能够显著地提升新生代农民工收入，而且人力资本与社会资本差异还能显著扩大了农民工的代际收入差距。

3. 现阶段，农村流动人口“养儿防老”“土地养老”的传统观点已经开始转变，他们更大程度上依靠自己储蓄来实现“老有所依”

我们设定了4种养老方式“自己储蓄”“依靠子女”“政府主办养老保险”“农村土地”来考察农村流动人口主要养老方式的选择及影响因素。如果农村流动人口在城市有比较稳定的职业，在养老方式选择上会明显倾向于依靠政府主办的养老保险这样的方式。不仅如此，那些人力资本比较高的、女性农村流动人口也会明显倾向于政府主办的养老保险。而那些家庭比较富裕的就业人口首选依靠子女，其次是依靠自己储蓄和政府养老保险，他们对土地养老的依赖程度最弱。令人遗憾的是，年龄越大的越不倾向于选择依靠子女养老。

在农村流动人口的养老金支付方式意愿方面，就业城市距离、就业稳定程度及是否是自营工商业等会显著影响到他们养老金的支付意愿。比如，在外省就业的就业人口与在老家县城就业人口相比，远距离就业人口更愿意直接领取现金；签订劳动合同的农村流动人口更倾向于选择单位办理养老保险而非领取现金；从事自营工商业的农村流动人口更渴望有个单位缴纳养老保险。不过有趣的是，如果目前是单位管理层的、女性就业人口多希望直接领取现金而不愿意由单位缴纳养老保险，而且，从家庭特征来看，家庭越富裕的就业人口更倾向于直接拿现金，而不是单位办理养老保险。

（二）农户土地流转交易方面

农地流转是我国农村土地资源配置过程中农户调整人地关系的自发行为。这种基于自然禀赋的行为方式，在我国经济转型期间表现出独有的复杂性和特殊性。一方面，不稳定的就业预期等因素使得农户对土地存在较强的“黏性”；另一方面，非农收入与农业收入的巨大差异使得农户对土地不再“恋恋不舍”，流转交易行为发展速度较慢，流转程度不高，流转比例较低成为土地流转的初始特征。但见微知著的是，清晰的土地使用权一定程度上可以减小土地流转的阻力，加速土地流转进程。农户对“土地承包经营权维持 30 年不变”的基本土地政策认知度较高，但对政府其他相关土地政策认知度较低且存在一定偏差。在土地承包经营权时间期限方面，农户的态度仍然是希望土地承包经营权“维持 30 年不变”，稳定的土地承包经营权依然是农户对土地权利的根本诉求。大部分正经营的土地都有使用凭证，农户的土地使用权基本有所保障，但经济相对发达地区拥有比例相对较低。在农业补贴政策方面，大部分农户对农业补贴政策都一定认知，而且也享受过相关补贴政策，但就享受哪种补贴政策并没有清楚认知。

农户的土地流转交易行为是土地产权制度安排激励与约束的结果。在农户土地流转交易行为（土地转入、土地转出）方面，良好的土地交易市场氛围是农村土地流转的重要前提。我们的研究结果表明，农村土地流转交易活跃程度对土地流转行为地有非常重要的促进作用，不仅充分又稳定的土地产权自由度可以促进村庄土地流转交易活跃度，而且村庄的非农就业劳动力也能促进村庄土地流转交易活跃度。然而，需要注意的是，非农就业在农户土地流转交易中存在“双刃剑”的效应。比如，农户家庭劳动力非农就业比例越高，则越不愿意转入土地，非农就业对土地转入数量有显著的负影响，而对土地转出数量影响不显著。另外，还需强调的是，农户土的初始分配格局对其土地转入、转出行为的影响存在明显差异。如果农户起初面对细碎化的土地分配格局，土地细碎化程度越高，即农户经营土地的地块数量越多则转入经营的农地数量越少。但如果农户初始的家庭土地经营规模较大，则后续流转农地数量相对较多。

农户在土地流转对象选择方面更为谨慎，最初流转对象只选择亲朋好友，但随着土地流转制度的进一步规范，土地流转对象向更广泛的主体拓展。在土地流转信息获取方面，有趣的是无论土地转入方还是土地转出方，大多都是土地流转信息的被动接受者。而且，越是经济相对发达地区在传递转出土地流转信息方面越是被动。需要注意的是，农户土地流转大多以非正式流转为主，农户间签订土地流转合同的比例较低，往往土地流转双方达成口头协议即实现了土地流转。至于土地流转补偿方式，现金补偿成为土地流转的主要补偿方式，土地转入现金补偿低于土地转出地补偿比例，转入地块现金补偿成本较低。超乎我们预料的是，我们起初认为农户通过土地流转会形成规模化生产意识，但从实地调查来看，农户转入的地块基本上与自家地块不相连，转出的地块与对方地块也大多不相邻。不过，经济发达地区转入、转出地块集中连片的比例相对较高。值得注意的是，在调整农村人地关系过程中，除了农户的土地流转行为外，村集体的土地调整行为不但存在而且较为频繁，无论是大调整还是小调整都时有发生，农户对土地小调整态度基本上是“应该维持原来的土地承包关系稳定，不应该根据人口变动调整土地”，即应该“增人不增地，减人不减地”。

土地使用权充分度和稳定度是降低土地流转交易成本的制度保障。充分而稳定的土地产权不仅可以降低土地流转交易成本，更能提高土地流转交易的效率。与此同时，社会信任对土地流转交易成本也存在显著影响，社会信任程度越高，土地流转的交易时间就会越短，从而土地流转交易效率就越高。另外，从村庄角度来看，那些土地流转市场活跃度较高的村庄，土地流转的交易越容易实现，产生的土地流转交易成本越低。有意思的是，土地流转交易成本在社会资本与性别方面存在明显差异，如果户主是村干部，则流转交易成本相对较低；另外，与女性相比，男性的土地流转交易效率相对较高。

农户间自发的土地流转交易行为是否一定程度上促进了农村土地的规模化经营？厘清该问题是评价土地流转交易行为绩效的重要前提。在土地流转交易实践中，转入地农户与转出地农户表现出不同的规模化经营倾向。比较而言，转入土地经营的农户规模化经营意识强于转出地农户。制度层面，稳定的土地使用权更有利于促进农户规模化经营。当村集体运用行政调整手段对土地流转交易市场进行干预时，我们需要深入了解土地调整意愿，由此来缓解村集体和农户因土地资源分配而产生的矛盾与冲突。农户拥有的土地经营权越充分，越不希望村集体干预土地流转交易市场进行土地调整。而且，随着农村非农就业比例的不断提高，农户越不希望村集体调整土地，更希望稳定而长久的土地承包经营权。

二、思考与启示

农村人口迁移与土地流转是我国城市化发展的必经阶段，这一阶段的根本问题是如何为农村流动人口创造更多的平等就业机会。政府在强调提升农村流动人口人力资本的同时，还需改善城市就业环境，创造更多就业岗位，尤其是要避免出台“一刀切”式的政策。政府除了要重视农村流动人口中新生代群体的政策需求，还需关注农村流动人口内部收入差距扩大等问题。首先，中小微企业是农村流动人口的就业“蓄水池”，城市要着力创造更多条件促进中小微企业的发展。在实施税收减免等优惠政策的同时，还需进一步加大金融支持力度，尤其是对第三产业创业的支持力度，降低创业者进入和经营成本，从而多渠道、广门路地为农村流动人口创造更多的城市就业机会。其次，进一步完善人口迁移机制。人口迁移机制的建立具有渐进性、长期性和可行性，这需要在对农村流动人口迁移意愿及相关社会保障需求全面了解的基础上，有步骤、有秩序、分阶段推进相关教育、医疗、养老、社会保障等制度的改革。在此过程中,取消户籍是历史的必然,然而户籍改革不能一蹴而就。户籍制度改革应做好充分的政策需求调研及配套政策的改革,通过虚拟政策测试农村流动人口的政策偏好和态度,进而确保政策的质量与效果。户籍制度改革的特殊性,要求户籍制度改革只能在各地现有的经济发展水平下,结合各地实际逐步推开。还要求综合考虑城市规模,依据城市大小分阶段推进改革,并以相应的城市承载力为前提,在确保城市基础设施建设、住房设施、交通设施、教育文化设施等公用设施的条件下,通过户籍制度及配套政策改革来推进城市化进程。还有,现阶段,我国城市发展水平还不足以为农村流动人口创造全面而稳定的就业岗位,考虑到维持农村社会稳定的重要性,我国政府一贯强调维持土地承包经营权的稳定性具有重大现实意义。如果村集体不考虑农户的切身感受依旧频繁调整土地,产生的直接后果是影响到土地流转规模化经营绩效。更严重的后果是,将进一步激化农村人地关系矛盾,影响农村社会的稳定性。所以,要在继续维持农户土地产权制度稳定性和充分性上下功夫,建立健全土地流转市场发展。在维持农户土地产权充分度的基础上,积极探讨土地产权充分度的外延,如土地抵押权、土地入股权等,从而进一步丰富农户土地承包经营权的内涵。

需要强调的是,现阶段和未来很长一段时期,土地流转市场呈现出转入需求大于转出供给的基本格局,土地流转市场发展的主要阻力和障碍将来自流转土地的供给层面。建立规范化的土地流转机制,克服土地细碎化劣势、发挥规模化经营优势、合理引导农村老龄人口的土地流转行为,除了需要为农村流动人口创造更多的城市就业机会,确保他们稳定就业,减少其对农村土地依赖以逐步完成农民市民化,还需要继续健全农村社会保障体系,尤其是养老保险,使农村老年人口减少对土地社会保障的依赖。另外,以血缘关系为依托的社会信任不足以支撑土地流转中的社会信任需求,因此,需要探索建立农村社会信任的新渠道,增强村民的集体凝聚力和合作意识,发挥社会信任在土地流转交易中的积极作用。与此同时,政府也应在农村内部制定更多切实有效的土地政策,使土地逐步向种粮大户和种地能手集中,以获取农业的规模收益、实现土地经营机械化。这不但会进一步使农业生产释放出更多的农村劳动力,还会从根本上改变我国农村人地关系,从而最终顺利完成我国城市化发展进程。

参考文献

1. Benjamin, Dwayne and Brandt, Loren, "Property Rights. Labor Markets and Efficiency in Transition Economy: the Case of Rural China", University of Toronto, Working Paper, 2000, pp.32-45.

2. Collins, Bruce M. and Fabozzi, Frank J., "A Methodology for Measuring Transaction Cost", *Financial Analysts Journal*, Vol.47, No.2 (1991), pp.27-36、44.

3. Chen, Adam Zhuo, et al., "Technical Efficiency of Chinese Grain Production: A Stochastic Production Frontier Approach", American Agricultural Economics Association (New Name: Agricultural and Applied Economics Association), 2008.

4. Davies, J.B., et al., "Wealth Inequality: Theory, Measurement and Decomposition", *Canadian Journal of Economics*, Vol.50, No.5 (2017), pp.1224-1261.

5. De Brauw Alan, et al., "The Evolution of China's Rural Labor Markets during the Reforms: Rapid, Accelerating, Transforming", *Journal of Comparative Economics*, Vol.30, No.2 (2002), pp.329-353.

6. Dyer, J. H., et al., "Alliance Capability, Stock Market Response, and Long-term Alliance Success: The Role of the Alliance Function", *Strategic Management Journal*, Vol.23, No.25 (2002), pp.747-767.

7. Essama-Nssah, B. and Lambert, Peter J., *Influence Functions for Policy Impact Analysis*, Bigley, UK: Emerald Group Publishing, 2012.

8. Lee, Everatt S., " A Theroy of Migration", *Demography*, Vol. 3, No. 1 (1966), pp.47-57.

9. Feder, Gershon, et al., "The Determinants of Farm Investment and Residential Construction in Post-reform China", *Economic Development and Cultural Change*, Vol.41, No.1(1992), pp.1-26.

10. Firpo, S. P., et al., "Decomposing Wage Distributions Using Recentered Influence Function Regressions", *Econometrics*, Vol.6, No.3(2018).

11. Firpo, S., et al., "Unconditional Quantile Regressions", *Econometrica*, Vol. 77, No.3(2009).

12. Place, Frank and Hazell, Peter, "Productivity Effects of Indigenous Land Tenure Systems in Sub-Saharan Africa", *American Journal of Agricultural Economics*, Vol.75, No.1(1993), pp.10-19.

13. Feder, Gershon and Onchan, Tongroj, "Land Ownership, Security, and Farm Household Investment in Thailand", *American Journal of Agricultural Economics*, Vol69, No.1(1987), pp.311-320.

14. Hare, W., "Critical Thinking as an Aim of Education", in R.Marples ed., *The Aims of Education*(85-99), New York and London: Routledge, 1999.

15. McCanna, Laura, "How to Understand Transaction Cost", Berkeley University, Report, 2005.

16. Loren Brandt 等:《中国的土地使用权和转移权:现状评价》,《经济学(季刊)》2004 年第 7 期。

17. Xin, Meng and Junsen, Zhang, "The Two-Tier Labor Market in Urban China: Occupational Segregation and Wage Differentials between Urban Residents and Rural Migrants in Shanghai", *Journal of Comparative Economics*, Vol.29, No.3 (September 2001), pp.485-504.

18. Pore, Michael J., "Internal Labor Markets and Manpower Analysis", *Jou-*

ranl of Human Resources, Vol.7,No.3(1970),pp.401-403.

19. Mill,J.S.,*Principles of Political Economy*,New Y ork:Appleton,1985.

20. N.Wang,"Determining Wheat Vitreousness Using Image Processing and a Neural Network",Transaction of the ASAE Report,2003.

21. Nee,Victor,"A Theory of Market Transition:From Redistribution to Markets in State Socialism",*American Sociological Review*,Vol.54,No.5(1989),pp. 663-681.

22. Nelson, "Migration and Trade", *The World Economy*, Vol. 35, No. 2 (2012),pp.216-241.

23. Prosterman,R.,et al.,"Can China Feed Itself?",*Scientific American*,No. 11(1996),pp.90-96.

24. Putnam,R.D.,et al.,*Making Democracy Work:Civic Traditions in Modern Italy*,Princeton University Press,1993.

25. Findley, S. E., *Rural Development and Migration: A Study of Family Choices in the Philippines*,Boulder:Westview Press,1987.

26. Gavian,Sarah and Fafchamps,Marcel,"Land Tenure and A locative Efficiency in Niger", *American Journal of Agricultural Economics*, Vol. 78, No. 2 (1996),pp.460-471.

27. Granovetter, M., "Economic Action and Social Structure: The Problem of Embeddedness", *American Journal of Sociology*, Vol.91, No.3 (1985), pp.481-510.

28. Greene, W., *Econometric Analysis*, 5th Edition, NewYork: MacMillan, 2002.

29. Schultz,T. W.,"Institutions and the Rising Economic Value of Man", *American Journal of Agricultural Economics*, Vol.50, No.5 (December 1968), pp. 113-122.

30. Wan and Cheng, "Income Inequality in Rural China Regression-based Decomposition Using Household Data", United Nations University Research Paper No.51, 2001.

31. Wen, G., "The Land Tenure System and its Saving and Investment Mechanism: The Case of Modern China", *Asian Economic Journal*, Vol.9, No.3 (1995), pp.233-260.

32. Xie, Yu and Hannum, Emily, "Regional Variation in Earnings Inequality in Reform-Era Urban China", *American Journal of Sociology*, Vol. 101, No. 4 (1996), pp.950-992.

33. Zhao, Yaohui and Wen, Guangzhong, "Chinese Rural Social Security and Land Holding", The Center of National Economy Research and Development of Peking University, 1998.

34. 白南生、何宇鹏:《回乡,还是外出? ——安徽四川二省农村外出劳动力回流研究》,《社会学研究》2002 年第 3 期。

35. 白南生等:《子女外出务工、转移收入与农村老人农业劳动供给—基于安徽省劳动力输出集中地三个村的研究》,《中国农村经济》2007 年第 10 期。

36. 白南生、李靖:《城市化与中国农村劳动力流动问题研究》,《中国人口科学》2008 年第 4 期。

37. 白南生、李靖:《农民为什么不愿进城"落户"》,《云南农业》2008 年第 3 期。

38. 包宗顺等:《农村土地流转的区域差异与影响因素——以江苏省为例》,《中国农村经济》2009 年第 1 期。

39. 布兰·阿瑟:《技术竞争、规模报酬递增和历史事件锁定》,曹东溟等译,商务印书馆 1989 年版。

40. 蔡昉:《破解农村剩余劳动力之谜》,《中国人口科学》2007 年第 2 期。

41. 蔡昉、都阳:《迁移的双重动因及其政策含义——检验相对贫困假说》,《中国人口科学》2002 年第 4 期。

42. 蔡昉、王德文:《经济增长成分变化与农民收入源泉》,《管理世界》2005 年第 5 期。

43. 蔡昉:《中国劳动力市场发育与就业变化》,《经济学研究》2007 年第 7 期。

44. 蔡玲、徐楚桥:《农民工留城意愿影响因素分析——基于武汉市的实证调查》,《中国农业大学学报(社会科学版)》2009 年第 1 期。

45. 曾旭辉、秦伟:《在城农民工留城倾向影响因素分析》,《人口与经济》2003 年第 3 期。

46. 陈和午、聂斌:《农户土地租赁行为分析——基于福建省和黑龙江省的农户调查》,《中国农村经济》2006 年第 2 期。

47. 戴维斯、诺思:《制度变迁与美国经济增长》,载美国《经济史杂志》1971 年第 30 期。中译本见《财产权利与制度变迁——产权学派与新制度学派论文集》,刘守英等译,上海三联书店 1994 年版。

48. 邓大才:《土地流转与村庄建设:模式比较与思考》,2009 年 12 月 28 日,见 http://www.nctudi.com/news/detail-6284.html。

49. 杜鹏、武超:《中国 1994—2004 年中国老年人主要生活来源的变化》,《人口研究》2006 年第 2 期。

50. 杜鹰:《中国农村人口变动对土地制度改革的影响》,中国财政经济出版社 2002 年版。

51. 段成荣等:《改革开放以来我国流动人口变动的九大趋势》,《人口研究》2008 年第 11 期。

52. 范小玉:《我国农村劳动力转移状况分析》,《统计研究参考资料》2002 年第 37 期。

53. 菲吕伯顿、佩杰维奇:《产权与经济理论》,刘守英等译,上海三联书店

1994 年版。

54. 费孝通:《走出江村》,人民日报出版社 1997 年版。

55. 高虹:《国人养老方式悄然改变》,《人民日报海外版》2005 年 1 月 16 日。

56. 桂世勋:《构建广义的老年人照料体系以上海为例》,《人口与发展》2008 年第 3 期。

57. 郭铁民等:《股份合作企业的形式、性质和规范原则》,《福建师范大学学报(哲学社会科学版)》1993 年第 2 期。

58. 侯红娅等:《中国农村劳动力迁移意愿实证分析》,《经济问题》2004 年第 7 期。

59. 胡必亮:《村庄信任与标会》,《经济研究》2004 年第 10 期。

60. 黄贤金等:《中国农村土地市场机理分析》,《江海学刊》2001 年第 2 期。

61. 黄祖辉、陈欣欣:《沿海经济发达地区农户迁移行为的影响因素分析》,《浙江社会科学》2002 年第 6 期。

62. 蒋乃华、封进:《农村城市化进程中的农民意愿考察——对江苏的实证分析》,《管理世界》2002 年第 2 期。

63. 科斯:《社会成本问题》,《法律与经济学杂志》1960 年第 10 期。

64. 黎霆等:《当前土地流转的基本特征及影响因素分析》,《中国农村经济》2009 年第 10 期。

65. 李强:《当前我国城市化和流动人口的几个理论问题》,《江苏行政学院学报》2002 年第 5 期。

66. 李若建、闫志刚:《走向有序:地方性外来人口管理法规研究》,社会科学文献出版社 2007 年版。

67. 李婷婷等:《西部贫困农村地区教育与劳动力非农收入差距》,《经济问题探索》2017 年第 8 期。

68. 林毅夫等:《中国的奇迹:发展战略与经济改革》,上海人民出版社1999年版。

69. 刘华、苏群:《农村女性劳动力留城意愿实证分析——以江苏省为例》,《中国农村经济》2005年第9期。

70. 刘精明、朱美静:《经济发展、市场化与收入不平等——基于地区截面数据的实证分析》,《东南大学学报(哲学社会科学版)》2020年第22期。

71. 刘光平:《走出去,转移农村劳动力势在必行》,《调研世界》2002年第10期。

72. 刘守英、龚启圣:《农民对土地产权的意愿及其对新政策的反应》,《中国农村观察》1998年第2期。

73. 马克斯·韦伯:《儒教和道教》,洪天富译,江苏人民出版社1997年版。

74. 人民论坛:《“返乡潮”之后的基层治理之一:农民工返乡之后:2009年成就业拐点?》,《人民论坛》2009年第2期。

75. 农业部、财政部、国土资源部、国家测绘地理信息局:《关于进一步做好农村土地承包经营权确权登记颁证有关工作的通知》(农经发〔2016〕4号),2016年4月18日。

76. 国家统计局:《2019年农民工监测调查报告》,2020年4月30日,见http://www.stats.gov.cn/tjsj/zxfb/202004/t20200430_1742724.html。

77. 农业部农村经济研究中心(RCRE):《中国农村劳动力流动个案访谈资料》,1996年。

78. 诺思:《经济史中的结构与变迁》,陈郁等译,上海三联书店1994年版。

79. 诺思:《制度、制度变迁与经济绩效》,刘守英译,上海三联书店1991年版。

80. 钱忠好:《农地承包经营权市场流转:理论与实证分析——基于农户

层面的经济分析》,《经济研究》2003 年第 2 期。

81. 盛来运:《中国农村劳动力外出的影响因素分析》,《中国农村观察》2007 年第 3 期。

82. 史常亮等:《土地流转对农户收入增长及收入差距的影响——基于 8 省调查数据的实证分析》,《经济评论》2017 年第 5 期。

83. 世界银行:《1981 年世界发展报告》,《外国经济与管理》1982 年第 2 期。

84. 舒尔茨:《制度与人的经济价值的不断提高》,《美国农业经济学杂志》1968 年第 50 期。中译本见《财产权利与制度变迁——产权学派与新制度学派论文集》,刘守英等译,上海三联书店 1994 年版。

85. 宋洪远等:《关于农村劳动力流动的政策问题分析》,《管理世界》2002 年第 5 期。

86. 宋林飞:《中国社会学会学术年会获奖论文集》,社会科学文献出版社 2002 年版。

87. 唐传阳:《对农村劳动力"离土不离乡"的再认识》,《现代经济探讨》1999 年第 3 期。

88. 唐茂华、黄少安:《农地制度、劳动力迁移决策及其工资变动——基于"收入补充论"的分析框架》,《制度经济学研究》2009 年第 3 期。

89. 陶然、徐志刚:《城市化、农地制度与迁移人口社会保障》,《经济研究》2005 年第 12 期。

90. 田传浩:《农地制度、农地租赁市场与农地配置效率》,经济科学出版社 2005 年版。

91. 王春光:《农村流动人口的"半城市化"问题研究》,《社会学研究》2006 年第 5 期。

92. 王春光:《新生代农村流动人口的社会认同与城乡融合的关系》,《社会学研究》2001 年第 3 期。

93. 王德文等:《农村迁移劳动力就业与工资决定:教育与培训的重要性》,《经济学(季刊)》2008 年第 7 期。

94. 王德文等:《迁移、失业与城市劳动力市场分割——为什么农村迁移者的失业率很低?》《世界经济文汇》2004 年第 1 期。

95. 王桂新等:《中国城市农民工市民化研究——以上海为例》,《人口与发展》2008 年第 1 期。

96. 王华:《广州城市化进程中郊区农民迁移意愿分析》,《地理与地理信息科学》2009 年第 2 期。

97. 王西玉:《中国二元结构下农村劳动力流动及政策选择》,《管理世界》2000 年第 5 期。

98. 王兴稳、钟甫宁:《土地细碎化与土地流转市场》,《中国农村观察》2008 年第 4 期。

99. 王雅莉:《城市化中的劳动力再配置》,中国社会科学出版社 2002 年版。

100. 王毅杰、刘海健:《家庭背景与流动儿童的留城意愿——一项基于家庭教育内容的实证研究》,《南方人口》2008 年第 4 期。

101. 卫宝成等:《城镇化过程中相关行为主体迁移意愿的分析——对浙江省海宁市农村居民的调查》,《中国社会科学》2003 年第 5 期。

102. 尉建文、张网成:《民工留城意愿及影响因素——以北京市为例》,《北京工业大学学报》2008 年第 2 期。

103. 温铁军:《形成稳固的受惠群体——关于农地制度创新的思考》,《中国土地》2001 年第 10 期。

104. 吴红宇:《现行社会保障制度对农民工迁移行为的影响研究》,《农村经济》2008 年第 1 期。

105. 吴磊、朱冠楠:《进城务工农民定居决策的影响因素分析——以南京市为例》,《华中农业大学学报》2007 年第 6 期。

106. 吴秀敏等:《城市化进程中西部地区农户的迁移意愿分析——对成都市农户的实证研究》,《中国农村经济》2005 年第 4 期。

107. 谢晋宇、翁涛:《工作生活质量运动与企业人力资源开发管理》,《外国经济与管理》1998 年第 9 期。

108. 熊波、石人炳:《农民工定居城市意愿影响因素——基于武汉市的实证分析》,《南方人口》2005 年第 2 期。

109. 熊彩云:《农民工城市定居转移决策因素的推—拉模型及实证分析》,《农业经济问题》2007 年第 3 期。

110. 杨翠迎:《中国社会保障制度的城乡差异及统筹改革思路》,《浙江大学学报(人文社会科学版)》2004 年第 3 期。

111. 杨云彦等:《农民工一个跨越城乡的新型群体》,《人口研究》2005 年第 7 期。

112. 叶剑平等:《2008 年中国农村土地使用权调查研究》,《管理世界》2010 年第 1 期。

113. 约翰 · 穆勒:《政治经济学原理》,金镝等译,商务印书馆 1991 年版。

114. 姚洋:《中国农地制度:一个分析框架》,《中国社会科学》2000 年第 2 期。

115. 张车伟:《人力资本回报率变化与收入差距:"马太效应"及其政策含义》,《经济研究》2006 年第 12 期。

116. 张海洋、平新乔:《土地流转、信息甄别与农村信用社贷款定价》,《世界经济》2012 年第 3 期。

117. 张红宇:《中国农地调整与使用权流转:几点评论》,《管理世界》2002 年第 5 期。

118. 张晖、许琳:《中西部农民工留城倾向影响因素分析》,《西北大学学报》2004 年第 1 期。

119. 张五常:《经济解释》,商务印书馆 2002 年版。

120. 张照新:《中国农村土地流转市发展及其方式》,《中国农村经济》2002 年第 2 期。

121. 赵树凯:《正确对待农民流动》,《经济体制改革》1994 年第 1 期。

122. 赵阳:《共有与私用——中国农地产权制度的经济学分析》,生活·读书·新知三联书店 2007 年版。

122. 赵耀辉:《中国农村劳动力流动及教育在其中的作用——以四川省为基础的研究》,《经济学研究》1997 年第 2 期。

123. 赵忠:《中国的城乡移民——我们知道什么,我们还应该知道什么》,《经济学(季刊)》2004 年第 4 期。

124. 周霞:《回乡,还是留城——对影响农民工理性选择的因素分析》,《重庆工商大学学报》2005 年第 8 期。

125. 中科院农业政策研究中心:《农户信任在农村金融市场发展中的作用调查》,2012 年。

后　记

在开展我国农村人口迁移和土地流转研究的过程中，切实有一种“欲渡黄河冰塞川，将登太行雪满山”的感觉。面对这个复杂、多变、频繁流动人群，我们的研究成果只是对农村流动人口全面认知的“冰山一角”。农村流动人口为城市繁荣和发展贡献了巨大力量，但与此同时却承受着在城市就业、生活和职业发展等方面种种限制，难道仅仅是人力资本、社会资本、职业培训等方面的不足吗？

其实，揭示他们流动受限的种种复杂而深奥的原因，还需我们更全面、更深入地了解他们在城市生活、就业等各方面的需求。这些城市外来迁移人口的需求是我们把握“市民化”潜在矛盾，指导户籍制度改革和人口迁移政策调整的重要科学依据。特别地，目前针对户籍制度和人口迁移政策的研究主要运用实证研究的大样本调查并系统性地提出政策解决方案，这种研究方法也存在不足之处，研究所基于的数据因为抽样和样本代表性问题普遍存在不足，影响对现实的判断和研究结论的可靠性。来自城市的调查由于农村进城就业人员很多分布在建筑业和服务业，流动性很强且多居无定所，缺少官方的或能为大家认同的抽样框导致样本没有代表性；来自农村调查尽管能保证样本代表性，但又因调查时无法直接访问城市就业人员，间接调查户主或其他人影响数据真实性。还有，既有研究或偏向于从理论上论证现有户籍的不合理，并提出进一步改革的方向性建议，或流于直接提出缺乏实证基础的改革方案，而没有在大规模抽样基础上对城市政府及其相关政策变量、迁移人口特征及其对永久迁移意愿等因素进行详细调查，也没有进行相关迁移和社会保障需求决定因素的计量分析，从而无法定量化地分析现有体制对迁移人口在社会保障、子女就学和住房保障等方面的作用。另外，研究农村流动人口的城市流动、职业流动及主要影响因素，家属随同的影响因素留城定居意愿及相关社会保障需求方面研究深度和广度还需进一步拓展。例如，如何设计科学合理的多维指标来评估农村流动人口社会融合问题，他们的职业流动代际传递效应如何？由于经费和时间所限，而我们的调查涉及面又比较广，所以实地调查在很多问题上尚不够深入和细致，比如关于农村流动人口第一份非农工作以来所有工作的详细情况，他们工作城市就业、移民等政策的具体内容，他们在城市和农村消费的异同，他们对社会保险的认知等问题，这些资料的缺失在一定程度上影响了我们对不少问题的研究深度，进一步的完善只能留待后续研究。

另外，由于我国土地流转发展尚处于起步阶段，整体来看发展速度缓慢，研究所需的基础数据比较匮乏，难以获得大样本实地经验数据，相应的获取面板数据更是举步维艰；同时，现实中农户的土地流转交易行为受诸多因素影响，很难用单一的数学模型完全加以刻画，我们对农户土地流转行为中的转出行为、土地流转交易效率及土地流转交易行为绩效模型作了较强的假定，分析结果与实际情况难免会存在一定的差异。具体而言：

土地流转起始于20世纪90年代，发展历史短、速度慢，目前难以收集大样本、多时期的农户土地流转数据，土地流转行为的函数关系的精度尚有待进一步验证。大样本多期农户的土地流转行为数据是构建和估计农户土地流转行为影响因素的基础；但是目前农村土地流转整体发展滞缓，难以获得大样本的农户层面的农用地流转数据资料。在我们的研究中，虽然对我国土地流转发展水平相对发达的烟台、潍坊、济南、菏泽、桐庐、慈溪和衢州等地进行了实地调查；但也仅收集到了619户农户农用地流转数据，其中有效的观测样本量比较小，与预期样本要求有一定的差距。尽管我们也对农户土地流转交易的参数估计结果进行了必要的修正,但是若想得到更为精确的研究结论,必须等到农户土地流转交易进入活跃发展期以后,可以获得大样本多期土地流转交易数据后才能真正实现。这也是未来需要继续跟踪研究的重点内容之一。

我们对农户土地流转行为中的土地转出行为、交易行为中的土地流转交易效率、土地流转交易行为绩效评价及农户土地调整意愿模型分析框架模型作了一些较强的假定,理论分析结果与现实情况可能存在一定的差异。主要表现为以下三点:第一,在我们的分析中,将农户家庭人口中 50 岁以上(不包括 50 岁)人口数目作为家庭人口老龄化的代表,显然不能代表理论分析中的老年人口对土地转出的影响。正如上文所述,由于数据约束不得已而为之,故在后续研究中需要追加样本量,将农户家庭人口结构做具体细分,研究家庭不同人口年龄阶段对农户农地转出行为的影响,另外,如果数据样本量允许,可以进一步研究土地流转的代际(跨代)效应。第二,在土地流转交易效率研究中,并非仅有农户信任和农地状况影响土地流转净收益,而是根据土地流转现状作了一定的人为假定。具体而言,根据我们设定的土地流转交易效率模型,如果农户倾向于与亲戚、朋友发生农用地流转交易则社会信任在农户农用地流转决策中发挥重要作用。但考虑到其他社会经济条件限制,比如农业合作社的发展,社会信任在农户农用地流转对象选择方面可能存在一定的缺陷。第三,在评估土地流转交易行为绩效中,将农户经营的每块耕地的平均面积,即用经营农地的块均耕地面积的大小来衡量土地规模化趋势,没有考虑农地机械化水平,因而也就没有从农业生产技术改进角度进行相应的分析。如果,未来要从农业生产技术改进角度进行分析,必须建立多目标优化模型,这是未来需要进一步深入研究的问题。

尽管土地流转过程中土地流转交易的质量对粮食安全与中国城镇化进程的可能影响是人们普遍关注的问题,但限于数据我们尚未涉及该主题的相关研究。从土地流转交易对农业规模化生产的影响来看,土地流转交易对当地农户收入、就业、土地利用结构产生何种影响？是否会对当地粮食作物品种、土地质量、农业生产技术改进等产生负面影响？等等问题，均是人们所普遍关注的重要问题，但限于数据原因，我们没有涉及该项内容，这是后续研究需要重点关注的问题之一。

马 瑞

2022 年 12 月 26 日

责任编辑：曹 春

图书在版编目(CIP)数据

中国农村人口迁移与土地流转研究/马瑞 著. —北京:人民出版社,2023.4
ISBN 978-7-01-024909-4

Ⅰ.①中… Ⅱ.①马… Ⅲ.①农村人口-人口迁移-研究-中国 ②农村-土地流转-研究-中国 Ⅳ.①C924.24 ②F321.1

中国版本图书馆 CIP 数据核字(2022)第 131555 号

中国农村人口迁移与土地流转研究

ZHONGGUO NONGCUN RENKOU QIANYI YU TUDI LIUZHUAN YANJIU

马 瑞 著

人民出版社 出版发行
(100706 北京市东城区隆福寺街 99 号)

北京盛通印刷股份有限公司印刷 新华书店经销

2023 年 4 月第 1 版 2023 年 4 月北京第 1 次印刷
开本:710 毫米×1000 毫米 1/16 印张:16.75
字数:230 千字

ISBN 978-7-01-024909-4 定价:78.00 元

邮购地址 100706 北京市东城区隆福寺街 99 号
人民东方图书销售中心 电话 (010)65250042 65289539

版权所有 · 侵权必究
凡购买本社图书,如有印制质量问题,我社负责调换。
服务电话:(010)65250042